표지 사진 / 클럽나인브릿지 11번 홀. 나인브릿지 제공)

류석무

수성고등학교, 경희대학교 국어국문학과를 나왔다.
<뿌리깊은나무·샘이깊은물> 편집장을 지냈다.
패션, 문화 관련 브랜드 마케팅 회사를 운영했다.
<남자의옷이야기 1, 2권-시공사> 책을 냈다.
골프 관련 사업을 하며 골프 칼럼을 썼다.
<한국의골프장이야기 제1권 및 2권-구름서재> 책을 2019~2020년에 냈다.

남화영

현재 헤럴드경제 스포츠팀 편집장으로 일하고 있다.
<골프다이제스트> 한국판 편집부장을 지냈으며
<골프다이제스트> 인터내셔널 패널이자 www.top100golfcourses.com 한국 패널이다.
저서로는 <골프, 나를 위한 지식 플러스-넥서스북>이 있으며
<한국프로골프협회 40년사>, <당신도 라운드 할 수 있는 세계 100대 코스-유럽편> 등을 편집했다.

한국의
골프장
이야기

1

첫째 권

한국의
골프장
이야기
1

코스의 속삭임까지 받아 적은 우리나라 골프장들 순례기 – 첫째 권

류석무 · 남화영 지음

촉촉이 스며들어 맑은 내로 흐르기를

이 책을 많이 읽어주신 덕에 일 년 만에 둘째 권을 냈습니다.
넷째 권까지 내려 합니다. 연작에 어울리는 모양을 세우고 내용을 일부 보완하여
첫째 권을 고쳐 냅니다.

초판에서는 골프장 이름의 영문 알파벳순으로 차례를 매겼으나
개정판에서는 골프장이 문을 연 순서에 따라 배열했습니다.
차례를 따르지 않고 한 편씩 따로 읽어도 될 내용입니다만
순서대로 읽으면 한국 골프장의 역사와 문화 흐름을 저절로 느낄 수 있겠습니다.
이 첫째 권에서 역사의 빈 칸이 느껴진다면 둘째 권을 함께 봄으로써 채워질 것입니다.

내용을 수정·보완한 부분도 있습니다.
골프장을 빚어내는 과정에서 창조적 역할을 한 설계·시공 주역들에 대한 기록 가운데 일부를
고치고 더했습니다.
골프장은 운동 경기장이면서, 한편으로는 아티스트들의 예술작품이며
골퍼는 경기자를 넘어 작품 애호가 또는 창조적 등장인물로서 동참합니다.
이 책은 작품으로서의 골프장을 해석하는 한국 골프 '코스 비평'의 첫 시도일 것이기에
설계·시공 아티스트들의 생각과 표현을 살피는 데 노력합니다. 그런 작업 과정에서
초판에서 확인하지 못했던 일부 사실들을 개정판에서 보완·수정했습니다.
처음 나오는 골프장 관련 책이라 역사 기록이 될 수도 있음을 무겁게 여깁니다.

초판에서는 '했습니다'로 썼으나 개정판에서는 '했다' 글투로 바꿨습니다.
더 쉽게 읽히도록 둘째 권부터 '했다'로 쓰고 있으며, 첫째 권 개정판에도 적용했습니다.

표지 장정(裝幀)도 바꿨습니다.
앞으로 [한국의골프장이야기] 연작 책 표지는 이 디자인으로 하겠습니다.

전문가들의 협조와 가르침을 받들어 한국의 골프장 이야기를 쓰고 박아 나갑니다.
각 골프장에 대한 자료를 여러 방면으로 조사하여 실질 항목으로 정리하고
골프 코스 설계가, 골프장 운영자, 조경 디자이너, 코스 관리 전문가, 골프 선수, 건축가 등
전문인들의 이야기를 듣고 정돈해서 적은 위에, 해석과 감상을 얹습니다.

티끌만한 기록이라 할 이 작업이
더 작은 소립자처럼 골퍼들에 촉촉이 스며들어
도랑을 만들고 맑은 내를 이루어 문화의 강물 같은 흐름에 보탬이 되기를 바랍니다.

2020년 12월 류석무

책을 펴내며(초판 서문) / 류석무

'코스의 속삭임'을 들어보세요
새로운 골프 세상의 문이 열립니다

[한국골프장의발견] 이름으로 연재해온 내용을 보완하여, [한국의골프장이야기]를 펴냅니다. 우리나라의 이름난 골프장들을 하나하나 탐사하여 깊이 톺아본 글과 사진 컨텐츠를 헤럴드경제를 통해 온라인 연재해오고 있습니다. 이 책은 그 과업의 첫 번째 열매입니다.

오거스타보다 먼 우리나라 골프장

우리나라의 좋은 골프장들은, 얼마나, 어떻게, 왜 좋은 것일까요?

먼 미국 땅 '오거스타내셔널'이나 '페블비치' 골프장 정보는 우리나라에서 쉽게 찾을 수 있습니다. 스코틀랜드의 '세인트앤드류스 올드코스' 또한 그렇습니다. 그런 곳들의 역사와 문화, 한 홀한 홀의 생김새와 얽힌 이야기들까지 우리말로 옮기고 묘사하여 찬미한 정보들은 넘쳐납니다. 그러나 우리나라에서 으뜸가는 골프장들에 대한 정보는 스스로의 홈페이지에서조차 제대로 찾기 어렵습니다. 국내 최고 골프대회가 열리는 골프장에 대한 컨텐츠도 마찬가지입니다. 우리 땅의 유명 골프장들을 조화롭게 이해할 수 있는 이야기는 머나먼 외국 유명 골프장들 것보다 턱없이 적거나 거의 없습니다.

먼 곳에 있어도 이야기가 많은 것은 점점 더 좋아 보이고, 가깝되 알 수 없는 대상에는 오히려 서먹한 감정을 갖게 되기 마련입니다.

북유럽이나 미국의 특유한 자연 환경에서 빚어진 골프코스들의 가치를 높이 치는 반면, 우리나라 골프코스들의 모양과 수준을 낮추보는 관점이 일부 골퍼들 사이에 뿌리 깊습니다. 본디 골프장이란 주어진 장소의 자연 환경에 맞추어 만드는 것인데 말입니다.

세계 유명 골프장들의 오랜 역사에 견주어 우리나라 골프장들의 문화 전통이 얕음을 자조하는 이야기도 흔히 들립니다. 문화와 전통이란 주어지는 것이 아니라 동시대인들의 자긍심으로 스스로 만들어 가는 것인데 말입니다.

세계에서 가장 역동적인 골프시장과 가난한 문화

그런 한편 어느새 우리나라 땅에도 500개 넘는 골프장이 생겼고, 그 가운데는 세계 수준에 이르거나 가까운 것도 적지 않게 되었습니다. 또한 우리나라 골프선수들의 기량은 세계 으뜸으로 올라섰으며 골프 관련 국내 시장 규모는 세계에서 손꼽힐 만큼 커졌습니다. 한국 골퍼들의 열정과 실력과 패션 등은 세계 골프 역사에서 유례없는 역동성을 보이며 진화하고 있기도 합니다. 텔레비전 골프채널이 여러 개 있는 나라도, 스크린골프 문화가 자리 잡은 곳도 우리나라뿐이라 합니다. 그런 경로를 통해 골프 기술을 가르치고 배우는 방법과 골프를 위한 장비와 몸치장에 대한 정보들이 광고 마케팅의 흐름과 함께 넘쳐납니다.

하지만 그런 가운데서도 정작 골프가 이루어지는 골프장에 대한 오롯한 문화와 정보는 창달된 바가 거의 없습니다. 골프는 골프장에서 하는 것인데 말입니다.
골프의 기술과 시장은 풍요한데 골프가 이루어지는 터전에 대한 문화는 가난하달까요.
이렇듯 큰 괴리와 불일치를 다른 분야에서는 찾기 힘듭니다.

골프는 골프장과의 끝나지 않는 '사랑과 전쟁'

분명한 사실은, 골프는 골프장에서 하는 것이고 골프를 온전하게 즐기려면 무엇보다 골프장을 잘 이해해야 한다는 것입니다.
골프는 처음 생겨날 때부터 지금까지 골프코스와의 사랑이며 투쟁이었습니다. 이 '사랑과 전쟁'은 상대에 대하여 잘 모르면 사랑을 얻을 수도 승리할 수도 없는 순환고리의 게임입니다.
골프의 기술에만 몰두하는 사람과 골프코스를 이해하고 사랑하는 사람이 골프에서 느낄 수 있는 즐거움은 다릅니다. 그 차이는 골프 구력이 쌓일수록 점점 커집니다.

사랑의 기교를 아는 이와 힘으로 밀어붙이려고만 하는 사람의 차원은 다릅니다.
골프를 싸움이나 전쟁, 또는 자연과의 투쟁에 비유하는데, 굳이 싸움이라면 자연 속의 코스와 나누는 '사랑싸움'일 것입니다. 이 끝나지 않는 싸움에서는 더 사랑하는 이가 이깁니다.

샅샅이 보고 듣고 받아 적어가는 골프장과 땅의 백서

[한국골프장의발견] 시리즈 탐사는 우리나라 좋은 골프장들의 겉과 속 이야기들을 낱낱이 발견해서 신문의 온라인 데이터로 정리해 올리는 연재 과업입니다. 골프장의 자연과 설계, 역사

와 문화, 코스의 특징과 플레이의 지향점 등을 하나씩 해석하고 판단하며 음미해 나가는 과정을 통해, 우리나라의 좋은 골프장들이 얼마나 아름답고 어떻게 사랑스러우며 왜 좋은 것일까를 깊이 살피고자 노력합니다.

[한국의골프장이야기]는 그 내용을 좀 더 곰삭히고 보완해서, 골프 역사의 책장에 올리는 백서 같은 것이겠습니다. 연애할 때 사랑하는 이의 모든 것을 알고파 하는 열망 비슷한 마음으로 이 과업을 해옵니다.

또한 저에게 이것은, 대부분 산을 깎고 메워 만든 우리나라 골프장 터의 이야기들을 들어주는 일이기도 합니다. 골프장을 걸을 때마다 산에게 미안한 마음이 들어 막연히 무언가 해주고 싶었습니다. 골프장의 이야기를 적어 나가다 보면 산과 땅에 맺힌 이야기들도 조금씩은 받아 적게 되지 않을까 기대합니다.

사랑하고 자랑할 만한 골프장들이 이제 우리나라에도 많기에, 이 기록의 과업을 밀고나갑니다. 탐사할 골프장을 택하는 기준은, "여러 유력 평가기관들이 매기는 골프장 순위를 주로 참조하되, 전문인들의 자문을 듣고, 골퍼들이 온라인에서 표출하는 의견들을 더하는 것"입니다. 저의 주관도 부분적으로 개입합니다.

대략 100여 곳의 골프장들을 살펴보기로 계획한 작업에서 편의상 먼저 다녀오기 쉬운 순으로 탐사하였습니다. 그 일부를 보완 정리하여 지금 첫 권 책을 펴냅니다.

첫 권에 실린 골프장들은 모두 좋은 곳들입니다만 이들을 가장 높은 수준으로 판단했다는 뜻은 아닙니다. 둘째 권에 싣기 위해 준비하고 있는 곳들도 같은 수준으로 좋은 곳이 많습니다.

골프장의 사랑스러운 이야기들을 발견하는 작업

이 첫 권에 실린 골프장들을 탐사하는 과정에서 골프장으로부터 사진과 정보 제공 이외의 지원을 받지 않았음을 밝혀둡니다.

스스로 정상적인 방법으로 예약하고 라운드 하며 느끼고 적고 찍고 조사한 뒤 컨텐츠를 완성했습니다. 그 다음에 골프장 측에 연락하여 내용의 사실 관계를 확인한 뒤, 필요한 경우 일부 사진을 제공 받아 신문 온라인에 올렸습니다. 우리나라 골프장들의 좋은 면과 사랑스러운 이야기들을 발견하고자 노력하였으되 제가 사랑할 수 없는 부분에 대해서도 간혹 이야기하였습니다.

그 뒤에 책으로 내기 위해 내용을 다듬고 보충하는 과정에서 거의 모든 골프장들이 좋은 사진들을 제공해 주었습니다. 그래서 이 책의 모양이 풍성해졌습니다.

종합적인 골프장 문화 저작물로는 우리나라에서 처음 나오는 것이라는 역사의 소명에 서로 공감하였다고 생각합니다.

순수한 과정과 공감으로 만들어진 이 책이 우리나라 골퍼들과 우리나라 골프장들 사이에서 사랑스런 역할을 다하기 기대합니다.

소명을 받드는 기쁨

이 책은 제가 남화영 기자를 받들고 만든 공동 협력 저작물입니다. 저는 출판인으로서 글을 쓰고, 브랜드마케터로서 일을 하고, 경영인으로 돈을 좇으며, 여행인으로 떠돌아왔습니다. 그리고 이러한 일들의 많은 부분을 골프에 관련지어 왔습니다.

골프 관련 신문 칼럼을 이따금 쓰면서 골프장 문화를 톺아보려는 작업을 계획하던 차에, 이미 알고 지내던 남화영 기자가 골프장과 설계가들에 대해서 우리나라에서 가장 깊은 공부를 한 사람인 것을 알게 되었습니다. 그래서 그에게 이 시리즈를 제안하여 묻고 배우며 작업했습니다. 공부는 아는 것은 적고 모르는 것은 끝없다는 것을 알면서도 새삼 확인해가는 과정이어서, 모를수록 헤매어 찾아 묻고 확인하는 기쁨도 컸습니다. 탐사기를 쓴 편수는 저의 것이 많으나 공덕은 그의 몫이 큽니다.

이 책은 아는 것을 적는 작업이 아니라 모자라는 것을 배워서 채우는 과정입니다. 적힌 내용들 가운데 옳은 것은 가르쳐 주신 전문인들의 몫이고 부족한 점은 저의 허물입니다.

골프장 관리에 대해서는 노경식 님의 도움을 크게 받았습니다. 그는 갑작스레 병석에 눕고 다시 회복해내는 힘든 과정에서도 이 과업에 큰 몫의 힘을 보태주었습니다. 두 사람이 없었다면 이 책은 나오지 못했을 것입니다. 송호 님, 권동영 님, 노준택 님 등 설계가들의 조언과 박영선 교수님, 고충남 위원장님의 가르침도 힘이 되었습니다. 김영찬 회장님의 격려는 늘 따뜻했습니다. 이 좋은 분들을 알게 된 인연에도 감사드립니다.

이러한 과업은 공적인 단체의 몫일 수도 있으나 제게 내려주신 소명을 감사히 받듭니다.

제가 가장 존경하고 사랑하며 그리워하는 자형, 고 유정웅 장군께 이 책을 바칩니다.

2019년 8월 류석무

영감을 주는 한국 골프장 순례기

1920년대 최고의 스타 프로 골퍼이자 멋쟁이였던 월터 하겐은 '코스 옆에 피어있는 들꽃을 보라'고 했습니다. 골프 칼럼니스트 헨리 롱허스트는 '골프를 보면 볼수록 인생을 생각하고 인생을 보면 볼수록 골프를 생각게 한다'는 명언을 남겼습니다.

저는 2000년대 초반 골프전문지 기자로 골프를 접했습니다. 20여 년 간 수많은 선수를 만나고, 골프대회 취재를 다니면서 무수한 골프장을 돌아보았습니다. 행운을 얻어 마스터스가 열리는 오거스타내셔널과 디오픈의 명소 세인트앤드루스 올드코스를 비롯해 해외 각국의 명문 코스를 취재하거나 라운드도 했습니다. 그러면서 골프와 인간사는 맞닿아 있고, 명문 코스일수록 깊은 전통과 내공을 갖추었고 웅숭깊은 클럽 문화를 축적했음을 체감할 수 있었습니다.

한국에서 골프는 경제적 성장 이상으로 빠르게 발전했습니다. 1996년을 지나면서 100곳을 넘기더니 지금은 500곳 시대를 논합니다. 한국 골프 선수들이 세계적인 투어 무대에서 활약하고 골프 인구도 급속 팽창했고 골프장도 대거 증설되었습니다.

한국의 골프코스 설계가는 임상하, 장정원, 김명길에서 시작해 송호, 권동영, 김학영, 이재충, 서우현, 노준택, 임상신, 류창현 등의 코스 전문 디자이너들로 이어졌고, 해외에서는 잭 니클라우스를 비롯해 로버트 트렌트 존스 주니어, 로널드 프림, 데이비드 데일, 페리 오 다이, 게리 로저 베어드, 미야자와 조헤이 등의 설계가들이 국내에 멋진 코스를 만들었습니다.

특히 근래에 조성된 한국 코스들은 최첨단 설계 기법에 최고의 전문가들의 조형, 설계공법이 투입되면서 세계적인 코스들도 많이 탄생했습니다. 이에 따라 세계 골프장 정보 사이트인 톱100골프코스(top100golfcourses.com)에서는 '아시아 100대 코스'에 남해의 사우스케이프를 비롯한 16곳이 들어 있으며, 골프전문지인 <골프매거진>의 '세계 100대 코스'에서는 클럽나인브릿지가 41위, <골프다이제스트>의 '미국 제외 세계 100대 코스'에는 클럽나인브릿지를 비롯한 5곳이 들어 있습니다.

영국왕립골프협회(R&A)는 2019년 초 한국의 골프장 홀 수는 9,183개로 전 세계에서 여덟 번째 규모라는 조사 보고서를 낸 바 있습니다. 미국, 영국, 일본, 캐나다, 호주 등 골프 역사가 오래고 1천 곳이 넘는 골프장을 가진 나라들 속에 한국 골프장들이 어깨를 겨누고 있다는 건 자랑스럽습니다. 골프 비용이 비싸기는 하지만 한국 골프장들이 가진 코스 품질과 관리, 운영 노하우, 캐디 서비스 등의 골프 퀄리티는 세계적인 수준입니다.

이 책에서 제가 풀어낸 일관된 테마는 '한국의 골프코스가 세계 어느 나라의 골프장과 견주어도 결코 뒤지지 않는다'는 것입니다. 이 책에 소개된 골프장들은 대표적인 사례들입니다. 윙드풋, 발투스롤 등 미국의 100대 코스를 대거 설계한 A.W. 틸링허스트는 "좋은 코스는 18홀을 경기하면서 18번의 영감을 받을 수 있어야 한다"는 명언을 남겼습니다.

독자 여러분도 이 책에 나오는 한국 대표 골프장에서 인생의 멋과 골프의 재미와 코스에서의 영감을 얻으시기를 기원합니다. 이 책이 그런 영감을 주는 데 기여할 수 있기를 희망합니다.

글 좋고 눈썰미 좋은 류석무 님의 세밀하면서도 감칠맛 나는 골프장 순례기는 다양한 경험과 인생에의 영감을 전해줍니다. 이 책에 소개된 골프장들은 모두 합당한 특색과 장점을 가지고 있다고 봅니다.

마지막으로 책이 나오게 된 데 전폭적으로 지원하고 응원해주신 이강래 선배님과 초등학교 시절부터 우정을 나누고 있는 친구 유병철 기자에게 감사를 전합니다.

2019년 8월 남화영

한국의골프장이야기 2

류석무 지음

한국의골프장이야기 1

(골프장이 문을 연 순서에 따라 배열함)

용어에 대하여

이 책에는 골프 용어가 많이 쓰였습니다. 거의 모든 골프 용어는 영어로 만들어진 것을 그대로 받아들여 쓰기에 우리말로 표현할 여지가 거의 없습니다. 그래서 그 영어 용어를 올바르게 적되 발음대로 한글로 쓸 때에는 한글의 로마자 표기법에 맞추어 적었습니다. 골프에서 쓰는 말들은 전문용어라 할 수도 있으나 골프를 하는 사람들에게는 일상어에 가깝게 익숙하고, 이 책은 골프를 하는 분들을 위한 것이기에 기본적인 용어들에 대한 설명은 생략합니다. 이를테면 파(Par), 보기(Bogey), 또는 티샷, 파3 홀, 파4 홀 같은 용어들을 일일이 설명하지 않습니다.

다만 좀 더 전문적인 용어이거나 관행적으로 모호하게 쓰이는 말들은 본문 중에 설명하거나 바로잡아 놓았습니다. 이를테면 '샷 밸류', '그린 스피드' 같은 것들은 의미 맥락의 이해를 위해 필요한 경우 각 편의 본문에서 설명해 놓았습니다. 각 편을 따로 읽을 수도 있기에 여러 번 설명되기도 합니다만 중복 설명은 되도록 피했습니다. '투 온', '쓰리 온' 같은 말은 바른 표현이라 보기 어려우므로 초판에서는 '세컨드 온', '써드 온'으로 적었는데, 이 또한 정확하지 않기에 '투온', '쓰리 온'의 관행적 표현을 그대로 쓰되 '(on in one)', '(on in two)' 등 정식 영어를 병기했습니다. '포대그린'이라는 말은 군대에서 비롯되었다는 설도 있으나 확인할 수 없고(일본에서 비롯된 말일 가능성이 높다고 봅니다) 예쁜 말도 아니기에 '솟은 그린(Elevated Green)'이라 썼습니다. '난이도'와 '난도'는 구별하여 썼습니다. 본문의 사람 이름에는 '씨'를 붙이되 원로 연배의 분들은 '선생'이라 적었습니다.
'티잉 구역', '벌칙 구역' 등 골프 규칙과 골프 코스 관련 용어는 2019년부터 적용된 호칭과 정의를 따랐습니다.

표기의 편의성을 위해 관행적 표현을 사용한 경우도 있습니다. '컨트리클럽'의 경우 'CC'로 줄여쓰기도 했습니다. 이를테면 'OO컨트리클럽'이라 할 때, 각 편의 글에서 처음 나올 때는 'OO컨트리클럽'으로 적고, 그 다음부터는 'OOCC'로 적었습니다. 같은 규칙으로 '골프클럽'은 'GC'로 표기하였습니다. 이렇듯 편의적인 표기법을 사용하였음과 골프의 기본 용어들을 일일이 설명하지 않음을 이해하여 주시기 바랍니다.

ANYANG COUNTRY CLUB

문화유적 급 명문 골프장 - **안양 컨트리클럽**

글. 사진 / 류석무

안양컨트리클럽
문화유적 급 명문 골프장

골프하는 사람들 사이에 이런 말이 떠다니기도 했다.

"한국의 골퍼에는 두 가지 부류가 있다……안양CC에서 쳐 본 사람과 못 쳐본 사람."

안양컨트리클럽 회원들이 이런 이야기를 하지는 않았을 것이다.
아마도 이곳에서 라운드 해 본 이들이 그럴 기회를 얻지 못한 이들 앞에서 자랑 삼아 했음직
한 이 말은 안양CC가 우리나라 골퍼들의 마음에서 차지해온 위상과 의미를 짐작하게 한다.

요즘 들어 안양CC보다 더 폐쇄적으로 운영되는 극소수 회원 전용 골프클럽도 생겼고, '삼성생명'의 보험 영업 행사로 안양CC에 초대 받는 수도 있으니 신비감이 조금 덜한 감도 있지만, 안양CC는 여전히 한국의 골퍼들에게 각별한 의미를 갖는 '한국 최고 명문 클럽'이다.

'한국 최고 명문'을 일궈온 역사

국내외 골프코스들의 순위를 매기는 (방송, 잡지, 인터넷) 기관들은 거의 매년 빠짐없이 안양CC를 한국 최상위 골프장 가운데 하나로 꼽는다. 2019년 '아시아 100대 골프코스 심사위원회'는 최근 안양CC를 한국 1위, 아시아 2위의 골프코스로 선정 했으며, '골프다이제스트'가 선정한 '2019~2020 대한민국 50대 코스'에서 안양CC는 국내 5위로 꼽혔다.

안양CC 스스로 이런 평가에 관심을 갖는지는 모르겠으나, 어느 평가기관의 심사에서나 안양CC를 최상위권 자리에 놓는 것은 불문율로 보인다. 어떤 해에는 제주의 <클럽나인브리지>와 순위가 뒤바뀌기도 하고 최근 몇 해엔 남해 <사우스케이프오너스클럽>의 경치를 높이 사거나 <웰링턴CC>가 약진하고 <휘슬링락CC>가 오르내리기도 하지만, 안양CC는 늘 변함없이 높은 자리에 있다.

가치에 대한 평판이 오랫동안 높게 지속되는 골프장을 '명문클럽'이라 부른다 할진대, 안양CC가 우리나라 으뜸의 명문인 이유는 군이 랭킹 평가 기관의 발표 에 기대지 않아도 될 듯하다.

한국 골프장의 '살아 있는 역사 문화 유적'

잘 알려진 대로 안양CC는, 삼성그룹을 일군 고 이병철 회장이 "일본과 서구의 명문 클럽에 손색없는 골프장을 만들겠다"고 뜻을 세워 1968년에 문을 연 골프장이다.

한때 '안양베네스트'라고 하여 삼성그룹 소유의 다른 몇 개 골프장들과 형제 이름을 갖기도 했으나 2013년 <안양컨트리클럽>으로 돌아왔다. 삼성 소유 골프장 가운데서도 다른 골프장들과는 격이 다르다는 뜻이겠다.

이 안양CC가 우리나라 골프 역사의 여러 의미 있는 발전적 사건들을 만들어 온 '살아있는 골프 문화 유적'이라는 것을 부인하는 이들은 거의 없다. 우리나라 최초의 골프장은 일제 강점기 서울 효창공원 안에 운영되었던 9홀 규모의 <경성구락부>라 알려져 있고, 지금의 어린이 대공원 자리에 1930년 건설되었던 <군자리코스>가 최초의 18홀 정규코스(파69, 6,045야드)였으

11번 파4 홀

며, 경기도 고양시에 있는 <서울·한양CC>가 그 맥을 이었다고 하나, 처음부터 국제적인 눈높이를 기준으로 만든 골프장은 안양CC가 나라 안에서 처음이었다고 한다.

고 이병철 회장의 나무, 자연, 골프 사랑

안양CC 설립자인 고 이병철 회장은 골프를 무척 좋아했음은 물론 아름다운 조경에 대한 안목과 의욕이 남달랐다고 한다. 또한 무슨 일을 하든 그 일을 가장 잘할 수 있는 인재를 키우는 데 인색하지 않았고 스스로 사회에 보탬이 되고자 하는 소명의식도 분명했다고 알려진다.

그리고 무엇보다도 꽃과 나무, 잔디 등 자연에 대한 사랑이 각별했던 듯하다.

땅이 좁고 산이 많은 우리나라 형편에서 골프장을 만들 수 있는 곳은 거개가 산중이기 마련이므로, 자연 생태를 해치지 않으면서 골프코스를 조성하기는 사실상 어렵다. 그러니 "자연을 사랑하지 않는 이는 골프장을 만들어서는 안 된다"는 역설적인 말이 소중하게 느껴질 때도 많다. 골프장을 짓는 것이 과연 불가피한 것인지의 여부는 접어두고라도, 생태의 보전을 감안하지 않고 무신경하게 땅을 깎아낸 모습의 골프장에서 라운드 한다는 것은, 한편으로 마음 찜찜한 놀이인 것이 사실이겠다.

그런 가운데 안양CC는 원래 평지였던 땅을 돋우고 마름하여 앉힌 골프장이기에 그런 불편함이 덜하거니와, 이 골프장에 극진히 모셔진 꽃과 나무와 잔디의 자연 조화를 보면 마음에 위안이 되기도 한다.

안양CC는 우리나라에서 가장 유명한 명문 골프장일 뿐 아니라, '가장 진귀한 수목이 생장하는 생태 정원'으로도 알려진다, 그에 더하여 고 이병철 회장은 안양CC 안에 '잔디연구소'를 만들어 우리나라 기후와 토양에 맞는 잔디를 개발하도록 독려했다 한다.

한국 골프장 잔디들의 조상 - '안양중지'

한국의 들에서 자생하는 잔디인 '들잔디(야지)'는 잎이 넓고 여름에 강하지만 추위에 약해서 가을이면 일찍 생장을 멈추고 누렇게 변하는 반면, 켄터키블루그래스 종 같은 한지형(추운 지방이 고향인) 양잔디는 잎이 가늘고 추울 때에도 비교적 녹색을 지키지만 한여름 더위를 이기지 못하고 녹아내리기 쉽다는 것이 최근까지 우리나라 골프계의 인식이었다. 버뮤다그래스 종 등의 난지형(더운 지방이 고향인) 양잔디는 추위에 약해서 우리나라의 엄혹한 겨울 추위를 견디지 못한다.

골프장 잔디는 짧게 깎을수록, 잎이 얇을수록 좋다고 한다. 그럴수록 잔디에 놓인 공을 골프채로 내리칠 때 깨끗한 접촉이 이루어질 수 있기 때문이다. 양잔디는 잎이 얇고 짧게 깎을 수 있으며, 일본 골프장에서 많이 쓰이는 '고라이 잔디'도 잎이 가늘지만 이 모두 사계절이 뚜렷한 우리나라 기후에 적합하지 않다.

잔디에 관심이 깊던 고 이병철 회장은 우리나라 '들잔디' 가운데 잎 넓이가 비교적 얇은 것을 발견해냈다. 그것이 '잎 넓이가 중간 정도'라는 뜻의 '중지'이며, 이회장의 지시로 안양CC 잔디 연구소가 선별·육성하여 보급한 품종이 '안양중지'이다. 이 잔디는 재래종 들잔디보다 직립성이 강하고 밀도를 높일 수 있어 골프공을 잘 받쳐주며, 잔디 전염병에 대한 저항성도 강한 편이다. 또한 이 안양중지는 가을이면 차갈색 또는 자색의 단풍이 든다. 이를 뒤따라 중지 품종들이 이후에 몇 가지 나와 보급되었는데, 가을이면 단풍이 드는 것을 '오리지널 안양중지'로 본다.

그러니 안양중지가 우리나라 많은 골프장들 잔디의 조상 뻘이다. 우리가 흔히 '한국잔디', '조선잔디'라고 부르며 우리나라 수많은 골프장 페어웨이에 퍼져 있는 품종이 사실은 안양중지의 직계 자손이거나, 같은 성씨의 유명한 위인 덕을 보는 방계 후손들인 셈이다.

클럽 명칭	안양컨트리클럽 Anyang Country Club
클럽 한 줄 설명	자타공인 한국 최고 명문 코스
개장 연도	1968년
규모, 제원	18홀 파 72 최대길이 6,951야드(6,356미터)
클럽 구분	회원제 (소멸성 연회원)
설계자	미야자와 조헤이(1968년) 로버트 트렌트 존스 주니어(1997)
소유 회사	삼성물산㈜ 리조트부문
잔디 종류	안양 중지(페어웨이, 러프) 벤트그라스(그린) 켄터키블루그라스(티잉 구역)
관리 특징	전홀 그린 하부에 서브에어 시스템 (통기, 배수, 온습 조절)
티오프 간격	8분
캐디, 카트	1팀 2캐디, 승용카트 없음

한국 회원제 골프장들의 '거울'이자, '골프장 인재 사관학교'

골프장 경영과 인재 배출 면에서도 안양CC를 빼고 우리나라 골프 역사를 말하기 어렵다.

이 골프장 설립 당시의 삼성그룹은 제일제당을 중심으로 소비자를 직접 만나는 소비재가 중심 사업이었고 신세계백화점, 신라호텔 등의 접객 서비스업에서도 오랫동안 최고의 자리에 있었는데, 그런 사업을 통해서 체득한 고객 섬김의 자세, 그리고 브랜드 관리와 경영의 체계적 노하우가 골프장 운영에도 적용되었던 듯하다.

이곳에서 일하면서 이러한 경영 감성과 노하우를 몸에 익힌 사람(이른바 '안양출신')들이 이후 수많은 골프장의 경영자로 발탁되면서 안양CC의 관리, 운영 비법이 한국의 많은 골프장으로

전파되었던 것이니, 지금도 안양CC는 '한국의 골프장 인재 사관학교'로 불리기도 한다.

또한 안양CC는 국내의 모든 회원제 골프장들의 귀감 또는 넘어야 할 벽이기도 했다.
가평베네스트, 동래베네스트 등 '삼성 계열' 골프장들이 당연히 안양CC를 거울삼아 운영되고
있음은 물론이고, 다른 대기업 운영 골프장들 또는 '프리미엄 프라이빗 클럽'을 지향하는 모든
골프장들이 저마다 성격과 추구하는 길은 다를지라도, '안양CC 처럼' 또는 '안양CC 이상'이라
는 보이지 않는 기준을 설정하여 노력하고 있음은 잘 알려진 사실이다.

"이보다 예쁜 코스는 있어도, 이처럼 아름다운 코스는 없다"

살구꽃 피는 이른 봄에 1번 홀 티잉 구역에 설 때, 벚꽃 날릴 무렵 2번 홀 페어웨이를 걸을 때,
연꽃 피는 여름 6번 홀 연꽃 다리 길을 건널 때……
이곳은 코스 조경이 아름답기로 유명한 곳이지만, 특별히 더 아름답다고 칭송 받는 장소는 계
절에 따라 다르다.

장소마다 '황금비율'로 연출된 조경

아름다움은 상대적인 것이라서 골퍼 개인의 경험과 취향에 따라 느낌이 다르겠으나 이곳은 정원 조경의 정밀한 설계로 빚은 곳이어서, 플레이 하는 골퍼는 누구나 대개 비슷한 곳에서 비슷한 시간에 설계자와 조경 연출자의 의도에 감응하게 된다.

어느 여름날 연꽃 핀 아침에 라운드를 한다면, 6번 홀 첼로 허리 모양 곡선 연못 가득한 연잎들이 뜬구름처럼 흐르는 가운데, 꽃인지 사람인지 모를 분홍 꽃 얼굴들과 인사하며 '연꽃다리'를 건네게 될 것이다. 일렁이는 바람에 서늘히 흔들리는 꽃과 잎들에서 현악기의 낮은 음률을 느끼게 될 지도 모른다. 연못을 황금비율로 가르는 곡선으로 난 나무다리 길을 건너는 눈길 발길을, 연잎마다 꽃마다 담긴 이슬방울들이 자꾸 붙잡을 수도 있다.

예쁜 그림책 같은 다차원의 정원

모든 홀의 조경은 3분할 또는 4분할로 안배되어 플레이어가 걷고 머무는 곳마다의 시선을 계산한 경치가 연출되어 있는 듯하다. 진귀하고 특색 있는 나무와 꽃들은 눈이 머무는 곳마다에 시각의 황금비율을 마감하며 서있다.
한 홀 한 홀 걸어갈 때마다 고아한 미장본 그림책을 한 페이지씩 넘기는 듯한데, 나 혼자 과민한 호들갑으로 그렇게 느끼는 것인지는 알 수 없다.
그러한 3차원적 안배 위에, 계절과 시간이 흐르는 자연 섭리에 따라 꽃이 피고 나뭇잎이 변하니, 공간 위에 시간이 들고나는 다차원적 풍광으로 느껴진다.

그러므로 당연히, 이 코스는 걸어가며 곳곳의 아름다움을 천천히 즐겨야 한다.
이곳에서는 두 명의 캐디가 골프백 만을 싣는 반자동 카트를 작동하고 걸으며 경기를 보조하고, 사람이 타는 카트는 없으므로 플레이어는 전 홀을 걸어서 라운드 한다.

"땅 값보다 나무 값이 더 비쌀 것이다"

클럽하우스에 들어설 때부터 한눈에 봐도 신령스러운 기운을 뿜어내는 아름드리 백매화 고목이 손님을 맞는데, 이곳만큼 진귀한 나무들을 한 곳에 많이 모셔놓은 골프장은 우리나라에는 따로 없는 것이 분명하고 세계적으로도 그렇지 않을까 추측해 본다.
1번 홀의 살구나무 고목들, 10번 홀의 반송 군락, 11번 홀의 노송들, 13번 홀의 분재처럼 아기자

15번 파4 홀

연습 그린 주변의 진귀한 소나무들

기한 반송들, 14번 홀의 비장한 목련, 15번, 17번 홀의 메타세과이어 나무들, 클럽하우스 앞의 커다란 다박송 들……
이 밖에도 다른 곳에 있으면 단박에 눈에 띌 진귀한 나무들이 코스의 이곳저곳에서 눈에 드러나지 않게 빛나고 있다.

값을 따지는 속된 습성이 민망하기는 하나, 이곳에 모셔진 나무 값을 합하면 수천억 원 또는 그 이상의 가치일 거라는 이야기도 있다.

계절마다 다른 꽃이 피고 잎이 물든다

이 나무들이 계절마다 꽃을 피운다. 살구꽃, 벚꽃, 홍매화, 백매화, 복사꽃, 해당화, 목련 꽃들이 차례로 피어날 때 이곳에서 라운드 할 수 있는 이는 드물게 선택 받은 사람이다.
나무 말고도 땅에서 올라온 초본들도 질세라 꽃을 피운다. 꽃밭에는 아네모네, 수선화, 실개천에는 꽃범의 꼬리 들꽃이 골퍼의 발길을 불러 세우고, 연꽃, 능소화 들이 차례로 만발하다가 가을에는 낙우송, 은행나무, 단풍나무들이 꽃보다 현란하게 물든다.

고 이병철 회장은 생전에 나무를 지극히 사랑했으며 그 가운데 은행나무를 특히 좋아했다고 하는데 17번 파3홀 티잉 그라운드 옆에는 고인의 홀인원 기념식수 은행나무가 서 있다. 나와 함께 라운드 했던 '삼성 출신' 사람들 가운데는 그 홀에 이르면 말없이 그 나무에 고개 숙여 인사하는 이들도 있었다. 이 홀에 언제부터인가 피는 라일락과 배롱나무 꽃 또한 꿈결처럼 곱다.

생태적, 미적 완결성의 '무한 추구'

골프장을 짓는 것은 어쨌든 자연 상태의 땅을 헤집어 사람의 놀이터로 만드는 일이겠다.

그 죗값을 덜기 위해서인지 골프코스를 만드는 이들은 '재 자연화', 즉 '자연을 다시 조성한다'는 생각으로 접근하기도 한다. 그러나 아무리 아름다울지언정 사람의 눈에 그런 것이지 자연 그대로인 것만이야 할까.

안양CC를 만든 고 이병철 회장은 '원래의 자연보다 더 아름다운 정원으로서의 질서'를 부여하는 쪽으로 '재 자연화'의 철학을 세웠던 듯하다. 사람이 공을 치고 노는 공간이되 그 자체의 생태적, 미적 완결성에 있어서 극한에 이르려는 의도가 있었던 것 아닐까 생각해 본다.

9번 홀 그린 옆. 고 이병철 회장 휘호 '무한추구(無限追球)'를 새긴 빗돌

9번 홀 그린 옆에는 묵색 빗돌에 '무한추구 無限追球'라는 이 회장의 생전 휘호가 새겨져 있다. '구' 글자가 '구할 구求'가 아니라 '공 구 球'인 것이 흥미로운데 골프장에 있어서도 이렇듯 한계 없는 완결성을 추구했던 것으로 읽힌다.

정원처럼 편안하면서도 도전적인 재미가 있는 코스

로버트 트렌트 존스 주니어의 도전적 코스 리뉴얼

1968년 처음 문을 열 때에는 미야자와 조헤이라는 일본 사람(뒤에 통도 파인 이스트, 88CC등을 설계함)이 설계하여 '투 그린'이었고 일본 코스 느낌이 강했는데, 1997년 세계적인 골프코스 설계자 로버트 트렌트 존스 주니어(Robert Trent Jones Jr.)에게 맡겨 전면적인 코스 개선 공사를 했고, 2013년에 클럽하우스를 새로 짓고 일부 코스를 보완하는 부분 개선 공사를 하여 도전적인 코스로 거듭 변모했다.

삼성 그룹이 직계 3대에 이어졌으니 소유주의 변화에 따라 코스의 취향도 변화했다고 보는 이도 많다. 다만 그런 변화 속에서도 선대 회장의 치밀한 조경 연출의 맥락과 정수는 대를 거듭할수록 정교하게 발전하며 이어진 것으로 이해한다.

(골프코스에서 '**도전적**'이란 플레이어가 모험적인 시도를 하도록 '코스가 플레이어에게 도전하는' 성격이 강한 것을 말한다. 코스가 플레이어에게, 플레이어가 코스에게 도전하는 상호관계를 형성해 놓은 것이다. '**전략적**'이란 '생각하면서 현명하게 치도록' 유도하는 유형이다. 자신의 실력에 따라 공략법을 선택하도록 안배된 것을 말한다. 좋은 골프코스는 대개 도전적인 면과 전략적인 면이 동전의 양면처럼 적절하게 안배되어 있기 마련이다.

또한 '투 그린'이란 일본에서 비롯된 것으로 각 홀의 '주 그린 [Main Green]' 옆에 '보조 그린 [Sub Green]'을 설치하여 번갈아 사용하는 것을 말한다. 공식 용어는 아니지만 편의상 '원 그린', '투 그린'으로 부른다. 투 그린은 관리하기에는 편하지만 그린 주변 플레이에 불공정한 우연이 개입할 여지가 많아서 국제 규격의 골프장에서 적용되는 예는 극히 드물다. 우리나라에 초창기 골프장들은 일본의 영향을 받다 거의 '투 그린'이었으나 1990년대 중반 이후에 문을 연 골프장들의 대다수는 '원 그린'으로 조성되고 있다)

'호암 풍', 서구풍, 동양풍의 완벽한 조화

3대에 이른 코스의 변화는 단순히 취향에 따른 것이라기보다는 세계적 흐름에 발맞춘 '진화'라고 보는 게 맞겠다. 수목 정원 조경은 선대(先代)의 호암 湖巖 이병철 회장이 이룬 조형적 미감을 최대한 살리되, 전략적인 플레이 루트와 그린 공략에 있어서는 로버트 트렌트 존스 주니어의 도전적인 서구풍을 적극 도입하는 한편, 페어웨이를 걷는 느낌은 본디 정원형 코스의 평안함을 지켜서 조화를 이룬 듯하다. 이런 이질적인 요소들이 이렇듯 조화롭게 어울릴 수 있음을, 실제로 경험하기 전에 짐작한 이는 드물었을 것이다.

반면에, 애초의 코스가 문화유적과 같으므로 원형 그대로 보존했어야 한다는 의견도 일부 골프계 사람들 사이에 떠돈다. 당시의 사진 등 자료들이라도 어딘가 보존되어 있기 바란다.

이곳의 회원들은 연배가 높은 분들이 많은 편이지만 골프코스는 전장이 짧지 않고 세컨 샷 공략과 그린 주변 플레이가 쉽지 않다. 거의 모든 그린 앞에 깊고 큰 벙커들이 입을 벌리고 있는데 벙커는 대개 한 쪽 편에만 있어서 다른 방향으로 안전하게 공략할 수 있는 길을 열어두었다. 도전을 유도하면서도 '플랜B'의 전략적 선택 또한 가능하게 안배한 것이다.

18홀 총 연장 6,951야드의 코스로 길지 않은 듯하나 플레이 해 보면 블루 티, 레귤러 티에서 느껴지는 길이가 수치보다 길게 느껴진다. 공을 높이 띄워서 치지 않으면 장애물을 피해 그린에 올리기 쉽지 않다. 그린은 당연히 빠르게 관리되는데다가 그린 면이 크고 변화 굴곡도 많은 편이라서 어프로치와 퍼팅을 예민하게 해야 한다.

세상에서 우드 클럽 치기 가장 좋은 코스

그래서 코스의 설계 의도를 생각하며 플레이 하지 않으면 다른 곳보다 서너 타 더 친 스코어카드를 받게 되는 경우가 많다고 하는데, 잔디 관리 상태가 워낙 융단같이 곱고 좋아서 페어웨이에서 공을 치기에 더없이 좋은 점이 그런 핸디캡을 상쇄한다. 짧고 촘촘하게 관리된 안양중지 잔디는 언제나 공을 살짝 들어 예쁘게 떠받치고 있다. '숏티'를 짧게 꽂아 올려놓은 듯한 느낌으로 아마도 '세상에서 우드 클럽 치기 가장 좋은 코스'일 것이라 생각한다. 나 혼자 생각하기에 안양CC가 골프 코스로서 가장 매력적인 점은 '예민하면서도 편안하다'는 이중성이다. 얼마 전 우리나라에서 가장 유명한 골프 코스 설계가를 만나 대화하는 중에 "국내 골프코스 중 어디가 마음에 듭니까" 하고 물었더니 "안양CC는 꼭 내가 설계한 느낌이 들어요. 꼭 필요한 곳에 장애물이 있고 골퍼의 마음에 평화를 줍니다. 난도가 충분히 있는데도 편안한 느낌이 듭니다"라고 했다.

두 차례 코스를 수정하면서 공략 루트에는 전략성을 부여하고 그린 주변으로 갈수록 도전적이고 예민하도록 안배하는 한편, 아름다움과 평화로움을 지킨 조화가 돋보인다고 생각한다.

2번 홀 그린. 벚꽃 필 무렵

14개 클럽을 모두 사용하도록 안배

그런 가운데 연만한 분들은 옛날에 비해 어려워졌다고 하고 힘 좋은 이들은 생각보다 전장이 길지 않다는 이야기도 하지만, 코스가 짧다고 느끼면 뒤쪽 '백티'로 가서 치면 전혀 다른 코스를 경험하게 될 것이다. (물론 레귤러 티도 보통 이상 실력의 아마추어 골퍼에게 결코 짧지 않다고 본다.)

로버트 트렌트 존스 주니어가 설계한 코스는 대개 모든 수준의 골퍼들이 골퍼 자신의 선택에 따라 '샷 밸류'를 극대화하며 칠 수 있도록 안배하는 것이 특징이라는데, 이곳도 스스로의 선택에 따라 14개 클럽을 모두 사용하도록 설계된 코스라 평가된다.

귀빈들만 오는 곳인가

회원은 있지만 회원권은 없다

이곳은 국내에서 가장 폐쇄적인 회원제 클럽 가운데 하나다. 회원 또는 회원 동반자 아니면 절대 라운드 할 수 없는 곳으로 유명했는데 삼성생명 우수 고객들을 초청하는 행사가 가끔 여기서 열리기도 해서 '회원 동반' 아니어도 라운드 기회가 주어지기도 한다. 또한 삼성그룹 소유 <가평베네스트GC> 회원들에게 일부 주중 예약 자격이 주어지기도 하는 것으로 안다.

그런 면에서는 신세계 그룹의 <트리니티클럽> 등이 더 폐쇄적인 클럽이라고 하는 게 맞을 듯하지만, 손님을 가려 받는 곳이 더 나은 골프장임을 말하는 것은 물론 아니겠다.

돈이 있다고 해서 회원 자격을 얻을 수 없는 클럽의 깐깐한 심사 조건도 우리나라에서는 이곳에서 비롯되었다고 알려진다. 왕년의 톱스타 연예인이 회원 신청을 했는데 심사에서 탈락했다는 유명한 이야기도 소문으로 떠돈 적이 있다.

엄밀하게 말하자면 안양CC는 일반적인 의미의 '회원제 클럽'과는 다르다. 매년 일정액의 이용 회비를 내는 이에게만 회원 자격이 주어지는 것이며 그 금액은 기간 경과 뒤에 소멸된다. 사고 팔 수 있는 회원권을 발행하는 것도 아니고 회원 자격은 오로지 수천만 원의 '소멸성 연회비'를 냄으로써 유지되는 것이다. 여타 명문 클럽이 보증금 형태의 회원권을 판매하면서 이러한 소멸성 연회원을 동시에 유치하고 있는 것과는 다르다.

회원이 몇 명인지는 공식적으로 밝히지는 않지만 '극소수'인 것으로 알려진다.

단아한 클럽하우스와 은근한 서비스

안양CC의 서비스 철학은 '만인중 萬人中의 1인, 1인을 위한 만인萬人'이라 한다.
이 말에서 '황제 대접'을 생각하기 쉽지만 '되도록 표시 안 나게 세심한 서비스'라고 하는 것이
맞을 듯하다. 고 이병철 회장의 자서전 <호암자전>에는 이런 구절이 나온다.

"안양골프장은 시설이 완비된 국내에서 가장 아름답고 쾌적한 골프장으로서, 골퍼들의 모임에
알맞은 질서 있고, 예절 바른 장소가 되도록 그 운영에 힘쓰고 있다."

'국내에서 가장 아름답고'라는 말과 '예절 바른'이라는 말이 눈에 들어온다. 이곳 현관에 도착
하면 내장객 모두에게 발렛파킹 서비스가 제공된다. 예전에는 옷 가방(보스톤백)도 라커룸까지
직원이 들어다 주기도 했는데 요즘에는 라운드 끝나고 나올 때만 직원이 라커룸에서 받아 차에
미리 실어준다. 옷 가방을 옮겨주는 서비스는 이곳에서 시작되어 다른 명문 지향 골프장들에도
퍼진 것으로 아는데 오히려 안양CC가 가방을 라커룸까지 손님이 직접 들고 가도록 바꾸었다.
운동하러 온 사람은 가방을 직접 들고 가는 것이 옳다고 여긴 것이라 본다. 운동이 끝나고 나서

는 클럽하우스에서 모임이 있기도 하니 차에 대신 실어 주는 서비스가 유효하다고 여긴 듯하다. 시대의 흐름에 따라 클럽하우스에서 지켜야 할 격식도 다소 너그러워졌다. 클럽하우스에서 재킷을 꼭 입어야 해야 하던 에티켓 조항이 '골퍼의 품위가 느껴지는 자율적 복장'으로 변하기도 했다. 노출이 심한 옷을 입은 여자 골퍼는 플레이 할 수 없을 만큼 보수적이었으나 요즘은 노출이 적은 골프웨어를 찾기 힘든 추세이니 어느 정도 융통성이 적용되는 것으로 보인다 .

'만인 중의 일인' 이랄 만한 사람일수록 겉치레보다 내면을 중히 여길 터이다. 드러나게 극진한 형식보다는 올바른 예절을 갖춘 서비스를 지향하는 것이라 생각해 본다.

클럽하우스는 2013년 새로 지은 것이다.
이전보다 규모가 많이 커졌는데도 단아한 느낌을 지향하고 있는 것은 옛 클럽하우스의 소박함과 같은 맥락으로 보인다.
우리나라 골프장 클럽하우스들 가운데는 기능적인 필요성을 과하게 넘어선 치장으로 부자 취향을 드러낸 건축물이 적지 않고 '사람의 공간'은 오히려 왜소해 보이는 것들도 눈에 많이 띈다. 사람을 존중하여 받들지 않는 느낌을 주는 클럽하우스는 그 클럽 소유주가 존중 받을 만한 생각의 소유자가 아님을 드러내기도 한다.
안양CC의 클럽하우스는 스스로 간소함을 따름으로써 귀해 보인다.
예전의 더 소박했던 클럽하우스가 사랑스러운 모습으로 내 기억에 남아있으나, 지금 것에서도 '딱 그만큼까지'라고 할 규모감과 절제미를 느끼게 된다.

몇 가지 소소한 이야기들

꽃 이야기, 나무 이야기
안양CC는 우리나라에서 진귀한 나무들이 가장 많은 수목 정원 가운데 하나이기도 하고, 정밀한 꽃의 천국이기도 하겠다. 나무들 가운데 귀하지 않은 것을 찾기 어렵다. 키 작은 반송 무리들이 이렇듯 풍성한 곡선의 대오로 무리 지은 모습은 이곳 10번 홀 티잉 구역에서 말고는 보기 어려울 것이다. 클럽하우스 앞의 백매화 고목, 1번 홀의 검은 고목 살구나무, 연습그린 옆의 다박송들, 코스 곳곳의 낙락장송과 메타세콰이어, 은행나무, 단풍나무 등은 물질적으로나 심미적

클럽하우스 앞 백매화 고목(위 왼쪽), 4번 홀 홍매화(위 오른쪽), 11번 홀 낙락장송(가운데), 6번 홀 연꽃(아래 왼쪽), 17번 홀 아네모네 꽃 필 때(아래 오른쪽)

으로나 가치를 헤아릴 수 없을 만큼 진귀해 보인다.

어찌 보면 꽃과 나무들이 이곳의 주인인 것 같기도 하다. 실제로 홀마다 나무와 꽃들의 이름이 붙어 있다. 1번 홀부터 아웃코스로 살구나무, 벚나무, 밤나무, 매실나무, 자두, 연꽃, 조팝나무, 모과나무, 잣나무 들이 각 홀을 대표하며, 10번 홀부터 인코스로는 명자나무, 낙락장송, 산딸나무, 장미, 목련, 메타세콰이어, 은행나무, 라일락, 단풍나무 들로 이름 지어져 있다.

이른 봄에 17번 홀 그린으로 가는 길목 꽃밭에 아네모네와 수선화, 4번 홀의 매화와 복사꽃, 1번 홀의 살구꽃이 피기 시작하여, 2번 홀의 벚꽃, 14번 홀의 목련, 10번 홀의 화해당이 화려하게 피었다가 허무하게 떨어지며, 13번 홀의 장미, 17번 홀의 배롱나무 꽃, 6번 홀의 연꽃 등이 피면서 능소화, 싸리꽃, 꽃범의꼬리 등 '풀꽃', '나무 꽃', '나무 기댄 꽃'들이 흐드러진다. 나무와 꽃에 대한 감상을 산문으로 표현하기는 어렵다.

어느 홀이 가장 아름다운가

모든 홀이 저마다 다른 모습으로 아름다움을 다툰다. 꽃이 피고 나뭇잎이 물드는 시기가 다르니 철 따라 가장 아름다운 곳이 다를 수도 있겠다. 벚꽃 날리는 2번 홀이 아름다울 때가 있고 메타세콰이어 나뭇잎이 노랗게 물든 15번 홀이 아름다운 계절도 있다.

계절에 관계없이 아름다운 조경미를 느낄 수 있는 곳으로 13번 홀을 꼽는 이들이 많다. 근경과 원경을 정밀하게 안배한 일본식 정원 조경 기법과 한국적인 자연미, 그리고 골프코스로의 도전적인 아름다움이 지극한 조화로 어울린 곳 아닐까 생각한다. 산과 물, 나무와 꽃, 사람과 유혹…… 이런 여러 요소들이 은유적으로 응축된 것 같다. 한편으로는 이런 요소들이 '그린에 집중해야 하는 골프 코스의 본질 매력'을 오히려 해친다고 여기는 이들도 있다.

내 느낌으로는 이 홀 오른편 벙커 너머에 깃대가 꽂혔을 때, 가장 팽팽한 비장미가 완성된다고 여긴다.

11번 홀 노송 숲에 얽힌 야사(野史)

11번 홀은 가장 긴 파4 홀로 유일하게 그린 주변에 벙커가 없다. 길이가 긴 홀이니 티샷에 힘이 들어가기 쉽고, 자칫하면 '슬라이스(공이 오른쪽으로 크게 휘어 나가는 경우)'가 나서 티샷 낙하지점 오른편 노송 숲에 빠지기 쉽다. 원래 이곳에는 노송들이 없었다고 한다. 고 이병철 삼성 회장과 고 정주영 현대 회장이 생전에 함께 라운드 할 때 이 홀에 오면 정주영 회장 티샷 볼이

13번 파3 홀

오른편으로 휘어 나가는 경우가 많았는데 그때마다 공이 살아 있어서 고 이병철 회장이 이곳에 소나무를 심으라고 했다는 우스개가 있다. 물론 사실 여부는 확인되지 않는 이야기다.

"308동을 보고 친다"

5번 홀 내리막에서는 건너편 멀리 보이는 308동을 보고 치는 게 좋은 공략 방법이었는데, 2013년 부분 개선 공사를 하면서 페어웨이와 그린 사이에 정겨운 실개천을 만들어 놓았다. 지금도 308동 쪽으로 정확하게 치면 최단거리를 남겨놓은 페어웨이에 떨어뜨릴 수 있으나, 물에 빠질 염려도 있어서 그보다 약간 왼쪽으로 치기를 권한다. 세월이 흐르면서 주변 아파트 건물이 보이는 것이 골프장의 경관에는 약간 아쉬움을 주는 점도 있겠으나 아파트 주민들의 입장에서 보면 조망이 참 좋을 것이니 이 또한 안양CC가 쌓는 공덕이겠다.

티하우스의 수박스테이크와 13번 홀 그늘집 흑맥주

전반을 끝내고 티하우스에서 간식으로, 계절 과일을 먹는 경우가 많다. 그 가운데서도 여름에 나오는 '수박 스테이크'의 당도가 높기로 유명하고(두껍고 크게 썰어서 스테이크처럼 포크와 나이프로 먹음), 이것이 전국의 유명 명문 골프장으로 퍼져서 '수박스테이크'를 내는 곳이 많게 되었다. 수박이 얼마나 두껍고 자연 당도가 높은가에 따라 '명문의 등급'이 갈린다는 호사가들의 이야기도 들린다. 좋은 계절 어느 날 플레이 중에 시간이 허락한다면 13번 홀 그늘집에서 내는 저온숙성발효 흑맥주도 맛이 깊으니 마셔볼 만하다. 13번 홀 쯤에서 마시는 맥주야 어느 곳 어느 상표인들 맛이 없겠는가마는……

문화유적 급 명문의 기록

안양CC는 우리나라 골프의 문화유적 같은 명문 골프장이다.
어쩌면 우리나라 역사를 바꾸었을지도 모르는 수많은 사연들이 이곳에 깃들어 있을 터이다. 서양 명문 골프장 가운데는 자신들의 어제와 오늘을 자세히 기록해서 두꺼운 책으로 남기는 곳도 적지 않다. 어느 사회에서나 골프장은 한 사회를 이끄는 주역들의 문화 공간이기도 하기에, 골프장에 대한 기록은 한 나라의 역사와 문화의 흐름을 드러내기도 한다.

이 기록은 나 스스로의 경험과 탐사로 적었으므로 겉핥기에 지나지 않을 수 있겠지만, 세상의 역사에서 한 시대를 이끄는 나라와 문화의 주인은 그 이전 세대의 꼼꼼한 기록을 물려받은 이들이라는 믿음으로, '한국의 골프장 이야기'들을 찾아내는 첫 머리에 안양CC를 살펴 적어내며 이 책을 시작한다.

글과 사진 / 류석무

THE NAMSEOUL COUNTRY CLUB

'매경오픈'의 전통명문 - **남서울 컨트리클럽**

글 / 류석무

남서울 컨트리클럽
'매경오픈'의 전통 명문

<GS칼텍스매경오픈> 대회가 끝난 바로 다음날 아침에, <남서울컨트리클럽>에서 라운드 한 적이 있다. 이른바 '대회 세팅' 그대로 플레이 한 것인데. 평소와는 '완전히 다른 골프장'이 되어 있었다.

러프가 더 깊어졌을 뿐더러 그린 위에서는 퍼터를 가져다 대기만 해도 공이 줄줄 굴러가서 3퍼트, 4퍼트는 예사로 했다. 스팀프미터 계측 기준 그린 스피드가 3.5미터 이상이라던데 그린의 경사가 가팔라서 체감으로는 4.0미터는 되는 것 같았다.

그날 우리가 가장 많이 했던 말은 이랬다.

"거기 서~~! 스톱~~!"

'매경오픈' 대회 장소로 잘 알려진 <남서울컨트리클럽>은 한국 골프장 중에서, 그리고 한국 골프 역사에서 가장 이야기가 많은 골프장 가운데 하나다.

전통 명문이라 하는 까닭

고 허정구 회장과 '꿈나무'들

1971년 문을 연 남서울컨트리클럽은 명실상부하게 한국 골프 인재의 산실이 되어 왔다. 이 클럽을 설립한 고 허정구 회장은 골프장 개장 당시에 대한체육회장과 한국프로골프협회장을 역임한 분이다.

그가 한국 골프에 기여한 공로를 기려 한국에서 가장 유서 깊고 권위 있는 아마추어 골프대회가 <허정구배 한국아마추어골프선수권대회>라는 이름으로 열리고 있다.

바로 이 '남서울CC'에서 매년 여름에 열리며 올해로 66회째가 된다. 한국의 골프 엘리트 꿈나무들이 반드시 참가하는 대회이니, 우리나라 골프 스타들 가운데 이 대회를 거치지 않은 이는 드물다.

매경오픈 개최 - '한국의 오거스타'라는 별명

또한 이 클럽은, 한국에서 두 번째로 유서 깊은 골프 대회이자 남자 프로골프 메이저 대회인 <GS칼텍스매경오픈>이 열리는 골프장으로 매우 잘 알려져 있다. 1986년 '매경오픈'이 이곳에서 열린 이래, 중간에 몇 번 다른 곳에서 열린 적이 있지만 이제는 "매경오픈 = 남서울CC"의 등식이 매겨져 있다.

미국 PGA '마스터즈' 대회가 열리는 오거스타 내셔널에 비추어 '한국의 오거스타'라는 별명이 붙어있기도 하다. 최상호, 박남신, 최광수, 강욱순 선수들을 비롯해서 배상문, 김경태, 김대현, 박상현 선수 등 별처럼 많은 골프스타들이 이 곳에서의 우승을 거치며 더욱 큰 스타가 되었다.

'한국 골프 대표'들의 둥지

이 골프장 부설 <남서울CC골프연습장>은 국가 대표를 거쳐 세계무대에서 이름을 떨친 수많은 남녀 골프 선수들 거의 모두가 거친 곳이기도 하다.

지금 이 골프장을 운영하는 경원건설(주)의 대주주인 허광수 회장은 아버지 허정구 회장의 뒤를 이어 오랜 기간 대한골프협회의 회장을 맡았으니, 한국의 골프 역사를 남서울CC를 빼고 이야기하기는 어렵겠다.

골프장 명칭	남서울컨트리클럽 The Namseoul Country Club
클럽 한 줄 설명	서울 최근 거리, '매경오픈' 개최 명문
개장 연도	1971년
규모, 제원	18홀 파72 , 전체길이 6,986yds(6,388m) 아웃코스 3,282m, 인코스 3,106m 면적 30만평
골프장 구분	회원제 골프장(회원 1,469명)
위치	경기도 성남시 분당구 안양판교로 1201번길 161(판교동)
코스 설계자	이노우에 세이치
소유 회사	경원건설㈜
잔디 종류	페어웨이 : 들잔디(Zoysia Japonica) 러프 : 들잔디(Zoysia Japonica) 그린 : 벤트그래스(Bentgrass)
관리 특징	딱딱하고 빠른 그린
부대시설	파3홀, 드라이빙레인지(제1, 제2연습장)
티오프 간격	8분
휴장일	1,3,5주 월요일, 회원의 날
회원의날	1,3주 일요일, 법정공휴일
캐디, 카트	4백 1캐디, 승용전동카트(5인승)

서울에서 최단거리 골프장

이 골프장이 있는 땅의 행정구역은 성남시 분당구이다. 개장 당시에는 지방도로 밖에 나지 않은 깊은 산중이었던 자리가 지금은 분당 판교 신도시의 한복판이 되었다. 서울 행정구역 안에 있는 군 체육시설 <태릉CC>를 제외하고는, 서울에서 가장 가까운 골프장이자 골프 인구가 가장 많은 지역의 노른자위 중심에 위치한 클럽이다.

'거장' 이노우에 세이치 설계

이 골프장 코스를 설계한 이는 '이노우에 세이치'라는 일본 설계가이다. 이미 고인이 되었지만 그는 당대의 일본에서 가장 유명한 골프코스 디자이너였으며 그가 설계한 코스는 지금도 매년 일본 '100대 골프코스'로 15개 이상 선정된다고 한다. 2020년 도쿄 올림픽의 골프 경기가 예정되었던 <카스미가세키CC>의 서코스가 그의 설계 작품이다. 일본과 아시아 나라에 40여 개의 코스를 설계하여 남겼다 하며 일본의 산중 지형을 자연스럽게 살려내는 코스를 빚어낸 '거장'으로 평가된다.

남서울CC는 일본의 당대 최고 설계가를 초빙하여 만든 것이라 하겠다.

'일본식 디자인'이면서도 다이내믹!

이천년 대 들어 미국을 비롯한 서양 출신 유명 설계가들이 국내 골프장 설계를 많이 하게 된다.

<한국오픈> 대회 때의 18번 홀

그와 함께 국내 코스 설계가들도 서양의 유명 코스에서 영감을 받은 도전적인 스타일의 코스 디자인을 지향하게 되면서, 일본식 디자인은 시대에 뒤쳐진 것으로 보이게 되어가는 경향이 있다. 만든 지 오래 된 국내 코스들은 대부분 일본식 디자인을 따른 것이라 할 수 있는데, 최근에 만들어진 코스들에 비해서 너무 평이한 느낌이 드는 것도 부인하기 어려운 사실이다.

그러나 이 <남서울CC>는 일본인 코스 디자이너가 국내에 설계했거나 일본풍 디자인을 따른 여느 코스와도 다르게 다이내믹하다고 평가 받는다.

<매경오픈>과 남서울CC

"길지 않은데 쳐보면 짧지 않다."

이 골프장의 총 길이는 6,388미터(6,986야드)이며, 레귤러 티 5,941미터(6,497야드), 레드 티 기준 5,295미터(5,790야드)이다. 남자 프로 대회를 치르는 골프장으로는 길이가 짧은 편이지만 아마추어 골퍼들이 보통 플레이 하는 레귤러 티 기준으로는 짧은 편이 아니다. 레드 티 기준으로 여자들에게도 꽤 긴 코스 길이이다.(물론 티잉 구역은 매번 탄력적으로 조정되기에 아마추어 골퍼들은 보통 표시된 레귤러 티보다 대개는 짧은 길이로 플레이 할 때가 많다.)

그리고 코스 안에 오르막 내리막이 많고 경사면이 자주 등장하기에, 피해서 치고 오르내리며 치다 보면 예상 외로 코스가 길게 느껴지기 쉽다. '주 그린(Main Green)'과 '보조 그린(Sub Green)'이 있는 '투 그린' 코스로, 개별 그린이 작아서 어프로치 샷에 부담을 갖고 임하기에 그런 느낌이 더한 듯하다.

매경오픈 우승 점수 '한 자릿수 언더파'
보통 때는 파5인 16번 홀을, '매경오픈' 대회에서는 긴 파4로 변경하여 파71 코스로 조정한다. 대회가 파72로 진행될 때에는 대회 기간 날씨가 좋으면 4일 합계 20언더파 넘는 스코어 우승자도 나왔지만, 파71로 조정된 데다 날씨가 좋지 않았던 2018년 37회 대회에서는 박상현 선수가 최종합계 1언더파로 연장전 끝에 우승했다.
코스가 어렵기로 소문난 <베어즈베스트청라GC>에서 같은 해 열린 <신한동해오픈>에서도 역시 우승한 박상현의 최종 스코어가 22언더파였으니 남서울CC는 매우 까다로운 면이 있는 코스라 하겠다. 날씨가 좋았던 2019년에는 이태희 선수가 최종합계 9언더파로 우승했는데, 두 자릿수 언더파가 나오기 어려운 대회세팅을 유지하는 것으로 보인다.

"진땀나게 딱딱하고 빠른 그린"
'매경오픈'대회에서 선수들이 가장 어려워하는 것이, 잘 알려진 대로 '빠르고 딱딱한 그린'이다. 국제 대회 기간 동안에는 코스의 페어웨이와 그린이 딱딱하도록 관리하는 것이 국제적인 기준이다. 많이 굴러가고 세우기 어렵게 만들어 골퍼의 실력을 변별하는 것이다.

미국 PGA투어 대회를 보면 그린의 색상이 선명한 녹색을 유지하면서도 그린 스피드는 스팀프미터 측정 3.7미터 이상으로 빠른데, 이것은 그린 잔디의 밀도가 높으면서 짧게 깎였다는 뜻이다. 그린 잔디의 뿌리가 깊은 상태에서 토양수분은 적게 관리해야 빠르면서도 딱딱하고 밀도가 높은 그린을 만들 수 있는 것인데, 배토(흙 뿌리기)와 예초(깎아주기)를 자주 하면서 시비(뿌리를 깊게 내리게 하기 위한 비료 주기), 관수(물주기) 조절을 예민하게 해야 한다. 대회가 열리기

몇 달 전부터 준비해야 하며 '마스터스' 대회가 열릴 때 <오거스타내셔널> 골프장의 그린은 하루에 6~8회씩이나 깎아주면서 관리하는 것으로 유명하다.

남서울CC의 그린도 그를 참조하여 많은 노력을 하기에 빠르고 딱딱하게 만드는 내공을 발휘하는 것 아닐까 짐작한다.

'한국의 마스터즈'와 남서울

그린의 모습은 동그랗고 작은 편인데, 대개는 솟은 그린(일명 '포대그린', Elevated Green)이라 공을 그린 면에 맞추면 밖으로 튀어나가기 쉽고 그린 앞에 떨어지게 하면 굴러 올라가기 어렵다. 게다가 공이 그린 옆으로 가면 '옆 라이' 어프로치를 해야 하는데, 그린스피드가 빠르고 경사가 있어서 매우 어렵다. 그러니 이곳에서는 그린 주변의 숏 게임과 퍼팅을 예민하게 잘하는 사람이 유리하다. 그런 한편 '투 그린'이라 그린 주변에서 운이 개입하는 경우를 배제하기 어렵다는 지적도 있다.

그래서 경험 많은 노장 선수들이 이곳에서 좋은 성적을 내는 경우가 가끔 있고, 그것이 미국 PGA투어의 '마스터스' 대회와 비슷하여 매경오픈을 '한국의 마스터스', 이곳을 '한국의 오거스타' 라고 얘기하는 이들도 더러 있다. 매경오픈이 우리나라에서 차지하는 무게가 '마스터스'에 견줄만 하고 남서울CC가 유서 깊은 곳이라는 의미도 있겠다.

진정으로 '마스터스'와 '오거스타 내셔널'에 견줄 수 있게 되는 날이 오기를 기대한다.

'한국 선수 텃세'와 들잔디

'매경오픈'은 <아시안투어>와 공동 주최하고 외국인 선수들이 많이 참가하는 대회이면서도 외국인 우승자가 극히 드문 것으로 유명하다. 이곳이 워낙 '선수 텃세'가 강한 곳이라는 이유를 들기도 하지만 코스 관리 전문가들은 잔디 품종이 독특하기 때문이라고 분석하기도 한다. 이 코스의 페어웨이와 러프 잔디 품종은 한국 '들잔디(조이시아 자포니카)'의 개량형이다. 흔히 '야지'라고도 하는 이 잔디는 잎이 비교적 넓고 누워서 자라는 것이 특징인데 <한양CC>, <남부CC>와 이곳 <남서울CC> 등 오래 전에 만들어진 골프장에서 주로 사용하고 있다.

이 잔디는 예고(깎는 높이)를 낮게 하기 어려워서 잔디에 공이 놓인 상태가 '양잔디'나 '중지'에 비해 일정하지 않은 편이다. 선수들이 아이언 샷을 할 때 가끔 예상치 못한 '플라이어(예상보다 볼이 높이 떠서 더 날아가는 현상)'가 나는 게 그 때문인데, 공이 잔디 위에 떠 있는 상태가 예상과는 다른 때가 간혹 있기에 이곳의 잔디 상태를 많이 경험해본 선수가 유리할 수밖에 없다는 것이다. <안양CC>에서 비롯되어 보급된 '안양중지' 등의 '중지'형 잔디와는 또 다른 특성이다. 흔히 이 야지와 중지를 싸잡아 '조선 잔디' 또는 '한국형 잔디'라 부르며 비슷한 것으로 보지만 특성이 사뭇 다르다 한다.

예민하고 '쫄깃한' 코스

좌우 경사와 오르막 내리막

이 골프장은 판교 신도시를 품은 나지막한 태봉산(318m) 북녘 기슭에 앉아 있다. 높은 산은 아니지만 자연 지형을 되도록 살려서 코스를 앉히다 보니 각 홀의 흐름은 좌우 고저로 높고 낮음이 많은 편이다.

18번 홀 티잉 구역

페어웨이는 좁지 않으나 플레이어의 눈에는 좁아 보이는 곳이 많고 오비(Out of Bounds) 지역과 벌칙 구역도 적지 않다. ('매경오픈' 대회 기간에는 OB지역을 많이 줄인다 한다.) 전략적으로 정확한 위치로 공을 보내야만 다음 샷을 하기 좋고 약간 미스 샷이 나면 평평하지 않거나 자세가 불편한 곳에서 다음 샷을 하게 되기 십상이다.

1번 홀이 가장 넓어서 편안하게 티샷을 하지만 쉽지 않은 홀이고(핸디캡 순위 3번), 그 다음 2번, 4번, 8번 홀은 티샷 한 공이 왼쪽 OB나 벌칙구역으로 휘지 않도록 조심하다가 오른쪽 경사면으로 공을 보내기 쉽다. (굴러 내려오지 않는다) 10번, 12번 홀도 비슷한 모양으로 왼쪽을 피하려는 부담을 갖게 된다. 실제 공이 떨어지는 지점의 페어웨이는 좁지 않은데 티잉 구역에서 보기에는 위협적으로 보여서 플레이에 영향을 주기도 한다.
오르막 홀(1번, 5번, 7번, 9번, 13번, 18번)들은 티샷 할 때 넓게 느껴지지만 대개 심한 오르막 경사와 작고 솟은 그린(Elevated Green)이 강한 핸디캡 요소로 작용한다.

'베테랑 캐디의 조언'

"전반적으로 파3는 어렵고 파5는 쉽다"고 평가된다.

3번(171m)과 11번(177m)은 평지 파3로 중간 난이도 정도인데 6번(215m)과 17번(209m)는 길고 심한 내리막으로 미스샷이 나오기 쉽다. 그린 주변에서의 어프로치도 예민하고, 홀을 지나쳤을 때 내리막 퍼팅도 민감하게 해야 한다.

파5 홀은 전략적으로 하면 좋은 결과를 내기 쉬운 편이라고들 한다. 4번과 16번은 내리막 파5 홀이고 9번과 14번은 오르막 파5 홀인데 공통적으로 긴 편은 아니다.

다만 오르막 홀에서는 티샷 방향이 나쁘면 다음 샷을 숲이 가로막거나 벙커에 빠질 수 있으므로 조심하라고 조언한다(모든 오르막 홀은 특히 그린에서 핀을 지나치면 내리막 퍼팅이 어렵다). 내리막 홀은 똑바로 치라는 말밖에 못하겠다(베테랑 캐디가 그렇게 알려준다). 프로 선수들은 티샷을 어디쯤으로 보낼 것인가, 드라이버와 우드 중 어느 클럽을 선택할 것인가를 전략적으로 고민한다.

"심장이 쫄깃쫄깃해지는 내기골프 코스"

이 골프장을 '스트로크 내기 게임 하기에 최고의 코스'라고 하는 이들이 많다. 비슷한 느낌의 홀들이 몇 개 겹치는 느낌도 있지만, 한 홀 한 홀마다 다른 실수가 나올만한 요소가 숨어있고 매 샷마다 다른 자세와 상황이 연출되기 쉽다. 도전과 모험을 해야 할 때와 피해 가야 할 때를 현명하게 가릴 줄 알아야 하는데, 그 심리 상태를 알고 연출하는 의도로 코스를 디자인한 느낌이다.

그냥 **편안한 골프를 할 때와 심리적 부담감 있는 골프(내기 골프 또는 대회)를 할 때의 느낌과 스코어가 극명하게 차이 나는 코스**라고 생각한다. 티샷의 시각적 부담감과 세컨 샷 때 공이 놓인 상태, 그린 주변의 예민함 등이 이런 특징을 빚어내는 듯하다.
이곳을 두고 '심장이 쫄깃쫄깃하게 뛰는 내기 코스'라고 하는 이야기를 여러 차례 들었다. '절대로 서두르면 안 되는 코스'라고 정평이 나있다.

희비가 엇갈리는 엔딩 드라마

'매경오픈'을 비롯해서 이 골프장에서 게임할 때의 백미는 16번, 17번, 18번 홀의 드라마라고들 한다. 세 홀 다 어렵다. 파5인 16번 홀이 매경오픈 대회 기간에는 파4홀로 운영된다. 17번 홀은 원래 쉽지 않은 내리막 파3인데 심리적 부담이 있는 상태에서는 더 많은 변수가 생긴다. 18번 홀은 오른쪽 낙락장송 소나무들을 잘 피해서 티샷을 해야 하고 대회 마지막 날에는 2단 그린 위에 있는 '뒷 핀'을 공략하기가 너무 어려워 '마지막 홀의 대반전'이 일어나기도 한다. 이만한 '엔딩 드라마'가 쌓인 코스는 아마도 많지 않을 것이다.

16번 홀을 파5로 해서 대회를 치를 때에는 선수들이 거의 아이언으로 '투 온(on in two)' 해서 버디가 많이 나오는 홀이었는데 파4로 운영하니 보기 이상의 스코어가 숱하게 쏟아져서 '통곡의 홀'로 불리기도 한다. 보통 때는 파5인데 오른쪽 OB구역과 그린 앞 깊은 벙커를 피하면 기회가 있는 홀이다.

전반 홀 또한 강, 중. 약의 리듬을 유지하다가 7번 홀에서 어려움의 정점을 찍고 9번 홀을 기회와 위기로 마무리 한다. 프로대회 뿐 아니라 일반 골퍼들이 게임을 하기에도 참 짜릿한 구성이다.

전통이 깃든 코스의 관리, 서비스

오밀조밀한 풍경과 조경
남서울CC는 영웅적인 플레이를 부르는 골프장이 아니고 호쾌한 풍광이 펼쳐지는 코스도 아니다. 신중한 플레이가 필요하고 아기자기한 조경이 숨어있는 코스이다.

홀마다 특성 있는 수목을 심은 것으로 알려져 있는데 1번 홀은 목련, 2번 홀은 전나무, 3번 영산홍과 전나무, 4번 홀은 자작나무, 5번 홀은 가문비나무, 6번 홀은 진달래와 개나리, 7번 홀은 소나무, 8번 홀 벚나무, 9번 홀 감나무, 10번 소나무와 개나리, 11번 무궁화, 12번 홀 영산홍, 13, 14번 홀 소나무, 15번 메타세콰이어, 16번 잣나무, 17번 영산홍, 18번 홀 낙락장송 소나무 순으로 조경수를 심었다고 한다.(요즘 새로 심는 것은 대부분 소나무라 한다)
그래서 특히 봄에 아름다운 편인데 벚꽃 필 때부터 매경오픈이 열리는 5월까지의 꽃 풍경이 가장 좋아 보인다. 특별히 치장을 한 조경이라 볼 수는 없으나 일본 설계가의 작품답게 정원 같은 느낌이 나는 편이다.

울창한 소나무 숲과 어려운 관리
50년 가까운 역사의 골프장이다 보니 숲은 울창하고 그늘이 많아서 플레이어에게 기분 좋은 느낌을 주는 반면에, 코스 관리에는 어려움이 따른다. 잔디에 햇빛이 덜 미치는 지역이 많고 토양의 양분을 나무에게 빼앗기기도 해서 고사되기 쉽다고 한다. 흔히 '나무 밑에는 잔디가 없다'고들 한다. '마스터스' 대회가 열리는 '오거스타 내셔널' 골프장에서도 나무 밑에는 대부분 솔잎이 깔려있는 것이 그런 까닭이다.

그런 어려움 속에서 잔디 관리를 하고 메이저 대회도 치르는 것인데, 그러다 보니 대회 즈음과 그 이후의 관리 상태 차이가 많이 난다는 평가도 있다. 더구나 '매경오픈' 개최 시기가 5월 초이기 때문에 잔디를 보식하는 준비 기간이 짧아 대회 기간에도 코스 품질을 충분히 내지 못하는 어려움이 있다고 한다.

전통 명문의 시설과 서비스
이곳 클럽하우스는 크지도 작지도 않으며 화려하지 않다. 들어설 때 로비와 프론트의 낮은 천

정은 오래된 클럽답게 정겨우며, 레스토랑의 천정은 높고 창밖으로 시야가 탁 트여서 시원하고 여유롭다. 장식은 배제되어 단순하고, 필요 이상의 예술품을 많이 전시해 놓은 모습도 아니다. 클럽하우스는 회원과 이용객들을 위한 것이지 소유주의 취향을 표현하는 허세의 장이 아니라고 말하는 듯 검박하다. 일부러 특색 있는 디자인을 선택한 건축물도 아니면서, 전통 있는 클럽의 느낌을 알맞게 갖춘 클럽하우스라 생각한다. (다만, 메이저 대회를 여는 골프장으로서의 지원 시설을 넣기에는 클럽하우스와 주변의 땅이 좀 협소한 느낌도 있다)

드라이빙 레인지가 두 군데(제1연습장, 제2연습장) 있고 파3 연습장(9홀)도 있다. 이 연습장들에서 수많은 국가대표 골프선수와 세계적인 '대스타'들이 배출되었다.

노련하고 세련된 캐디들
남서울CC의 캐디들은 전통적으로 빼어나기로 유명하다. <안양CC> 캐디들과는 또 다른 느낌

이다. 서울에서 워낙 가까운 곳이라 지원자도 많겠기에 인적 자원이 풍부할 것이다. 이곳에서
오래 일한 노련한 캐디들도 많고 전반적으로 세련되게 진행을 유도한다.

몇가지 소소한 이야기들

"남서울칸트리구락부"

이제 흔한 상식이지만 골프장 이름의 '컨트리클럽(CC)'과 '골프클럽(GC)'은 차이가 있다. 조
금씩 다른 해석이 있으나, 일반적으로 골프코스 외에 다른 레저 스포츠 시설을 갖추고 있을 때

골프장 입구 '남서울칸트리구락부' 표식(왼쪽), 16번 홀 티잉 구역(오른쪽)

는 '컨트리클럽', 골프 코스만 갖추고 있을 때는 '골프클럽'으로 부른다(본디 회원제 골프장이
어야 '클럽'이랄 텐데 퍼블릭 골프장들도 '클럽'이라 이름 붙이기도 한다).
'컨트리클럽'을 일본 사람들이 받아들여 일본문자로 표기한 것이 '칸트리구락부'이다. 이를 따
라 우리나라에서도 '구락부'라는 표현을 많이 쓴 적이 있으나 이제 거의 쓰이지 않는다.
남서울컨트리클럽의 입구에는 아직 '남서울칸트리구락부'라 바위에 새긴 간판표식이 달려 있
어서 이 클럽이 지내온 세월을 말하고 있다. 이 표식을 바꿔야 할지 지켜야 할지는 옳고 그름의
잣대로 볼 일은 아닐 듯하다.

닮은꼴 홀들의 다른 꼴 특징

남서울CC에는 티잉 구역에 섰을 때 비슷한 느낌을 주는 홀들이 몇 개 있다. (아마도 이런 중첩

이미지가 코스의 기억성 측면의 평가에 감점 요인이 되기도 하는 것 같은데, 플레이 해보면 기능적으로 차이가 있다)

2번, 4번, 8번에서 티잉 그라운드에 섰을 때 느낌이 약간 비슷하고 파3인 6번 홀과 17번 홀에서 비슷한 느낌을 받게 되기 쉽다. 특히 6번 홀과 17번 홀은 길고 가파른 내리막인데다 둘 다 어려운 홀이어서 인상적이다. 6번 홀(215m 핸디캡7)이 더 긴데 난도는 17번 홀(209m 핸디캡4)이 더 높아서 둘 다 어려운 느낌이 비슷하다.

다만 6번 홀 너머에는 고급 단독주택이 보이고 17번 홀에는 그린 앞에 커다란 나무가 있다. 6번 홀 너머에 국내 굴지 기업 소유주의 저택이 보인다는 뒷얘기 설명도 매번 듣게 된다.

클럽하우스(왼쪽). 6번 홀(오른쪽)

16번홀의 '콧구멍 벙커'

파5인 16번 홀은 '매경오픈' 대회에서는 파4로 운영되는데, 파5일 때는 너무 쉬워서 버디나 이글의 가능성이 높기에 승부의 변수가 생기고, 파4일 때는 너무 어려워서 보기 이상의 스코어가 나올 수 있기에 또 다른 승부의 변수가 양산되곤 한다.

페어웨이 가운데 깊게 파 놓은 두 개의 벙커가 가장 만만찮은 변수로 작용한다. 선수들은 이것을 '콧구멍 벙커'라고 부른다. 티샷을 할 때 콧구멍 모양으로 보인다는 것이다. 파5 홀로 운영되는 보통 때에도 이곳에 빠지면 좋은 결과를 내기 힘들다.

'한국 골프 문화의 전당'

우리나라 골프는 실력과 산업 면에서 이제 풍요롭다. 선수들의 실력은 세계에서 손꼽히는 수준이고 골프 시장도 세계에서 무시당하지 않을만한 크기이다. 우리나라 골퍼들이 입는 옷가지 패션은 세계에서 가장 대담해서, 그 유행을 세계 골퍼들이 따르고 있고 '스크린골프 투어'처럼 세계에 없던 골프 게임이 우리나라에서 비롯되기도 했다. 세계 골프 역사에서 유례없는 새로운 골프 스타일이 창조되고 있는 곳이라 할 수도 있겠다.

그런데 내가 여러 골프장 이야기를 탐사하고 적어 오면서 살펴보자면, 골프 문화의 지적 성취와 전파 수준은 골프의 기술적 성취에 비해 많이 부족함을 느끼게 된다. 문명은 선진국의 윗자리에 있으나 문화는 그에 따르지 못한다 할까.

우리나라 골프 문화를 집대성하고 이끌어 나가는 역할을 하는 '골프 명예의 전당'이나 '골프 문화의 전당', '골프 역사관' 등이 언젠가 생긴다면, 이 남서울CC 안팎에 세워지는 것이 어울리지 않을까 혼자 생각해 본다. 스코틀랜드 '세인트앤드류스'에 R&A(Royal and Ancient Golf Club of St. Andrews)가 있는 것처럼. (물론 그런 기념관 들이 세워진다 해서 골프 문화가 더 발전할 수 있을 지는 알 수 없지만)

또한 이 남서울CC는 지금보다 더 높은 가치의 명문클럽으로 자리매김했으면 하는 바람을 가져본다. 이런 역사와 위치, 이런 역할을 하는 골프장, 그리고 이런 스토리의 대주주가 있는 골프장이 세계적으로도 흔하지는 않을 것이다.

코스랭킹을 매기는 여러 기관들의 한국 내 골프장 랭킹 목록에서, 남서울CC는 그 역사성과 골프 문화에 대한 기여도, 코스의 개성에 어울리는 평가를 온전히 받지 못하고 있는 것 같기도 하다. (아마도 코스 평가 항목의 지표들에 적합한 서구적인 신규 골프장들에 견주어 상대적으로 불리한 평가를 받는 것이라 생각하지만, 이 코스는 다른 측면에서 보아야 기능과 가치를 다 볼 수 있을 것이다)

우리나라 골프문화를 이끄는 골프장으로 역사에 기록되기를 기대한다.

글/ 류석무

남서울 컨트리클럽 제공 사진을 주로 사용하였으며 일부는 글쓴이가 찍은 것입니다

3번 홀

BLUE HERON
GOLF CLUB

메이저 대회 명문 골프장 - **블루헤런 골프클럽**

글 / 류석무

블루헤런골프클럽
메이저 대회 명문 골프장

몇 년 전 이 골프장에서, 어느 인형 공예가와 라운드 한 적이 있다. 몸이 아파서 한동안 골프를 멀리하다 오랜만에 필드에 나온 여자였다.

"골프라도 쳐야 살 것 같아서 요새 다시 시작했어요. 근데 너무 말라서 공이 잘 안 맞아요."

그녀의 몸은 자신이 만드는 인형처럼 야위어 있었다. 너무 힘이 없어 처음엔 공을 제대로 맞추지 못했으나, 학(鶴)이 날아들듯 청수(淸秀)한 소나무 숲을 바라보며 소녀처럼 좋아했다. 한 홀한 홀마다 자라나는 나무와 꽃에 매료되어 어루만지며 눈물 흘릴 듯 감응하더니, 전반 홀을 마칠 때쯤에는 마법에 홀린 듯 건강하던 옛 모습으로 돌아오는 것이었다.

"아, 이 공기… 이 풍경… 가슴이 트이는 것 같아……!"

연신 혼잣말을 되뇌던 그녀는 숲의 정령을 받아들인 듯 기운을 차려서 점점 예전 실력과 활기를 되찾아 갔다. 산딸나무 꽃이 활짝 피다 못해 스러지던 꽃 숲에 이르러서는 기뻐서 기어이 눈물을 흘렸다.

"한국 골프에 기여한 명문"

학(鶴)이 날아들고 신선들이 노닐 듯 아름다운 소나무 숲으로 기억되는 곳 - <블루헤런골프클럽>은 한국여자프로골프협회(KLPGA) 메이저 대회인 <하이트진로 챔피언십>을 오래 열어온 골프장이다. 수려한 풍광과 메이저 대회의 역사만으로도 '명문 코스'라 불릴 만한 곳이다.

<하이트진로챔피언십> - KLPGA 메이저 대회 개최 코스
신지애, 서희경, 김효주, 장하나, 전인지, 고진영 선수 등, '하이트진로챔피언십' 대회에서 우승한 이들이 세계적인 스타가 되었다. 이 대회는 2000년 <하이트컵>으로 시작되었는데, 이 골프장을 '하이트진로그룹'이 인수하면서 이곳에서 열리기 시작하여 점점 더 발전하여 온다.
'메이저 대회'라는 격에 맞추어 국내 대회 가운데 가장 어려운 코스로서의 '토너먼트 세팅'을 고집하고 상금 규모를 키우는 데도 앞장서 왔으니, 우리나라 여자 프로선수들은 이 코스의 높은 난도에 적응하면서 해마다 실력을 키우게 된다. 한국 여자골프가 세계 으뜸 실력을 갖추게 된 과정에는 물론 우리나라 골프 문화와 산업이 발전해 온 길에, 이 골프장이 기여한 몫이 크다.

<클럽700>에서 <블루헤런>으로
이 골프장의 원래 이름은 <클럽700>이었다. '두양산업개발'이라는 회사에서 추진하던 사업을 '한솔제지'가 인수하여 1992년 문을 열었다. 그 당시에는 골프장 이름에 회원 수를 표시하는 것이 유행이어서 '700명 회원 모집을 인가 받았다'는 의미로 '클럽700'이라 이름 지었다 한다. 두양산업의 소유주는 열성적인 골프 애호가였으며 한솔제지의 이인희 고문은 삼성 그룹 고 이병철 회장의 장녀로서 골프장에 대한 안목이 빼어났던 것으로 전해진다.
한솔제지가 강원도 문막에 오크밸리 종합 리조트를 개발하면서 이 골프장을 매각하게 되었으니, 2002년 '하이트맥주(현재의 하이트진로)'에서 인수하여 <블루헤런골프클럽>으로 이름을 바꾸고 리노베이션 공사를 통해 2005년에 재 완성한 뒤 오늘에 이른다. 헤런(Heron)은 '백로'를 뜻하는데 이 골프장이 위치한 여주군의 상징 새가 백로라 한다. 백로 가운데 푸른 벼슬이 난 것이 우두머리 격인 '왕백로'라 하며, 푸른색이 골프장을 의미하기도 하기에, 골프장 가운데 으뜸이 되고자 하는 의미도 담아서 '블루헤런(Blue Heron)'이라 이름 지었다 알려진다.

클럽 명칭	블루헤런 골프클럽 Blue Heron Golf Club
클럽 한 줄 설명	KLPGA 메이저 대회 개최 명문 코스
개장 연도	1992년 <클럽700> 개장 2002년 <블루헤런> 재개장
규모, 제원	18홀 파 72 최대길이 7,012야드(6,412미터)
골프장 구분	회원제 골프장 (회원 수 560여 명)
위치	경기도 여주시 대신면 고달사로 67
코스 설계자	데이비드 레인빌 David Rainville
소유회사,모기업	블루헤런주식회사, 하이트진로그룹
잔디 종류	중지(페어웨이), 벤트그라스(그린) 켄터키블루그래스(티잉 그라운드)
관리 특징	자연형 골프장 조성 (자연산림의 특성을 살린 코스 조성)
티오프 간격	7분
캐디, 카트	4백 1캐디, 승용카트(5인승)

백로를 부르는 낙락장송 숲을 만들다

그 이름에 어울리고자 함이었는지, 2002년부터 2005년까지 3년 동안 큰 규모의 보완 공사를 하면서 700여 그루의 낙락장송(落落長松)급 큰 소나무들과 미인송들을 코스에 옮겨 심었다. 나무들 중에서 소나무는 비싸기도 하고 옮겨심기도 가장 까다로운 식물이라 한다. 그 소나무 가운데서도 귀한 노송들이 클럽하우스 주변 홀들을 중심으로 코스 곳곳에 지천의 숲을 이루고 있다. 백로가 수천 마리 날아와 앉는다 해도 자리가 넉넉할 소나무 숲이다. 사람보다 오래 사는 이 낙락장송들의 가치를 사람의 속된 잣대로 매긴다는 게 송구스럽지만, 전문가의 귀뜸으로는 그 한 그루 값이 지금 시세로 일이천 만원은 족히 넘는다 한다.

백로가 이 골프장의 상징이라지만 이 코스를 다녀간 사람들이 가장 많이 기억하는 것은 아마도 이들 노송 숲이 아닐까 싶다. 공들인 보람이 있어 백로 무리가 날아든다면 더욱 볼만 할 듯하다.

서양인 설계를 바탕으로 한 가장 한국적인 코스

데이비드 레인빌 설계를 더욱 전략적으로 수정

이 코스는 데이비드 레인빌(David A. Rainville)이라는 미국인 골프코스 디자이너가 설계했다.

그는 주로 캘리포니아에서 활동하면서 디저트 프린세스 컨트리클럽(Desert Princess Country Club) 이글 크레스트 컨트리클럽(Eagle Crest Country Club) 등을 설계했다. 자연 환경을 그대로 살려서 코스를 앉히는 설계가로 알려지며, 우리나라 여주의 <캐슬파인CC>도 그의 작품이다. 자연을 살리려는 설계 철학을 한국 산중에 실천하였으니 블루헤런과 캐슬파인 골프장에는 공통적으로, 티잉 구역에서 그린이 보이지 않는 '블라인드 홀'이 많다.

좀 비좁게 느껴지는 캐슬파인CC와는 달리 이 블루헤런골프클럽은 43만평이나 되는 드넓은 땅에 18홀만을 앉혔기에 코스의 각 홀이 독립적이고 충분히 넓어 여유롭다. 휘어지고 돌아가는 홀들에서도 답답한 느낌이 없고 시각적으로 장려한 느낌이 든다. 그런 한편 한 홀도 마음 놓고 편하게 플레이 하기 어려울 만큼 전략과 기량이 필요한 코스이기도 하다.

원래부터 쉽지 않게 설계된 코스였던 것을, 하이트진로그룹이 인수하여 리노베이션 공사를 하면서 수많은 나무를 심고 전체 길이를 7천 야드 넘도록(7,012야드) 늘리는 등의 수정 보완을 했으니, 더욱 도전적이고 복합적인 느낌의 코스로 변모하였다.

여주 평야의 끝자락, '한국 구릉의 골프장'

여주 땅은 남한강을 경계로 이천에 가까울수록 평야를 이루고 동쪽의 원주와 북쪽의 양평에 가까울수록 경사가 가파른 산악 지형으로 변한다. 이곳은 여주의 느긋한 평야가 양평의 산자락을 만나 오르막을 타기 시작하는 완만한 구릉에 학이 알을 품듯 날아 앉은 자리다.

여주군 대신면의 우두산(484m) 남쪽 기슭, 해발 100미터에서 180미터에 이르는 산자락을 오르내리며 이 골프장은 자리 잡고 있다. 이 산 너머 북쪽 기슭에는 <양평TPC골프클럽>이 있다. 여주에서 남한강 건너 동쪽과 북쪽으로 평균 높이가 해발 200미터를 넘지 않는 마지막 골프장이 이 블루헤런GC일 것이다. 완만한 산기슭에 편안히 앉은 것 같으면서도 오밀조밀한 구릉을 오르내리는, '전형적인 한국 산중 지형'의 묘미가 있는 골프장이라 하겠다.

자연을 살려 길을 낸 전략적인 코스

이 코스를 설계한 데이비드 레인빌은 어느 한 홀도 느슨하게 공략하지 못하도록 난도 높게 디자인하는 설계자로 알려진다. 미국골프코스설계가협회(ASGCA)의 홈페이지에서 찾아보면 그가 설계한 캘리포니아 소재 골프장들의 현황을 알 수 있고 그 가운데 몇 개는 입체 영상의 코스 가이드를 제공하고 있다. 그 코스들에서 블루헤런과 유사한 코스 형태와 핸디캡 요소들의 흐름이 보이기도 한다. 이 코스에도 18홀 전체를 통틀어 긴장을 풀고 칠 만한 홀을 꼽아내기 어려울 만큼 위협 요소와 함정들이 곳곳에 깔려있다.

블라인드 홀이 많은 것은 설계자의 취향 같기도 하고 자연 계곡과 숲의 원래 모습을 살려서 길을 내려는 설계 철학의 반영인 듯도 하다. (서양 설계자들이 작업한 국내 산중 코스에는 블라인드 홀이 대개 많다) 좌우로 휘어지는 도그렉(Dog leg)형 홀이 많고 자신의 실력과 비거리 능력에 따라 공략법을 다르게 선택해야 하는 상황을 자주 만나게 된다. 즉, 도전적으로 모험하거나 전략적으로 돌아가는 플레이를 자주 선택해야 하는 코스라 하겠다.

골프 실력 향상을 북돋는 골프 코스

하이트진로그룹이 인수하여 리노베이션 공사를
하면서, 본래 '투 그린'이었던 것을 '원 그린'으
로 바꾸고 벙커 등 그린 주변 장애물들의 난도
를 더 높였다 한다. ('원 그린'과 '투 그린'에 대
해서는 앞의 안양CC 편에서 설명했다) 특히 소
나무를 비롯한 크고 작은 조경용 수목들을 더 많
이 심으면서 아름다운 나무들이 골퍼의 시선을
빼앗고 공의 길을 막는 자연장애물 역할을 더하
게 되었으니, 골퍼가 자신의 실력에 적합한 티잉
구역을 선택하여 플레이 하면 14개의 클럽을 모
두 사용하여 다양한 기술의 샷을 두루 펼칠 수
있게 된다.

그리고 그렇게 하다 보면 자연스럽게 기량의 발
전을 도와주는 코스라 하겠다. 한국여자프로골
프 메이저 대회인 <KLPGA 하이트진로챔피언
십>이 이곳에서 십 몇 년 동안 열리면서 기량 높
은 선수들이 많이 배출된 것도 그런 코스 특성에
힘입은 바 있다고도 할 수 있다. 이 코스의 '대회
세팅' 난도가 높다 보니 선수들이 매년 적응력을
키워 오면서 저절로 실력 향상이 고르게 이루어
졌다는 것이다.

전략적인 서코스와 공격적인 동코스

개장 초기에 골프장 측에서는 "서코스가 한국적
전원 특성을 최대한 살려 전략적 공략이 필요한
반면 동코스는 미국적 스타일의 웅장하고 공격
적인 플레이를 요한다."고 코스 특성을 설명했는
데, 지금 보면 양 쪽 코스가 그렇듯 크게 다른 느

저코스 5번 홀

동코스 1번 홀 그린

낌인 것 같지는 않다. 동코스 전장이 50야드 정도 더 길고 서코스에 약간 오밀조밀한 느낌의 홀
들이 있기는 하지만 공략법이 크게 다르다 할 정도의 차이는 아닌 듯하다. 동코스 1번 홀과 6번
홀에 낙우송 계열의 메타세콰이어 나무가 도열한 것이 약간 이국적인 느낌을 주고 서코스에는
소나무 조경 홀이 많아 한국적인 인상을 풍기기도 하니, 그런 느낌 차이라고 말할 수는 있겠다.
동코스와 서코스에는 다른 듯 비슷한 연결성이 있어서 플레이의 흥미진진함이 단절되지 않는
다. 홀마다의 구성과 수목들의 개성이 있어서 매 홀 다르게 전개되는 게임 리듬도 부드러운 가
운데 재미있다.

아름다운 것들이 차고 넘쳐난다

나무, 꽃, 억새⋯ 아름다움 가득한 자연 조경
백로를 부르는 소나무 숲을 비롯해서 이 코스에는 다양한 종류의 조경수와 인상적인 자연 풍경
들이 곳곳에 자리 잡고 있다. 특히 서코스 9번 홀(18번 홀)은 낙락장송 소나무 숲길이 500미터

서코스 4번 홀

이상 이어지는 한 가운데로 아늑하게 펼쳐진 분지 전체가 긴 페어웨이로 조성되어 인상적이다. 이 홀 말고도 낙락장송 수준의 노송들이 숲을 이루고 있는 곳들이 많다. 메타세콰이어 비슷한 낙우송이 장관을 이루는 숲길(낙우송은 잎이 어긋나고 메타세콰이어는 마주난다), 봄이면 벚꽃이 가득한 페어웨이, 자작나무 숲길, 산딸나무 군락, 동글동글하게 전지 작업해 키운 향나무 군락 등이 매 홀의 주인이 되어 골퍼들을 맞이하고 돌배나무, 모과나무 들이 그린 옆에 서있는가 하면 무성한 억새밭이 거의 모든 홀에서 골퍼들을 따라다니면서 서늘한 모습으로 일렁이며 유혹한다.

이들 가운데 가장 인상적이라면 클럽하우스 주변 홀들에 더욱 집중적으로 심어진 수백 그루 노송들이겠지만, 계절마다 피고 지는 들꽃들과 가을이 깊어갈수록 운치를 더하는 억새 숲들을 보는 것도 이곳에서 즐길 수 있는 눈의 호사이다.

남성적 코스, 여성적 조경미

이 글 머리에서 말한 인형 공예 작가는 이 코스에서 자주 라운드 하면서 몸 건강과 정신 활력을 되찾았다고 했다. 몸이 병들어 한 동안 골프를 멀리하다 오랜만에 골프장에 나와서, 첫 홀에

서코스 5번 홀의 호수

서는 공도 못 맞추던 그녀가 한 홀 한 홀의 아름다운 나무와 꽃의 풍광에 감응하더니, 점점 자연의 정기를 받은 듯 기운을 차려가는 모습을 보면서, 그때 나는 "골프가 사람에게 이로운 운동이구나" 하고 생각함과 함께 이 코스가 특히 여자들의 감수성에 더 감응하는 아름다움을 갖춘 곳이구나 하는 생각도 했다.
코스가 원하는 공략법은 오히려 도전적이고 남성적인 스타일인데도 불구하고……

코스는 굽이치고 '작품'들은 넘쳐나

이 골프장이 자랑하고픈 것 가운데 중요한 또 한 가지는, 코스 안 곳곳에 많이 전시되어 있는 예술작품들이랄 만하다. 클럽하우스 앞 주차장 정원에 서 있는 새 모양 조각품은 '남미의 피카소'라 불리는 콜럼비아 출신 조각가 '페르난도 보테로'의 <버디버드>라는 작품이고 클럽하우스 안에는 '로댕'의 <발자크>, '백남준'의 <TV첼로>를 비롯해서 고영훈, 김홍석, 이정웅, 전광영 등 많은 예술가들의 작품이 서있거나 걸려 있다.
코스 내에도 국내외에서 주목 받는 조형 예술가들의 작품이 곳곳에 설치되어 있고, 7천만 년 전에 형성되었다는 귀한 규화목 화석이 자연 예술작품처럼 코스에 놓여 있기도 하다.

원래 설계된 코스의 곡선이 화려하게 굽이치는 스타일이고, 드넓은 페어웨이에 호수와 벙커들이 이미 교묘하게 배치되어 있는 것인데, 그 위에 개성이 강한 나무와 숲을 더하여 조성하였으며, 게다가 예술 작품들까지 곳곳에 자리 잡고 놓여 있으니 볼거리와 봐 달라는 것들은 차고 넘쳐서 때로는 플레이어의 시선이 갈 곳을 잃기도 한다.

역사의 순간들과 명예로운 자산

한 홀 한 홀 마다 역사적 순간들

지은희 선수가 2007년 2타 차 단독선두를 달리다가 마지막 홀에서 더블보기를 해서 역전패 하고 펑펑 울었던 장면. 강수연, 서희경, 김하늘 등 당대를 주름잡던 스타 골퍼들이 맥주에 흠뻑 젖은 채로 우승 트로피에 맥주를 담아 마시던 장면. 2018년 역전의 여왕으로 떠오른 배선우 선수가 4타 차를 뒤집는 역전 우승에 쐐기를 박던 16번 홀 버디 장면. '덤보' 전인지 선수가 2015년 대회 마지막 날 보기와 버디를 거듭하며 한국, 미국, 일본 메이저 대회 3관왕을 제패의 역사를 써나가던 한 홀 한 홀의 장면…… 이런 역사의 순간들은 모두 이 코스의 속살에 새겨지고 스며들어 있다.

이런 순간순간의 역사 기록들이야말로 낙락장송 숲과 귀한 예술품들보다 값진 이 골프장만의 자산일 것이다.

한국 여자골프의 '특등 상품'

<하이트진로챔피언십> 대회는 2000년에 시작되어 2002년부터 이 골프장에서 열리고 있다. 이렇게 한 골프장에서 지속적으로 메이저급 대회가 열리고 있는 것은 국내에서는 남자대회인 <코오롱한국오픈>이 우정힐스CC에서 열리고 있는 것과 함께 쌍벽을 이루는 일이고 세계에서도 흔치 않은 일로 안다.

특히 대회의 챔피언 조가 마지막 홀로 들어오는 시간대에 소나무 그림자와 페어웨이 언듈레이션이 만들어내는 빛의 물결은, 세계에 내놓을 만한 한국 여자 프로골프의 특상품 같은 장면이라 하겠다. 이 코스의 나무와 억새들이 빚어내는 새벽과 저녁 풍경은 이곳에 설치된 예술품보다 더 예술적이기도 하다.

역사가 배인 클럽하우스와 '메이저 명문'의 명예

클럽하우스가 작고 오래됐다고 하는 이도 있지만, 지금 것이 단아하고 좋다고 생각한다. 세월이 묻은 소박한 시설에서 오히려 명문의 역사가 배인 느낌이 난다 할까.

메이저 대회를 치르는 골프장이므로 대회 몇 달 전부터 '대회 세팅' 준비를 하게 된다. 그린을 빠르고 단단하게 하기 위해 그린 잔디의 밀도를 높이고 물주기를 조절하며, 변별성을 높이기 위해 러프를 단계별로 깊게 한다. <하이트진로챔피언십> 대회 때 최적의 경기 환경으로 만들려는 여러 가지 노력들이 코스에 기울여진다.

본디 쉽지 않는 코스가 대회 세팅을 거치면서 더 어려운 코스로 변모하는 것이다. 이런 어려운 세팅에 적응한 우리나라 여자 프로골프 선수들이 세계적인 스타로 발돋움해 온 것이겠다.

자타가 인정하는 메이저 대회 명문 코스다운 모습을 언제나 보여줄 것으로 기대한다.

서코스 9번 홀. <하이트진로챔피언십> 대회의 18번 홀

몇 가지 소소한 이야기들

자연과 인간의 작품들

3번 홀 티잉 구역 옆에는 아프리카 마다가스카르에서 나왔다는 규화목 화석이 전시되어 있다. 나무의 원래 형태와 구조를 보존한 상태로 이산화규소(SiO2)가 나무 조직 속에 침투하여 굳어진 화석이라는데 약 7천만 년 전에 형성된 것이라 한다.

클럽하우스 2층에서 1층으로 내려오는 곳의 소파에는 만화영화 주인공인 토끼 '바니'가 팔베개를 하고 누워 있는데 김홍석이라는 예술가의 작품이다. 코스 곳곳, 심지어는 사우나 안팎에까지 조형 예술품들이 놓여 있어서 이 골프장 소유주의 안목과 취향을 엿보게 한다.

작품 중 일부는 한솔그룹이 주인일 때 들어온 것이라는 이야기도 있는데 확인하지 못했다.

메타세콰이어 길 티잉 구역

남자 골퍼에게는, 동코스 6번 홀에서는 블루 티나 블랙 티에서 플레이 해보기를 권하고 싶다. 메타세콰이어 나무가 좌우로 도열하여 시야가 좁은 티잉 구역에서 마치 PGA투어 무대의 타이거 우즈가 된 듯한 느낌으로 티샷을 해 보는 것도 이곳 아니면 해보기 어려운 경험이겠다.

단종 어수정(御水井)

블루헤런 골프클럽 서코스 6번홀 카트도로 옆에는 작은 샘터가 있다. 비운의 임금 단종(1441~1457년)이 강원도 영월로 가는 귀양 길에 잠시 목을 축였다는 샘물로, 임금이 마신 물이라는 뜻의 '어수정(御水井)'이다. 물맛도 좋고 약수로 유명했다는데 골프장 측이 관리 보존하고 있다. 그런데 구경만 하시길. 지금은 보존할 뿐 이 물을 마시지는 않는다.

맥주캔 조형물

마지막 홀에 그린 앞 워터해저드에는 대형 맥주 캔 모양의 조형물이 설치되어 있다. 이 캔 조형물을 웃으면서 보고 지나야 우승을 할 수 있는 KLPGA 메이저 대회의 역사적 장소 상징물이다. <하이트진로챔피언십>대회가 열릴 때면 카메라가 가장 많이 비추는 대상이기도 한데 대회 스폰서를 위한 배려이고 보상이라 하겠다. 일반 골퍼들도 이곳에서 사진을 많이 찍는다.

글/ 류석무

사진은 주로 블루헤런골프클럽이 제공한 것을 사용하였으며 일부는 글쓴이가 찍은 것입니다

동코스 6번 홀 티잉 구역(위), 규화목 화석과 조형예술 작품(가운데 사진들), 서코스 9번 홀의 맥주캔 조형물(아래)

WOO JEONG HILLS
COUNTRY CLUB

'한국오픈'이 열리는 '절대 명문 코스' - 우정힐스 컨트리클럽

글 / 류석무

우정힐스 컨트리클럽
'한국오픈'이 열리는 '절대 명문 코스'

9번 홀에서 3번 째 친 공을 그린에 올려 어렵게 '파' 퍼트를 성공하자 캐디가 덕담을 건넨다.
"이 홀에서 파(Par) 한번 하면 원 없이 회원권 팔겠다는 회원님들도 계세요. 하도 어려워서요.
그런데 그 분들도 막상 파를 하고 나면 그래도 이 홀에서 버디 한 번은 해 봐야겠다 하세요" 라
말하며 캐디는 웃는다.
우정힐스CC는 '어려운 골프장'이다.
단순히 어려운 것이 아니라 골퍼의 실력을 공정하게 시험하는 '변별력 높은' 골프장이다.

'우정'과 '한국오픈'

"여기서 언더파를 쳐 보라"

코오롱 그룹의 고(故) 이동찬 회장(1922~2014)은 <대한골프협회> 회장을 맡고 있던 1993년에 이 <우정힐스컨트리클럽>의 문을 열었다. 그는 당시의 정상급 프로골퍼들에게 "이 골프장에서 언더파를 쳐 보라"고 호언했다 한다. 그만큼 어려운 코스로 만들었다는 것이다.

'우정(牛汀)'이라는 이름은 이회장의 아호를 가져온 것이다. '물가의 소'라는 뜻이니 '소처럼 우직하고 근면하겠다'는 한국인의 소박한 정서가 느껴지지만, 이 골프장은 '한국 최초의 웨스턴 스타일'을 표방하며 문을 열었다. 그때까지 우리나라 골프장들은 대부분 일본의 영향을 받은 정원 스타일의 평안한 코스로 조성되어왔다.

'우정의 뜻'을 받은 다이의 설계

이 골프장 코스를 설계한 이는 전설적인 골프코스 디자이너인 '피트 다이(Pete Dye)'의 큰아들 '페리 오 다이(Perry. O. Dye)'이다.

피트 다이는 전 세계 골프 팬들에게 잘 알려진 명코스들을 많이 만들었다. 미국 PGA 투어에서 '제 5의 메이저'라 불리는 '더플레이어스챔피언십' 개최지인 <TPC쏘그래스 '스타디움코스'> 를 비롯해서, US오픈이 열렸던 <휘슬링스트레이츠> 등 그가 만든 코스는 난도가 높은 것으로 유명해서, 그는 "골퍼를 괴롭히는 것이 취미인 코스 설계의 사디스트"라는 별명으로 불리기도 했다. 그의 큰아들인 '페리 오 다이' 역시 아버지의 설계 철학을 이어받아 무척 어려운 코스를 만드는 것으로 알려진다. 우정힐스CC 설계 당시 40대 초반이던 페리 오 다이는 이 코스에 많은 열정을 쏟아 부어 공들였다고 한다.

이 골프장은 코스 랭킹을 매기는 여러 기관과 단체의 평가에서 '한국에서 다섯 손가락 안에 드는' 순위를 거의 매년 받아 들곤 한다. 2012년에는 미국의 골프 전문지인 '골프다이제스트'가 선정한 '미국 외 세계 100대 골프장'에 포함되기도 했다. 이러한 골프 랭킹 평가에서 가장 중요하게 보는 것이 '코스 자체의 품질'이니, 세계적 수준에 드는 '도전적이고 전략적인 코스'로 평가되는 것으로 봐도 틀리지 않겠다.

한국의 자존심이 걸린 코스

2003년부터 이 코스에서는 한국 골프를 대표하는 '내셔널 타이틀 대회'인 <한국오픈>이 열리고 있다. 정식 명칭은 협찬사의 이름을 딴 <코오롱한국오픈>인데, 이 골프장이 코오롱 그룹의 것이니 사실상 '한국오픈'을 거의 떠맡아온 셈이다.

그 이전까지 한국오픈 대회는 우리나라에서 가장 오래된 골프장인 <한양CC> '신코스'에서 열렸다. 그런데 2002년 당시 19세이던 스페인의 골프 천재 세르히오 가르시아가 4라운드 합계 23언더파를 치면서 한양CC 신코스를 철저하게 유린하는 사건이 있었다. 한국을 대표하는 대회가 이렇게 정복당하자 대한골프협회 명예회장까지 지낸 고 이동찬 코오롱그룹 회장은 당시 몹시 자존심이 상했다고 한다. 그래서 이듬해부터 자신이 만든 우정힐스CC로 한국오픈 장소를 옮기게 하면서 '대회 코스 난도를 높여라'고 각별히 주문했다는 것이다.

고 이동찬 코오롱그룹 회장. 한국오픈 시구 장면

그 결과, 2004년 한국오픈에 초청 선수로 출전했던 어니 엘스는 "이렇게 힘들고 거친 코스는 처음이다. PGA 투어 메이저 코스보다 어렵다"라고 했다 알려진다. 당시 우승 스코어는 2언더파였다. "한국을 대표하는 코스이니 어렵게 세팅 되어야 선수들의 기량도 좋아질 수 있다"고 이회장은 역설하였고 그것이 우정힐스CC에서 열리는 한국오픈의 '대회 세팅 기준'이 되었다.

'거룩한 얼'이 감도는 자리

이 골프장은 천안시 동남구 목천읍 충절로, 삼일운동이 일어났던 아우내 장터와 <독립기념관> 바로 옆에 있다. 경부고속도로 목천 나들목에서 나와 오른쪽으로 가면 독립기념관, 왼쪽으로 돌면 우정힐스CC이다. 이 일대는 높은 산이 없고 야트막한 구릉에 싸인 분지 지형이어서 독립기념관을 품은 흑성산(518m)이 우뚝해 보인다. 흑성산은 원래 '검은산'이었던 것을 한자로 적어 부른 것이었다는데 산이 검은색이라는 뜻이 아니라 신령하고 거룩함을 뜻하는 우리말 '검'에서 나온 상서로운 이름이라고 한다. 이 코스는 흑성산에서 퍼져 나오는 이 '거룩한 기운'을 마주 받는 자리에 있다.

그러니 '우정힐스'를 이름으로 풀면 '신령한 산줄기의 황소 능선' 코스라 하겠다. 이런 곳에서

<한국오픈> 대회 때의 18번 홀

삼일운동의 기념비적 사건이 일어나고 독립기념관이 들어섰으며, 한국을 대표하는 '한국오픈'이 열리는 골프장이 생긴 것도 우연만은 아니겠다. 실제로 이 코스에서 흑성산을 바라보고 걸으며 그 기운을 느껴 볼 만하다.

리키파울러에게 짓밟히다
이동찬 회장은 생전에 "한국오픈을 죽을 때까지 후원하겠다"고 약속했다. 그 약속은 그의 사후에도 오래 이어져왔다. "한국오픈은 어려운 코스에서 열려야 한다"는 그의 뜻 또한 꾸준히 이어져 '우승 스코어의 최종합계 점수가 두 자리 수 언더파가 되어서는 안 된다'는 원칙으로 매년 셋업되어왔다.

그런데 2011년에 초청선수로 참가한 미국의 리키 파울러는 4라운드 합계 16언더파로 우승한 바 있다. 당시 2위 로리 맥일로이가 9언더파였으니 파울러 혼자 이 코스를 짓밟은 셈이다.

2번 홀 그린 주변

이후 이 코스의 공략법을 선수들이 알게 된 것인지, 아니면 국내 선수들에게 용기를 불어 넣어 주기 위해 코스 세팅을 좀 더 쉽게 했던 것인지, 2016년에는 16언더파 우승자(이경훈 선수)가 나오기도 했다.

그런 한편, 코스가 본디 까다롭다 보니 대회 기간 날씨와 코스 세팅에 따라 우승 스코어가 최종 합계 2언더파(2014년, 김승혁)가 되는 등 선수들이 상당히 어려워할 때가 많다. 작은 실수로 승부가 뒤집히고 역전 우승이 많이 나오기도 한다. 2010년 양용은 선수가 노승열 선수에게 10타 차로 뒤지다가 마지막 라운드에서 역전 우승한 것이 대표적으로 꼽힌다.

최고의 변별력을 갖춘 코스

토너먼트 급 대회를 치를 수 있는 코스로서의 변별력으로만 보자면 이 골프장은 국내 랭킹 평가 기관이 내는 순위보다 더 높은 자리를 차지해야 할 것이라고 하는 전문가들도 많다. 골프 상급자이거나 전문성이 높은 사람들일수록 이 코스를 높이 평가하는 듯하다. 그러니 이 골프장은 무엇보다 코스 자체에 중점을 두어 살펴봐야 하는 곳이다.

"너무 어려우니 벙커를 넣읍시다"

앞에서 적은 것처럼, 이 코스 설계자의 아버지인 피트 다이는 하도 어려운 코스를 많이 만들어서 '골프코스의 사디스트', '벙커 귀신'이라는 별명으로 불렸다. 특히 '플레이어스챔피언십' 대회가 열리는 <TPC쏘그래스 스타디움코스>의 17번 홀처럼 '아일랜드 그린'을 철도 침목으로 경계를 세워 만들어 미스샷을 가혹하게 가려내는 방식은 그의 전매특허처럼 유명하다. 페리 오 다이 또한 아버지의 설계 철학과 방식을 본받은 것으로 보인다.

우정힐스의 '시그니처 홀'이자 아일랜드 형인 13번 홀은 원래 'TPC쏘그래스' 17번 홀처럼 철도 침목으로 경계를 만들고 그린을 놓치면 공이 그대로 물에 빠지는 구조로 설계되었다. 그런데 이 설계를 본 고 이동찬 회장이 "한국 정서가 그렇지 않으니 너무 가혹하게 하지 말아 달라"고 요청하여 그린 둘레에 '세이빙 벙커'를 만들어 넣었다고 한다.

골프장 명칭	우정힐스 컨트리클럽 WOO JEONG HILLS Country Club
한 줄 설명	<한국오픈>이 열리는 '국가 대표 코스'
개장 연도	1993년 5월
규모, 제원	평소 세팅: 18홀, 파72, 6,607m (7,225yds) 한국오픈 세팅: 18홀, 파71, 6,700m (7,328yds)
골프장 구분	회원제 골프장
위치	충남 천안시 동남구 목천읍 충절로 1048-68
코스 설계자	페리 오 다이(Perry. O. Dye)
소유 기업	그린나래㈜ - 코오롱그룹
잔디 종류	페어웨이 : 삼덕중지 러프 및 헤비러프 : 조이시아 그래스(야지) 그린 : 벤트그래스(펜크로스) 티잉구역 : 켄터키블루그래스, 삼덕중지 에이프런 : 켄터키블루그래스
벙커	78개 (주문진 규사)
연습장	10개 타석, 벙커 연습장, 연습 그린
티오프 간격	7분, 8분 교차
휴장일	매주 월요일 및 동계 휴장(12월 말~2월 초)
캐디, 카트	4백 1캐디, 승용전동카트(5인승)

역할이 분명한 연못과 벙커

그린은 언덕 위에 있고 그 주변에 깊은 웅덩이나 벙커를 만들어 놓아, 그린을 놓치면 반드시 대가를 치러야 하는 곳이 이 코스에도 많다. 대부분의 홀에서 연못이나 벙커 등의 위협을 이겨내야만 확실한 보상을 받도록 도전적이고 전략적인 공략 각도를 설정해 놓은 것이다. 설계자 다이 가문은 아버지나 아들이나 '생각하는 골프'를 표방하고 지향하는 점에서 같은 듯하다.

이 코스에는 10개의 연못이 14개의 홀에 넘나들고 있어서 이 연못들을 넘기거나 피해서 공을

보내야 한다. 또한 78개의 벙커는 저마다 분명한 이유가
있는 자리를 파고 앉아서 제 역할을 하고 있다. 다이 가
문의 상징 같은 핑거 벙커(손가락 모양으로 코스를 따
라 길게 난 벙커)와 그린 옆 가파른 언덕 아래 깊은 벙커
등은 경기의 승부에 결정적인 영향을 준다.

가장 서구적이고 가장 한국적

한국을 대표하는 토너먼트 코스답게 이 코스에서는 때
로는 도전적이고, 때로는 전략적인 공략이 필요하다. 매
홀 다른 전략을 취해야 하고 모든 골프채를 다 사용하며
골퍼가 구사할 수 있는 모든 기술 샷을 다채롭게 구사할
수 있어야 유리하다. 긴장감을 늦추어 '대강 이쯤' 하고
치는 샷은 참혹한 결과를 부르기 쉽다.

그래서 플레이어는 풍광을 즐길 여유가 없기 십상이지
만, 이곳은 골프장이 가져야 할 아름다움을 깊이 갖추고
있다. 그 매력은 이곳과 비슷하게 최상위 등급으로 분류
되는 '초명문 골프장'들에서 느껴지는 '럭셔리 함'과는
색깔이 다르다. 요즘 인기 높은 신규 명문 코스들이 저
마다 이국적인 분위기를 연출해서 골퍼들의 눈을 잡아
끌고 있는데 견주어, 이곳은 서구적인 (도전적)코스 특
성이 훨씬 강하면서도 한국적인 자연미를 오히려 더 추
구해서 살려내고 있다는 점이 두드러진다.

"코스는 서구적(세계적)이고 아름다움은 한국적"이라
고 하겠다.
한 가지 더 말하자면, 레귤러 티에서의 코스 길이가 길
지 않게 세팅되는 날도 적지 않다. 우정힐스의 난도를
제대로 즐기려면 한 단계 뒤의 티잉 구역에서 플레이 해

도 좋을 것이다. 또한 '레드 티' 위치의 '여성 대우'가 후한 편이라 좋아하는 여성 골퍼들도 많다.

예사롭지 않은 이야기가 깃든 홀들

흑성산을 바라보는 3번 홀
우정힐스CC의 모든 홀에는 별칭이 있다. 1번 홀은 워밍업(Warming Up), 2번 홀은 호수계곡 (Lake Valley)인데, 3번 홀은 '나바론(NAVARON)'이다. 이 나바론 홀은 467야드(레귤러 티 359야드) 길이의 도그렉 형 파4 홀이다. 오르막 티샷을 (오른쪽으로 휘어지는)페이드로 쳐

3번 홀

서 오른쪽 벙커를 넘기는 것이 유리하며, 그린 오른편에 있는 위협적인 연못을 피해 (되도록 페이드샷으로) 그린 공략 어프로치를 해야 한다.

핸디캡 순위 1번의 어려운 홀이라 나바론이라는 이름을 붙인 듯하다. 그레고리 펙과 안소니퀸이 나온 전설적인 영국 영화 '나바론 요새(1961년작)'에서 따온 이름일 것이다. 난공불락이랄 만큼 어려운 홀이라는 뜻이겠다.

이 홀에서는 티샷과 그린 공략을 할 때 흑성산 봉우리를 정면에 마주하게 되는 것이 인상적이다. 흑성산이 내려다보는 기운이 이 홀의 공략을 더 어렵게 하는 것인지도 모르겠다. 이미 잊혀져 간 '나바론' 말고 이 흑성산(검은산)이 들어간 이름이 더 어울릴 것 같은 생각도 해본다. 그러면 이 홀에서 더블보기를 한 낭패보다는, 이 산의 거룩한 기운만을 내가 기억하게 되지 않았을까 하는 생각이 든다.

기술적인 7, 8, 아슬아슬 9번홀
몇 년 전 한국오픈 갤러리로 선수들의 플레이를 직접 관람할 때에, 선수들이 9번 홀을 어떻게 공략하는지 관심 있게 지켜보았다. 오른쪽은 깊은 러프의 비탈이고 왼쪽은 오비(Out of Bounds)구역인데 페어웨이는 오르막으로 좁고 한쪽으로 기울어 평탄하지 않다. 두 번째 샷 자

세가 불편해지기 쉬운 홀이다. 아이언 어프로치 샷이 왼쪽으로 휘는 구질이 나오기 쉬운 지형인데, 그린 왼편은 급한 경사 밑의 깊은 벙커라 위협적이다. 끝까지 오르막이라 402야드(레귤러 티 358야드)로 표기된 것보다 훨씬 길게 느껴진다.

이 홀에서는 한국오픈 참가 선수들도 보기 이상 스코어를 많이 낸다. 매 샷마다 작은 실수 하나도 용납하지 않아서 선수들도 아슬아슬해 한다. 이 글 머리에서 말했던 나를 담당한 캐디는 "전여기가 핸디캡 1번 홀인 것 같아요"라고 했다.
이 홀의 별칭은 SAND LEDGE(모래 선반)인데, 나는 그냥 '아슬아슬 힐'이라 기억한다.

11번 홀(왼꼭). 9번 홀(오른쪽)

물론, 전반 7, 8, 9번 홀 모두가 사실은 아슬아슬하다. 7번 홀(AMEN)은 페이드 샷이 유리한 (연못을 낀) 파3이고, 8번 홀(AVARICE/욕심)은 홀 이름대로 욕심을 내서 (왼쪽으로 휘는)드로우 티샷으로 연못을 넘기거나 따라 돌게 치면 '투 온(on in two)'에 도전할 듯한데, 안전하게 페이드 샷을 하는 전략 선택도 마련된 파5 홀이다. 이 세 홀 모두 선택과 도전이 있는 드라마틱한 구성으로 승부의 변곡점 역할을 한다.

대회 때는 파4인 11번 파5 홀
11번 홀은 주말 골퍼도 200미터 이상 티샷을 보내면 '세컨드 온 트라이'를 노려볼까 하는 생각이 들 만큼 짧아서 가장 쉬운 파5홀이지만, 한국오픈 대회 때는 파4로 운영되기에 가장 어렵게 변한다. 그린 앞까지 길게 이어진 왼쪽의 연못을 피해서 쳐야 하는데, 티샷을 길게 치는 것도 중요하고 두 번째 샷에서 내리막에 공이 놓이지 않도록 하는 것도 중요하다.

이 홀의 이름은 '햄릿'에 나오는 유명한 대사 'To be or not to be'이다. '죽느냐 사느냐' 라기 보다는 '하느냐 마느냐'라는 게 맞을 듯하다. 보통 때에는 전장이 짧은 대신 작은 변수들이 많아서, '버디'를 노리다가 '보기'하기 쉬운 홀이다. 파4로 운영되는 '한국오픈'에서는 오히려 너무 어려워서 승부의 변수가 많이 생기는 홀이기도 하다.

사연 많고 아름다운 13번 홀

13번 파3 홀은 우정힐스를 대표하는 '시그니처 홀'이다. '한국 최초 아일랜드 그린'이라는 기록도 있었는데 사실은 아니었다. (이 책 초판에 한국 최초 아일랜드 그린이라는 기록을 따라 적었는데 이후 확인해 보니 1964년 제주CC 7번 홀, 1991년 솔모로CC 파인 3번 홀, 1992년 발리오스CC 16번 홀 등의 전례가 있었다. 다만 제대로 된 아일랜드 그린의 형태는 단연 우정힐스 13번 홀이 최초라 할 수 있겠다. 이 내용은 코스 설계자 이현강 씨가 내 부탁을 받고 조사, 확인해서 알려주었다.)

앞에서 말한 것처럼 설계자가 'TPC쏘그래스' 17번 홀처럼 철도 침목으로 경계를 만들고 그린을 놓치면 공이 바로 물에 빠지도록 설계했는데, 의뢰자인 이동찬 회장이 "너무 가혹하니 그린 둘레에 벙커를 만들자"고 했다는 홀이다.

설계자의 양보를 받아 볼의 낙하지점을 넓히고 덜 가

13번 홀

혹하게 만들었지만 여전히 이 홀에서는 참혹한 사연들이 많이 만들어진다. 대개는 오른 쪽에서 왼쪽으로 부는 바람이 변수가 되기도 해서 매년 만 오천 개 이상의 공이 연못에 빠진다고 한다. 한 조에 한 명 정도는 물에 빠뜨리는 셈이다. 그래서 이 홀의 별칭은 'SPLASH(풍덩)'이다. 2009년 한국오픈에서 당시 일본 최고의 골프스타이던 이시카와 료 선수가 이 홀에서 1, 2, 3라운드에서 모두 200미터 정도 되는 5번 아이언 티샷을 물에 빠뜨렸었다. '독립기념관의 항일 기운이 일본 최고 스타를 응징했다'는 투의 이야기도 언론기사에 나왔던 것으로 기억하는데, 어쨌든 이 홀은 이시카와 료와 함께 기억되고 있다. 이 홀에서 공을 물에 빠뜨린 사람들도 아름다운 풍경과 이시카와 료의 사연을 기억에 안고 돌아가는 듯하다.

16, 17, 18……'씰 코너'

마스터스 대회가 열리는 미국 오거스타내셔널 코스에 '아멘코너'가 있는 것처럼, 한국오픈이 열리는 우정힐스에는 '씰(SEAL)코너'라는 긴장감 넘치는 구간이 있다. 13번 홀에서부터 긴장감이 고조되기 시작하여 다소 쉬운 14, 15번 홀에서는 버디를 해야 한다는 절박감이 고조된다. 16번 홀부터 마지막 세 개 홀은 파를 지키기도 쉽지 않은 홀이기 때문이다.

하늘에서 보면 바다표범을 닮았다고 해서 붙인 이름이라는데 만약에 연장전에 들어가면 이 세 개 홀의 합산 점수로 우승자를 가리게 된다. 한국오픈에서는 13번 홀과 이 '씰 코너' 3개 홀이 가장 드라마틱한 구간으로 평가된다. 전체적으로 어려운 코스 가운데서도 가장 변별력이 높은 홀들이라는 것이다.

16번 홀은 유일하게 연못이 없는 파 3홀이지만 248야드(레귤러 티 176야드)로 가장 길다. 그린 오른쪽 3개의 벙커를 피해서 쳐야 하는 홀인데 그린 굴곡도 커서 퍼팅 또한 어렵다. 이 홀의 별칭은 아름다움의 여신인 '비너스(VENUS)'이다. 굴곡이 아름답다는 의미라 한다.

17번 홀은 488야드(레귤러 티 375야드)로 가장 긴 홀인데, 페어웨이가 좁고 그린 뒤편이 내리막이고 오비구역이라 조심스러운 그린 공략이 필요하다. "골프의 대원칙인 '파 앤드 슈어(Far & Sure, 멀리 정확하게)'를 시험하는 홀"이라 한다. 이 홀의 별칭은 '노 머시(No Mercy)', 무자비한 홀이다.

18번 홀은 프로선수들도 '투 온(on in two)'에 성공하기 쉽지 않은 파5 홀이다. 영웅적인 플레이를 부르는 홀이지만 그린 앞에 연못이 깊게 파고들어와 있고 그린이 가로로 길어서 두 번째 샷한 볼을 그린 위에 세우기 어렵다. 우측으로 공을 보내서 세 번째 어프로치 샷으로 버디를 노

18번 파5 홀

리는 것이 정석 플레이인 것으로 알려진다. 플레이어의 선택과 도전에 따라 1, 2타 차 승부가 뒤집어질 수도 있는 이 홀의 별칭은 '스타디움(STADIUM)'이다. 그린을 둘러싼 잔디 비탈이 마치 스타디움의 관람석 같아서 대회 때에는 관람객들이 이곳에 앉아 마지막 홀로 들어오는 선수들을 응원한다. 세계적인 토너먼트 코스 18번 홀들에는 이런 모양이 많다.

이 세 홀은, '씰 코너'라는 이름이 그다지 정서적인 상상과 공감을 불러일으키지 않는 것 말고는, 참 매력적이고 드라마틱한 구간이라고 생각한다.

소처럼 우직한 '명문의 관리'

"사쿠라는 안됩니다"

독립기념관이 문을 열고 6년 뒤인 1993년에 우정힐스CC는 문을 열었다. 골프에 대한 부정적인 인식이 지금보다 훨씬 더할 때여서 이곳에 골프장을 짓는다고 하니 "순국선열의 혼을 모신

7번 파3홀

맞은편에 골프장 놀이터가 웬 말이냐"는 반대 여론이 일었다. 정부 관계 당국이 우여곡절과 고민 끝에 골프장 건설 허가를 내주면서 "왜색(倭色)은 안 된다"는 조건을 걸었다고 한다. 코스 안에 일본의 상징으로 비쳐지는 벚꽃을 심지 말라고 했던 것이다. 그래서 우정힐스CC에는 벚나무가 없다. "전국 골프장 중 벚꽃이 피지 않는 곳은 우정힐스 밖에 없다"는 이야기도 있다. 다만 2번 홀에 있는 오래된 벚나무는 원래 있던 것이라 보존했다고 한다.

'황소 등줄기 같은 한국미'

고 이동찬 회장은 예쁜 꽃이 피는 유실수를 좋아했고 나무에 대한 관심이 많아서 "골프장에 쓸만한 좋은 나무는 전부 안양CC가 가져다 심어 놓았다"며 아쉬워했다고 한다. 우정힐스CC에는 안양CC만큼 기묘한 나무들이 많지는 않지만 희귀한 다박송 교목들이 간간이 얼굴을 보임은 물론 자목련, 백목련, 백일홍, 연상홍 등 형형색색의 꽃이 피는 관목들이 곳곳에 있어 철마다 다른 표정을 짓는다.

그런 한 편 이곳 조경의 매력은 이러한 인위적인 것들보다는 코스 자체가 들어앉은 자연스러

운 자연 풍광의 조망에서 나오는 것이라고 나는 생각한다. 먼 산은 얕아서 초가지붕의 물결 같
고 흑성산 부근의 가까운 구릉들은 황소 등줄기처럼 완만하여 편안한 느낌을 준다. 한국적인
풍치란 이런 것 아닌가 싶다.

한국의 초가집과 전통한옥들보다 '양옥집'이 더 예뻐 보였던 시대가 있었지만 안목이 높아질
수록 한국 고유의 것에 대한 재발견이 이루어지는 것처럼 우정힐스의 한국적인 아름다움을 더
값지게 느끼는 사람이 많아질 때가 곧 올 것이라 생각한다.

"명문은 만들어가는 것이다"

이 코스의 페어웨이 잔디는 삼덕중지라는 품종이며 러프는 '야지'라고 불리는 들잔디(조이시아
그래스)이다. 삼덕중지는 안양중지 비슷한 품종인데 잎 넓이가 좁은 양잔디와 넓적한 들잔디의
중간 넓이라 하여 '중지'라 한다. 안양중지는 안양CC 잔디연구소가 등록한 상표이고 삼덕중지
또한 상표인데 전문가들도 모양만 보고는 구분하기 어려울 만큼 비슷하다.

페어웨이 잔디는 보통 때 20밀리미터 정도로 깎다가 한국오픈 대회 때는 18밀리미터로 다소
짧게 관리하며 세미러프는 80밀리미터, 일반러프는 100밀리미터 이상으로 관리한다. 한국오
픈 때는 선수들이 러프에 공을 빠뜨리면 0.5~0.8타 정도 타수를 잃도록 하는 것이 관리 기준
이라고 한다.

그린 스피드는 보통 때는 스팀프 미터 계측 기준으로 3.0 미터, 한국오픈 대회 때는 3.5미터이
상으로 관리한다.

고 이동찬 회장은 우정힐스CC 문을 열면서 "명문은 만들어가는 것이지 얻어지는 것이 아니다"
라며 임직원들을 독려했다는데, 그 유지를 지켜가고 있는 것이겠다.

친환경 골프장의 의지

페리 오 다이의 설계철학 가운데 기본이 되는 덕목이 "자연 그대로"라 한다. 자연 지형과 생태
계를 되도록이면 그대로 보존하여 코스를 조성하고 관리한다는 것이다.

우정힐스는 친환경 골프장을 선정하는 언론사의 발표에서 매번 최상위 등급에 오르곤 한다.
그런데 특별히 친환경 매뉴얼을 만들어 관리하지는 않는다. 평상시에 하는 기준이 친환경이라
는 것이다. 물고기들이 살기 좋게 만드는 수질 관리를 비롯해서, 흙 속 미생물을 이용한 생태 존
중 코스 관리, 저탄소, 저독성 저농약 관리, 코스 내 자연 동물 서식 관리 등이 이루어지고 있으
며 화학농약 사용률 '제로'를 목표로 연구하고 있다 한다.

예술작품들과 연습장

코스 자체가 아름다운 작품이랄 만한 이 골프장에는 값나가는 물건들도 적지 않다. 클럽하우스 스타트 광장에 놓인 커다란 개 모양의 조형물은 인기가 높아서 그 앞에서 사진을 찍는 이들도 많은데 세계적으로 유명한 아티스트의 작품이다. 이런 작품들이 골프장 안에 드문드문 있다. 6번 홀 티잉 구역 옆에 설치된 서양남자와 일본 여자 이름을 단 철물 조형작품은 덤덤한 내 마음에도, 이 골프장의 지형 앉음새와 함께 묘한 느낌을 불러일으킨다.

그런 한편 더 반갑게 눈에 띄는 것은 스타트 광장 앞의 드라이빙레인지와 벙커 연습장 등 연습시설이다. 우리나라를 대표하는 한국오픈 대회가 열리는 골프장이니 연습 시설이 예술작품보다 반가워 보인다. 타석이 14개인데 한국 최고의 토너먼트가 열리는 곳이니 시설이 좀 더 확충되면 더 좋지 않을까 싶다.

'언더파'가 안 나오는 '괴물 코스'를 기대함

고 이동찬 회장이 "한국을 대표하는 코스이니 어렵게 세팅 되어야 선수들의 기량도 좋아질 수 있다" 하며 "한국오픈 코스 난도를 최고로 높여라" 했다는 것은 미래를 통찰한 탁월한 혜안의 발로였다 생각한다.

6번 홀 티잉 구역 주변에 설치된 조형예술작품(왼쪽), 스타트 광장 앞의 드라이빙레인지(오른쪽)

우정힐스CC가 '웨스턴스타일'을 표방하며 문을 연 뒤로 국내의 많은 골프장들이 서양의 유명 코스 디자이너들을 초빙하여 세계적인 흐름에 맞는 골프코스를 열기 시작했고, 우리나라 코스 설계가들도 세계의 흐름을 받아들이기 시작했다. 이동찬 회장의 코오롱그룹에서 지원을 받거나 우정힐스에서 실력을 쌓은 골퍼들이 세계무대에서 성과를 내기 시작한 것도 오늘의 한국 골프를 만들어 낸 중요한 과정들이었던 것으로 보인다.

그런 한편 "한국오픈 코스 난도를 높여라"는 말은 바로 지금 한국 골프와 우정힐스가 되새겨 듣고 재해석해서 받아들여야 할 선인의 유지(遺志)라는 생각도 든다. 나의 오지랖 넓은 단견이겠으나 한국 골프의 미래를 위해서도 이 골프장을 위해서도 그렇지 않을까 생각한다.
한국여자 프로골프의 경우 어려운 코스에서 어렵게 세팅된 한화클래식 대회 등을 경험하며 기량이 향상된 국내 선수들이 세계에서도 스타로 떠오르는 선순환 궤도에 들어섰다. 그런 흐름 속에 더 연습량이 많은 신인들이 매년 화수분처럼 나오고 있다.
반면에 한국 남자 프로골프는 그와는 다르다. 스타는 적고 대회 수는 늘지 않으며, 대회를 치르는 골프장들 가운데는 대회 세팅을 제대로 할 수 없는 코스도 더러 있다. 그런 곳에서 토너먼트를 치르는 선수들이 세계 수준의 경쟁력을 갖추기는 어려울 것이다. 최경주 선수 등이 개인적인 노력으로 일어섰던 옛 시절처럼 선수들에게 "독기 품고 노력해라" 할 수도 없는 시대이다.

이러한 때에 가장 현실적인 역할과 대안은 골프장에 있다. 우선 <한국오픈> 만은 "세상에서 가장 어려운 골프장"에서 치르기를 기대한다. 최경주 선수가 "한국 선수들의 기술은 이미 정상급에 근접하지만 어려운 코스에서 자꾸 쳐 봐야 세계무대에서 통할 수 있다"고 말했다는데, 우리나라에서 그 정도로 어렵게 만들 수 있는 골프장은 몇 개 되지 않고 그 가운데 하나가 우정힐스이다.

좀 더 극적으로 말하자면 "신검을 뽑는 절대 영웅"이 나오는 코스가 되기를 기대한다.
영웅 신화의 이야기 구조를 빌어 말하자면. "절대 신력의 신궁처럼 먼 과녁에 적중하는 티샷을 칠 수 있으며 악마의 숲 같은 러프에서도 천년의 신검 같은 아이언으로 쏘아 올려 그린 복판에 꽂아 넣을 수 있는" 영웅이 나와야 한다.
그런 영웅은 '절대적인 괴물'이 먼저 나와서 불러내야 비로소 나온다.
골프에서 그 괴물은 '언더파가 나오지 않는 골프장'이다. 한국오픈에서의 우정힐스는 그렇게 '악명 높은 절대 코스'로 준비되어야 한다. 그것이 당장에 아플지라도 길게 보면 옳은 길이라 본다.
그 '악명'이 세상에 퍼지면, 영웅들은 모여들고 그 가운데 인연이 있는 '절대 실력의 영웅'이 기어이 나온다. 그리고 거기서 영웅과 괴물이 함께 주인공이 되는 드라마가 탄생할 것이다.
인연이 없으면 아무도 뽑지 못하는 '엑스컬리버 신검'이 박힌 바위처럼, '절대 영웅을 기다리는 코스' - '흑성산의 거룩한 절대 코스'가 준비되기를 기대한다.
그것이 이 코스를 세운 선인의 유지를 받드는 일이기도 하며 우리나라 남자 골프의 앞날을 위한 "극약 같은 보약처방"일 수 있다. 또한 이 우정힐스CC가 한국을 대표하는 명문으로 회원들의 긍지를 높이고 독보적인 가치를 드높일 수 있는 방법의 하나일 것이라 생각하여, 감히 사족(蛇足)을 달아 덧붙인다.

글/ 류석무

사진은 주로 우정힐스 컨트리클럽이 제공한 것을 사용하였으며 일부는 글쓴이가 찍은 것입니다.

HWASAN
COUNTRY CLUB

선녀 계곡의 조용한 명문 - **화산 컨트리클럽**

글 / 류석무

화산 컨트리클럽
선녀 계곡의 '조용한 명문'

'북일남화'라는 말이 있다.
'한강 이북에 일동레이크, 이남에는 화산'이며 수도권 골퍼들 사이에 떠도는 표현으로,
<화산컨트리클럽>의 아름다움을 칭송하는 말이다.

'전통의 명문' 골프장으로 인정받는 까닭

'조용한 명문' 골프장

화산CC는 '조용한 명문' 골프장이다. 스스로 명문임을 내세우거나 명문 지향의 마케팅 활동을 펼치는 것 같지 않은데, 한국의 명문 골프장을 말할 때 늘 빠짐없이 거론되어 온다. 골프다이제스트 한국판이 선정하는 '2019~2020 대한민국 50대 코스'에서 화산CC는 국내 21위로 평가되었다. 영국의 세계 우수 골프장 정보 사이트 '톱100골프코스 (top100golfcourses.com)'가 게시한 '한국 톱40 골프코스2018'에서는, 한국 내 랭킹 24위의 코스로 선정되었다.

그러나 실제 골퍼들 사이에서는 그보다 높이 평가되고 있는 '전통의 명문'이다. 이들과는 다른 국내 기관들의 평가에서 2016년 국내 4위의 코스로 선정되기도 했으며, 오랜 기간 10위 이내의 평가를 받아 왔다.

화산CC는 이름난 골프대회를 치른 코스도 아니고 대기업 소유의 골프장도 아니다. 여느 '명문 지향' 골프장들처럼 코스 랭킹을 올리려는 홍보를 하거나, 이른바 '랭킹 선정위원'들을 대상으로 노력하지도 않는 듯하다. 그런데 이곳이 '명문 골프장'이라는데 이의를 제기하는 골퍼들은 거의 없다. '만들어진 랭킹에 의한 명문' 코스가 아니라는 것이다.

'골프 8학군'에서 가장 아름답다!

경기도 분당, 용인 지역은 시쳇말로 '골프 8학군'이라 불린다. 이 근방에 골프장이 많을뿐더러 이 지역에서 자동차로 쉽게 갈 수 있는 거리에 전국에서 가장 많은 골프장이 밀집되어 있으며, 그들 가운데 이른바 '명문 골프장'들이 많이 포함되어 있기 때문이다.

화산CC는 아마도 이 '8학군' 권역에서 아름답기로 으뜸인 골프장이라 해도 틀리지 않을 것이다. 꽃이 좋아 화산(花散)일 것 같고, 단풍이 화려해서 화산(華傘)일 것도 같지만 본디 땅 이름이 화산리(華山里)이다. 용인시 처인구 화산리, 학이 날아든다는 낮은 동산인 '화학산(華鶴山)'과 선녀들이 내려와 목욕한 연못(時宮)이 있었다는 전설의 '시궁산(515m)' 사이 기슭에 자리잡은, 이 골프장은 이름 그대로 아름다운 산중 코스이다.
(시궁산은 용인의 완만한 지형 특성이 드러나는 작은 산 같지만, 풍수의 백두대간으로 치면 소백산 천황봉에서 나온 '한남금북정맥'이 안성의 칠현산에서 갈라져 수원과 분당 판교 쪽으로

흐르는 한남정맥 줄기를 잇는 산으로, 서쪽 기슭에는 화산CC를 품고 동쪽 품에는 김대건 신부의 묘가 있는 한국 천주교 최대 성역 '미리내 성지'를 안고 있다.)

한번만 쳐봐도 다 기억나는 '명 코스'

화산CC는 1996년 문을 열었다. 당시는 골프장 건립 인허가를 받으면 회원 모집을 통한 조성 자금 조달이 손쉽던 때였고 수도권에서 접근하기 워낙 좋은 위치인지라 최고급 회원제 골프장으로 계획되어, 당시 가장 각광받는 골프 코스 디자이너이던 고 임상하(1930~2002) 선생의 설계와 '대한조형건설(대표 안문환, 뒷날 오렌지엔지니어링으로 개명)'의 시공으로 완성되었다. 처음 계획할 때는 27홀을 조성하고자 했지만 각 홀들의 독립성이 높은 코스를 만들기 위해 18홀만 앉히기로 설계를 변경했다. 그래서 코스에 들어서면 아늑하고 넉넉한 느낌이 들고 홀마다 개성적인 설계 레이아웃으로 독특하게 다른 느낌을 받게 된다. 자연 조경 또한 각 홀마다 인상적이어서 기억성이 매우 뛰어나므로, 한두 번만 라운드 해도 대부분의 홀을 기억하기 쉽다.

고 임상하 설계의 대표작

이 코스를 설계한 고 임상하 선생은 '신라CC' '파인크리크CC', '뉴서울CC 북코스', '지산CC', '파인밸리CC' 등을 비롯하여 국내 70여 곳의 코스를 설계한 이다. 인위적 조경에 치중하는 일본풍 코스 설계를 탈피하여 우리나라 지형에 맞는 다양한 코스 설계의 지평을 연 거장 설계가로 평가 받으며, 코스를 만드는 데 있어 예술적인 가치와 조형미를 중시하여 미학적 코스 설계의 토대를 쌓았다는 칭송을 받는다.

그런 한편 골퍼가 코스 안에서 '한국 자연의 숭고함'을 느끼면서 스스로의 실력과 상황에 맞게 '샷 메이킹' 기술 능력을 발휘하도록 하는 데 설계의 중점을 두었다고 한다. 코스 디자이너들은 대개 '샷 밸류'를 중시하여 설계한다는데, 고 임상하 선생이 이 개념을 우리나라 코스에 적극적으로 도입한 대표적 설계가로 알려진다.

<화산CC>는 그의 설계 철학과 미학이 완숙하게 발휘된 작품이다.

코스의 빼어난 완성도

평원 코스와 산중 코스의 아늑한 조화

화산CC는 해발 170m 높이의 클럽하우스를 중심으로, 낮은 지역에 아웃코스(135m~170m)를, 높은 지역에 인코스(170m~220m)를 배치한 구성이다. 클럽하우스의 모양과 위치 선정이 참 사랑스럽게 느껴진다. 스스로 군림하듯 내려 보는 여느 골프장들의 클럽하우스들과는 달리, 조용하게 안겨있는 모습이다. 모양도 단아한 건축물의 앉음새에서 자연의 순리를 따르는 동양적 사유가 드러나는 듯하다. 이 '겸손한' 클럽하우스를 중심으로 음양이 조화를 이루듯 자연스러운 인-아웃의 코스 배치는, 플레이와 휴식의 진행을 원활하게 흘러가게 하는 설계의 전형이라는 평을 듣는다.

클럽 명칭	화산컨트리클럽 Hwasan Country Club
클럽 한 줄 설명	예술적인 아름다움의 친환경 골프장
개장 연도	1996년
규모, 제원	18홀 파 72 최대길이 7,043야드(6,440미터), 32만평
골프장 구분	회원제 골프장(회원 390여명)
위치	경기도 용인시 처인구 이동읍 화산로 239
코스 설계자	임상하
소유 회사	화산개발㈜
잔디 종류	중지(페어웨이), 들잔디(러프) 벤트그래스(그린) 켄터키블루그래스(티잉 구역)
관리 특징	자연형 친환경 코스, 빠른 그린 사계절 아름다운 야생 정원
티오프 간격	8분
캐디, 카트	4백 1캐디, 승용카트(5인승)

낮은 쪽 아웃코스는 완만한 경사의 분지인 반면 높은 쪽인 인코스는 산세의 변화가 다이내믹하고 오밀조밀한 편이다. 낮은 쪽 아웃코스는 부드러운 구릉 사이에 페어웨이가 우아하게 흐르면서 연못과 풀숲이 이따금 넘나드는 평원 코스의 느낌이고, 높은 쪽의 인코스는 바위 언덕과 골짜기, 나무숲이 어우러져 산중 코스의 느낌이 강하다.

국제경기도 가능한 드라마틱한 완성도

전체 길이가 총 7,043야드(6,440m)이니 1996년 개장할 당시에는 상당히 긴 코스였으며, 지금 기준으로도, 코스 세팅을 조정하면, 국제경기까지 가능한 규격이라 하겠다. 아웃코스와 인코스 각각 편안하게 시작해서 극적으로 마무리 하게 되는 게임 구성이 돋보인다. 아웃코스는 마지막 홀이 버디를 노려봄직한 파5 홀이고, 인코스의 마지막은 파를 지켜야 하는 드라마틱한 풍경의 내리막 파4 홀이다. 일반 골퍼들에게도 짜릿하게 재미있는 구성이고, 프로 토너먼트를 치를 경우 극적 완결성도 뛰어날 듯하다.

봄의 그린(위), 가을의 아웃코스 5번 파3 홀(아래)

높은 곳과 낮은 곳의 고도 차이가 제법 나는 편이지만 플레이 할 때는 같은 홀 안의 고저 차가 자연스러워서 업, 다운이 많이 느껴지지 않는다. 일부러 오르막 내리막을 조성한 홀을 제외하고는 페어웨이가 평탄하여, 자세가 좋지 않은 샷을 해야 하는 부담이 적다.

코스의 페어웨이 진행 방향이 주로 남북 방향이어서, 골퍼가 태양 빛의 영향을 덜 받고 플레이할 수 있도록 감안된 점도 섬세한 장점이다.

모든 골퍼에게 짜릿하고 공정한 코스

자연지형을 살린 설계로 인위적인 토목 공사를 되도록 덜 하여 조성한 코스이면서도, 도그렉(Dog leg)형 홀, 블라인드 홀과 시야가 트인 홀의 배합이 조화롭다. 골퍼가 홀마다 티잉 구역에서 공략 플랜을 수립하며 플레이하기 편안하고 공정한 코스라는 평가를 듣는다.

전체적으로는 도전적인 모험성이 강한 코스이다. 계곡을 뛰어넘어야 하는 홀, 개울과 폭포를 넘겨서 쳐야 하는 홀 등 모험과 유혹이 펼쳐져 있는 곳이 많지만, 모험이 있는 곳에는 안전한 우회로를 배치하여 놓았으므로 플레이어의 전략과 성향, 실력에 따라 다른 공략루트를 선택할 수 있다. 그러므로 당연히 잘 친 샷과 못 친 샷의 가치가 잘 구별되고, 도전에 대한 보상과 응징이 뚜렷하게 드러난다. 이른 바 '샷 밸류'가 높은 코스이다.

또한 난이도의 강약, 강중약 배치로 이어지는 구성이 조화롭다. 나는 여러 유형의 골퍼와 이곳에서 라운드 해봤는데, '프로골퍼는 기량을 발휘할 수 있는 여지가 높고 아마추어 골퍼는 편안하고 재미난 게임을 즐길 수 있는 코스'라는 평가에 동의하게 된다.

국내 골프 코스의 개념을 바꾼 골프장

화산CC는 우리나라에서 '원 그린' 바람을 증폭시킨 골프장 가운데 하나로 알려진다. 1989년 로버트 트렌트 존스 주니어가 설계한 용평CC가 원 그린 골프장으로 문을 연 바 있고 1993년 곤지암GC(다키토 미노루 설계)와 우정힐스CC(페리 오 다이 설계), 태영CC(더글러스 니켈스 조형설계)는 외국인 주도로 만든 원 그린 코스였다. 1994년 신라CC와 지산CC가 임상하 설계로 원 그린 코스를 실험했고 1995년의 일동레이크GC(김학영 설계)와 1996년의 화산CC가 완숙한 모습의 원 그린으로 만들어지면서 '원 그린'은 국내 골프 코스의 '대세'가 되었다.

그 이전까지는 국내에서 골프장이라 하면 당연히 그린이 두 개 있어야 하는 것으로 알았다. '주 그린(Main Green)'과 '보조 그린Sub Green)'을 함께 설치하여 번갈아 쓰는 '투 그린' 방

14번(인코스 5번) 파3 홀

식은 일본에서 비롯되어 우리나라에 들어왔다. 일본에서 흔히 쓰던 고라이 잔디 그린이 겨울에 얼기 때문에 벤트그래스 그린을 작게 만들어 겨울에 사용하다가 주중 주말에 번갈아 쓰게 되었던 것으로 알려진다. 투 그린 방식은 관리하기는 쉽지만 그린 주변 플레이에서 우연성이 개입하기에 게임의 공정함이 훼손되는 등의 단점이 있다. 그러나 당시는 '원 그린'을 도입하려는

인공폭포가 있는 아웃코스 5번 파3 홀

골프장이 극히 드물었다. 국제적 리조트의 일부로 개발된 용평CC는 외국인 설계가를 불러 만든 특별한 경우로, 곤지암GC와 우정힐스CC 등도 대기업의 예외적인 시도로 인식되다가 '북일동'과 '남화산'이 원 그린 도입에 성공하면서 '원 그린 시스템'은 국내에서도 골프코스 조성의 표준으로 정착된다.

안문환과 권동영…… 전문가에게 일임한 소유주
화산CC는 애초에는 투 그린으로 공사가 진행되었다고 한다. 상당부분 진척되던 공사 현장이

장마 피해를 크게 입으면서 원점에서 재검토하게 되었는데, 그때까지 부분적인 공사를 맡아 참여하던 대한조형건설을 눈여겨 본 골프장 소유주가 이 신생회사에 전체 공사 진행을 선뜻 일임했다고 한다.

당시 '대한조형건설'을 이끌던 안문환 씨는 임상하 설계팀에서 시공 감리인으로 현장에 파견된 젊은 설계 실무자 권동영 씨와 현장을 재구성하며 새로운 상상력을 코스 전체에 불어넣는다. 단순한 골프 코스를 넘어 서정적인 스토리가 흐르고 한국 산중 자연의 아름다움을 18홀 전체에서 드라마틱하게 재발견 할 수 있는 '작품 공간'을 만들고자 했던 듯하다.

코스 내 조형과 조경을 재검토하는 가운데 지금도 '화산의 명물'로 꼽히는 분화구 조형, '원 그린의 예민한 셰이핑', '한국 토종 수목 조경' 등이 도입되었다.

섬세한 조경과 관리의 매력

섬세한 퍼팅이 필요한 예민한 그린 관리

'화산의 명물은 그린'이라는 말도 있다. 이곳의 그린은 요즈음의 신규 골프장들처럼 양파칩 모양으로 구겨놓은 스타일은 아니지만 매우 예민하다. 경사와 굴곡이 우아하게 나 있고 언뜻 보기에는 어려운 것 같지 않아도 '홀 인'하기는 까다롭다. 그린을 정확하게 읽는 능력에서 스코어 차이가 많이 날 수 있는 그린이다.

그린이 평상시에도 스팀프미터 계측 기준 3.0미터 이상의 스피드로 관리되는 때가 많아서, 보이는 대로 굴러가고 태워서 보내는 스트로크를 더 잘 받아주는 편이다. 정확하게 읽어 스피드를 맞추어 치지 않으면 스쳐 지나가기 쉽다. (스팀프미터는 그린의 공 구름 속도를 재는 기구이다. 그린 수평면 위에 36인치 길이의 V자 형 홈이 파인 막대 모양 기구를 20도 경사로 설치하고 기구의 정점에서 공을 굴려 그린에서 순수하게 진행한 거리를 그린 스피드로 계수화 한다)

최근 들어 '초특급 명문'을 지향하며 새로 생긴 회원제 골프장들이 극히 제한된 적은 손님만을 받으며 그린을 정성들여 관리하기에, 상대적으로 화산CC 그린 품질의 희소성이 덜해진 것처럼 느껴지기도 한다. 그러나 옛날만큼 상대적으로 두드러지지 않는 것일 뿐 절대적인 기준에서는 변함없어 보인다.

'화산의 명물'이라는 그린의 명성과 전통을 잘 이어나가리라 믿고 기대한다.

우리나라 산천의 정겨운 나무들로 조경

평소 성격이 목석 같이 멋없던 사람들도, 이곳에서 서너 홀 플레이 하다 보면 '아름답다'는 말을 저절로 한다. 골프장을 감싸고 있는 산세가 그윽한데다가 코스가 들어앉은 모양이 아늑해서, 마음이 온화해지고 눈은 즐거워진다.

비싼 나무들을 일부러 옮겨 심은 흔적이 많지 않은 것 같으면서도 조경이 빈틈없이 정밀하다.

이른 봄의 매화, 벚꽃 등의 '나무 꽃', 늦봄의 영산홍, 철쭉 등 '산꽃', 여름철의 배롱나무, 수국과 '풀꽃 숲꽃', 가을의 '들꽃'과 느티나무 단풍나무에 이르기까지 철마다 알록달록한 자연의 축제가 벌어진다. 저 혼자 잘난 나무 몇 그루가 홀마다 주연으로 나서는 게 아니라 온갖 나무와 풀과 꽃이 어우러지며 열여덟 편의 생태 드라마를 만들어 내는 듯하다.

이 코스의 조경은 자연 그대로를 받아들여서 잘 조성한 수목 정원 같은 느낌도 든다. 벙커 안에 인위적인 나무 분재 조경을 해놓은 곳도 있지만, 전체적으로 자연을 있는 그대로 끌어들여서 액자 속에 아기자기하고 오밀조밀하게 담은 듯한 모습이 열여덟 홀 내내 펼쳐진다.

그런데 이러한 조경은 개장 당시에 몹시 낯설어서 "조경이 왜 이리 무질서하냐."는 말이 골프

업계 전문가들 사이에서 돌았다 한다. 이 골프장이 생기기 전까지는, 골프장 조경을 위한 수목은 소나무 일색이었다. 잘생기고 값나가는 소나무를 많이 심어야 명문 골프장인 것처럼 여기던 때였다. 당시 안문환 씨가 이끄는 대한조형건설 팀은 이러한 고정관념에서 벗어나, 우리나라 산에서 흔히 자생하는 나무들을 옮겨 심어서 꾸미고자 했던 것이고 골프장 소유주는 이러한 제안을 흔쾌히 받아들였다. 결과를 예측할 수 없던 시도의 결과는 대성공이었으며, 그 후 우리나

라 골프장 조경에서 토종 나무와 꽃들에 대한 재발견이 이루어지게 된다.

생각이 귀(貴)한 친환경 골프장

이 골프장은 2007년부터 국내 레저관련 신문이 2년 주기로 선정하는 '친환경 베스트 골프장'에 매번 선정되고 있다. 이 상의 심사기준과 성격, 위상을 잘 알지는 못하나 조경에서부터 관리에 이르기까지 친환경 개념이 도입되어 있는 것은 한눈에 느껴진다. '국내 친환경 골프장 1호'라는 말도 들린다.

라운드 하면서 숲 속을 지나는 고라니를 본 적이 있는데 연못에는 청둥오리도 흔히 보인다. 골

프장을 관리하면서 화학비료와 농약의 사용을 극히 억제한다는 이야기를 코스관리 전문가들로부터 들었다. 코스 내에 딱따구리, 꿩, 토끼 등이 다닌다고 한다.

이 골프장의 소유 회사는 '화산개발(주)'인데 '㈜보락'이라는 식품첨가물 제조 유통회사 대주주가 이 회사의 지배주주인 것으로 알려진다. 이 소유주의 생각과 안목이 귀하다고 보이는 것이 나만의 느낌은 아닌 듯하다. 클럽하우스의 앉음새나 식당의 음전한 메뉴, 코스의 조경과 생태 등에 담긴 생각들이 사려 깊어 보인다. 드러내 자랑하려는 마음을 초월한 미감이 은근히 엿보이는 나머지 돋보인다 할까.

화산만의 고유한 매력은······

그런 한편, 이렇듯 사려 깊은 생각과 안목은 한 눈에 띄기 어려운 것이라서, 세상의 주목을 덜 받게 되기 쉽다. 최근 들어 '초명문'과 '럭셔리'를 지향하는 고급 골프장들이 새로 나와 값비싼 마케팅을 강화하며 상대적으로 눈길을 더 끌면서, 화산CC처럼 '조용한 명문'클럽은 과거보다

인코스 2번 홀 분화구 모양 조경

는 빛이 덜 나는 듯 보일 수도 있겠다.

그런 가운데서도 <화산CC>의 본래 귀한 가치가 잘 지켜지고 드러나 빛나기를 바란다. 25년 전에 문을 연 뒤 처음 설계 그대로 코스를 유지하고 있는데도 요즘 나오는 '럭셔리 코스'들을 무색하게 하는 경지가 여전하며, 스스로 넘치게 갖고 있으면서도 아직 스스로도 발견해내거나 알려지지 않은 이야기들을 곳곳에 머금고 있다. 그 이야기들의 매력은 요즘의 신규 명문 골프장들이 따를 수 없는 것이니 더욱 찾고 다듬어 빛나게 되기를 기대한다.

몇 가지 소소한 이야기들

인코스 2번 파3홀 시그니처 분화구

인코스 2번 홀에는 화산CC의 상징이라 할 수 있는 분화구 모양의 인공 둔덕들이 있어서, 이곳

스타트하우스 앞 연못정원

에서 '화산CC 라운드 인증 샷'을 찍는 이들이 많다. 본디 이름은 '화려할 화(華)' 자 화산이지만 '화산(火山)' 분화구 모양 조형을 슬그머니 끼워놓은 해학적 창조성이 낳은 명물이다. 이 홀의 그린은 흔히 '포대그린'이라 불리는 '엘리베이티드 그린(나는 '포대그린'이라는 출처 불명 국적 불명의 말이 싫어서 '솟은 그린'이라 부른다)인데 분화구 둔덕들이 그린보다 좀 높아서 티잉 구역 쪽에서 사진을 찍으면 보기 좋고 이국적인 사진이 만들어진다.

이 홀에서 티샷 생크를 내서 정확하게 분화구 한가운데 공을 빠뜨린 적이 있다. 분화구에 들어가서 보니 그곳도 잔디가 잘 관리되어 있는 러프 지역이라 웨지로 공을 쳐내 온 그린을 했었다. (그렇다고 구경삼아 일부러 들어가는 것은 추천하지 않는다. 멀리서 볼 때 아름답지만 들어갔다 나오면 숨이 가빠진다)

'사진빨' 좋은 곳
<화산CC>에서는 어디서 찍어도 그림처럼 사진이 잘 나온다. 시쳇말로 '사진빨'이 좋은 코스이다. 그 이유는 코스가 앉은 분지를 둘러싼 산 능선이 사람 눈높이에서 보았을 때 적당하게 좋은

높이와 거리를 유지하고 있기 때문인 듯하다. 게다가 코스가 넓은 것 같으면서도 오밀조밀하고, 그 흔한 고압선 철탑 하나도 안보여서 카메라를 대는 곳마다 사진이 예쁘게 나온다.

굳이 사진 찍기 가장 좋은 곳을 말하자면, 인공적인 조경이 가미된 스타트 하우스 앞 연못 정원 아닐까 싶다. 자연을 끌어들이는 한국식 정원에 일본 정원 조경의 인공적 정교함을 끌어들인 느낌인데 사진을 찍으면 계절마다 분위기가 다르게 아름답다. 가을에 찍은 이곳 사진을 본 내 후배는 "참 아름다운데 왠지 슬퍼 보여요"라고 했다. 내 눈에는 나무와 풀들이 조용하게 노래하고 있는 것처럼 보였는데.

한국의 가정식에 가까운 음식

클럽하우스 식당 메뉴 '전복해물순두부'

<화산CC> 클럽하우스 식당 음식의 콘셉트는 '한국의 가정식에 가까운 음식'이라고 한다. 메뉴에 적힌 음식의 가짓수가 많지 않다. 무난하고 깔끔한 맛이다. 서비스도 여타 명문 골프장들처럼 유난히 극진하다기 보다는 자연스러운 편이다. 부담 없이 푸근하되 단정하다 할까. 캐디들도 전문성이 높은데 숙련된 응대가 정겹다. 옆의 사진은 클럽하우스 식당의 '전복해물순두부' 1인 상차림이다. 자극적이거나 조미료로 내는 맛을 배제하고 '집밥'을 내려는 생각을 담은 듯하다.

"개발되는 자연은 스스로 원하는 이상적인 모습을 말한다"

설계자 고 임상하 선생의 이야기 하나가 화산CC의 특성을 말해주는 듯하여 소개한다. 이 코스를 설계할 때에 자연의 산기슭을 깎아내는 아픔에 대하여 임선생은 설계 실무자들에게 이렇게 말했다고 한다.

"우리가 자연에 부득이 손대어 개발하려고 할 때, 그 자연에는 스스로 원하는 가장 이상적인 모습이 있기 마련이다. 그 모습을 치열하게 찾아내는 게 설계자와 개발자의 작업이고 의무다."

신선과 선녀의 놀이터

처음 플레이 할 때 익숙한 느낌이 들고, 자주 들러도 거듭 신비함을 느낄 수 있어야 좋은 코스라고 한다.

그런 면에서 화산CC 같은 곳이 드물다 느낀다. 티샷부터 홀에 이르기까지 플레이어에게 다양한 질문을 던지고 시험에 들게 하는 한편, 어릴 적 놀던 동산으로 추억을 더듬어 가는 길 같기도 하고, '가지 않은 길'에 대한 아쉬움이 자욱한 오솔길 같은 곳도 있다. 왕과 귀족의 사냥터 같은 들판 느낌도 있고 연인들의 산책로처럼 호젓한 분위기도 있다. 우아한 구릉과 수려한 산봉우리들이 한 홀 한 홀 다른 모습으로 18홀 내내 눈을 맞추며 따라다닌다.

편안함과 모험심, 호기심과 유혹 등 삶의 여러 요소가 아름다운 마법 속에 펼쳐진 동산 같다고 할까. 안양CC에는 나무들이 주인인 듯한 느낌이 드는 곳이 있고 제이드펠리스GC는 산이 주인인 듯하다면, 이 화산CC는 자연과 사람이 합일하는 하모니가 느껴지는 듯하다.

선녀들이 내려와 목욕한 연못의 전설이 있는 산에 앉은 골프장이니 이곳에 노니는 사람이면 누구나 신선이고 선녀 아니겠는가. 이 골프장에서 걷노라면 불현듯 살아있다는 것에 대한 감사와 함께, 이 짧은 인생에서 무얼 찾아 어디로 걷는가 하는 생각이 밀려와 길과 말을 잊곤 한다.

글 / 류석무

사진은 주로 화산컨트리클럽이 제공하였으며 일부는 글쓴이가 찍은 것입니다.

SEOWON VALLEY COUNTRY CLUB

마음이 착해지는 골프장 - **서원밸리 컨트리클럽**

글 / 류석무

서원밸리 컨트리클럽
마음이 착해지는 골프장

십여 년 전에 이 골프장에서 어느 무용가와 한 조가 되어 라운드 한 적이 있다.
아름다운 이였다. 마음씨의 순수함이 온몸의 건강함으로 뛰쳐나오는 듯한 여자였다.
'서원코스' 2번 파5 홀의 높은 티잉 구역에 서서 페어웨이를 내려다 볼 때,
그녀의 입에서 낮고 긴 탄성을 흘러나왔다.

"아…… 음악이 흐르는 것 같아요. 춤추고 싶어……"

그녀는 그 파5 홀을 춤추며 날아다녔다. 첼로 곡선 모양으로 난 잔디 길을 우리도 함께 리듬을 타고 흘러갔다. 그날 나머지 홀들은 일행들 모두 나비가 된 꿈에 홀려 지나간 듯 했다.

명문코스이자 문화 명소

'비단 병풍'을 친 상서로운 자리

'서원(瑞原)'은 '상서로운 곳'이라는 뜻으로 파주 부근의 땅을 이르는 옛 이름이다. 고려 때는 서원현, 조선시대에는 서원군으로 불렸다 한다. "파주, 고양, 양천 등 도성 사방 일백리 이내에는 금표(禁標)를 세워서 사냥하는 장소를 만들고, 금수를 기르는 마당으로 삼았다"는 기록이 조선왕조실록에 있다는데 이 골프장이 들어선 금병산 기슭이 그 가운데 한 곳이라 한다.

금병산(294m)은 아름다운 병풍을 둘러 친 모양이라는 뜻이다. 조선시대 영조 임금이 생모 최숙빈의 묘지를 찾아 왔다가 보고 "비단으로 병풍을 친 것 같으니 앞으로는 금병산(錦屛山)으로 불러라"고 이름을 내렸다 한다.

금병산이 바람을 막아주어 추위와 더위가 덜하고 햇빛이 많이 드는 이 분지에 1996년 '동아그룹'이 골프장을 짓기 시작했다. 박세리 선수가 US여자오픈에서 우승하며 국내 골프가 비약적인 전기를 마련하던 즈음이었으나, 'IMF시대'의 격랑을 이겨내지 못하고 동아그룹이 해체되는 과정에서 1999년 대보그룹이 이 골프장을 인수하였고, 2000년 6월 정식으로 문을 열었다.

'한국 10대 코스' 단골 골프장

<서원밸리컨트리클럽>은 문을 열 때부터 '수도권 북부 최고의 명문'이라는 평가를 받아 왔다. 2003년 'SBS골프닷컴 네티즌이 뽑은 한국 베스트 골프장' 1위, 서울경제골프매거진이 선정한 '한국 베스트 골프장 TOP 10' 중 7위에 선정되는 것을 시작으로 매년 여러 기관 단체들이 선정하는 '한국10대 골프장' 안에 이름을 올려 왔다.

그 뒤로 '잭니클라우스', '해슬리나인브릿지', '트리니티', 등 세계 유명 코스 디자이너들이 설계한 신규 골프장들이 '초명문 프리미엄 멤버십'을 지향하며 문을 열게 된다. 그런 흐름 가운데 다소 순위의 변동은 있으나, 서원밸리는 꾸준히 10위권 안팎 골프장으로서의 위상으로 평

가(2019년 5월 발표된 골프다이제스트 코리아의 평가에서는 한국 순위 14위 코스로 선정) 받아 오고 있다.

이러한 순위 평가의 방식과 위상에 대해서 세세히 따져 보지 않더라도, 오랫동안 변함없이 높은 등위를 지키고 있다는 것은 적어도, 이 골프장이 기본적인 설계 토대가 견실한 가운데 지속적인 관리와 개선이 이루어지고 있다는 뜻이겠다.

우리나라에선 처음 연 '골프장 문화 행사'

이곳은 골프장으로 뿐 아니라 <서원밸리그린콘서트>라는 대형 문화행사가 매년 열리는 공연장소로서, 그리고 프로골퍼 박인비 선수가 야외 결혼식을 올린 연회장소로도 유명하다. 골프장이 개장한 첫 해인 2000년부터 밸리코스 1번 홀 페어웨이에서 열리기 시작한 '그린콘서트' 야외 음악회는 이십 년을 이어져왔다. 이 '그린콘서트'는 한국에서 골프장을 일반에게 개방하여 연 초유의 문화 행사로 화제가 되어 왔다. 매년 5월 마지막 주 토요일에 열리는데, 어느덧 지역 문화행사를 넘어 외국 관람객까지 찾아오는 '한류 콘서트'로 인기를 모으고 있다. 지금은 세계 최고의 그룹이 된 방탄소년단이 몇 년 전 이 콘서트 무대에 올랐을 만큼 출연자들이 화려한데, 매년 행사 때마다 4만 명 이상의 관람객이 모인다고 한다.

'명문 골프장'으로 뿐 아니라 '문화 명소'로도 많이 알려졌다는 것이다.

"소년으로 돌아가 고향 길 걷는 듯한 코스"

이 탐사기를 쓰기 위해 오월 중순에 이곳에서 다시 라운드 했다. 함께 라운드 하던 친구가 서원 코스 6번 홀 페어웨이를 걸어갈 때 눈을 가늘게 뜨고 숨을 크게 들이쉬며 말했다.

"좋다…… 참…… 뭔가 마음이 착해지는 것 같은 풍경이네!"

'고향 같은 골프장' 이라는…

이 골프장이 손님들에게 말하는 슬로건은 "고향이 느껴지는 서원밸리" 라 한다.

야트막한 금병산 기슭과 골짜기를 다듬어 정남향의 분지를 마련하고 대부분의 홀들을 남북 방향으로 앉혔다. 밸리코스 1번 홀과 각 코스 9번 홀만 동서 방향인데 1번 홀은 서쪽으로, 9번 홀은 동쪽 방향으로 진행하게 해서 태양을 마주보고 플레이 하지 않도록 시간의 흐름을 배려했다. 따라서 모든 홀에 그늘이 없이 햇빛 넘치는 분위기가 흐른다.

골프장/ 코스 명칭	서원밸리 컨트리클럽 Seowon Valley Country Club
한 줄 소개	문화가 있는 명문 골프장
개장 연도	2000년 6월
규모, 제원	18홀, 파72, 6,410m (7,010yds), 35만평 (서원힐스, 퍼블릭코스 27홀, 50만평 별도)
골프장 구분	회원제 골프장
위치	경기도 파주시 광탄면 서원길 333
코스 설계자	이재충
소유 기업	서원레저㈜ - 대보그룹
잔디 종류	페어웨이 : 안양중지 러프 및 헤비러프 : 안양중지 그린 : 벤트그래스(Pen A-4) 티잉구역 : 켄터키블루그래스 에이프런 : 켄터키블루그래스
벙커	67개 (주문진 규사)
연습장	3층규모 전자동 90타석(KPGA 인증 시설) 숏게임장, 휘트니스센터, 카페테리어
부대시설	서원아트리움(야외 웨딩홀)
티오프 간격	8분
휴장일	겨울철 휴장 및 통기작업, 그린콘서트 행사시
캐디, 카트	4백 1캐디, 승용전동카트(5인승)

해발 고도 70미터에서 170미터를 오르내리는 완만한 구릉과 분지에 페어웨이를 너르게 앉혔다. 남쪽으로 진행하는 홀에서는 가까운 도마산(88m)과 그 너머 박달산(363m)의 나지막한 겹 능선 바라보며 걷고, 북쪽으로 오르는 홀은 금병산의 병풍 봉우리들 마주하며 플레이 하게 된다. 남쪽 방향 홀은 먼 곳을 보며 꿈꾸는 소년의 마음이 되고, 북쪽을 마주한 홀에서는 산에서 뛰노는 동심이 불러 일으켜진다 할까.

풍광이 주는 느낌이 이곳만큼 편하고 따뜻한 코스를 많이 보지 못했다. '고향 같은 골프장'이란 이런 평안함 말하는 것인지.

평화로움과 아름다움에 중점을 둔 코스

'밸리코스' 아홉 홀은 전장이 좀 길어서 마음껏 멀리 치기를 부르는 느낌이고, '서원코스' 아홉 홀에서는 아기자기한 정교함이 두드러진다. 특히 서원코스 2번 홀은 여성적인 화려함이 돋보여서 어느 골프 잡지사의 평가에서 '한국에서 가장 아름다운 파5 홀 2위'에 선정되기도 했다. 이 골프장이 '대한민국 10대 코스'에 꾸준히 꼽혀오는 데에는 이런 점이 큰 몫을 하는 듯하다.

골프장 순위를 매기는 기관들의 '코스 평가 기준'은 여러 가지 항목인데 공통적으로 가장 우선

하는 것이 샷 가치(Shot Value, 홀들이 위험과 보상을 함께 제공하여 플레이어의 기량을 다양
하게 시험하는 항목)라 한다. 그리고 난이도(Resistance to Score, 얼마나 어려우며 공정한가를
시험하는 항목)를 중요하게 본다.

이 두 항목의 평가에서 서원밸리 코스가 요즘 새로 만들어진 도전적인 여러 코스들에 견주어
높은 평점을 받을 것이라 말하긴 어렵겠다. 이곳은 잘 관리된 아름다운 코스에서 평화로운 플
레이를 즐기도록 하는데 중점을 둔 골프장이니 요즘 신규 코스들과는 지향하는 특성이 다른 것
이라 할 수 있다. 이 코스가 쉽다고 할 수는 없으나 이천 년대 이후에 만들어진 코스들은 서양
설계가들의 도전적인 설계 경향을 받아들여 난도와 '샷 밸류'를 더 높여서 조성한 것들이 많다.
마치 코스 평가 항목들을 만족시키려는 듯 도전적이고 전략성이 상대적으로 두드러진 것들이
다. (샷밸류에 대해서는 뒤에 나오는 '베어크리크GC' 편에서 적는다)

그러니 이 코스는 샷 밸류 항목에서는 상대적으로 불리할 수 있을 터인데 전체적인 평가에서는
늘 높은 순위에 선정되는 까닭이 무엇일까.

'샷밸류'보다 착한 장점

코스 평가의 나머지 항목들은 디자인 다양성과 기억성, 심미성, 코스 관리, 지역사회 기여도, 서비스 등이라 하는데, 배점은 '샷 가치' 항목이 두 배로 높다. 반면에 지역사회 기여도와 서비스 항목의 배점은 절반으로 낮아서 '샷 가치'의 배점이 '기여도'의 4배가 되는 셈이다. 이 골프장의 두드러진 장점은 오히려 평가에 덜 반영되고 다소 불리한 측면의 배점이 더 높은 것이다. 그런데도 이곳이 코스 평가에서 늘 높은 순위에 오르는 것은 아마도 기억성과 심미성, 코스 관리 측면에서 압도적으로 높은 평가를 받기에 가능한 것이라는 산술적 추측을 해 본다. 기여도와 서비스 부분은 최고점을 받을 만하다고 보이며, 심미성 면에서 몇몇 홀들은 무덤덤한 내게도 잊을 수 없는 기억의 잔상을 남길 만큼 인상적이다.

그만큼 이 코스는 포근하고 평화로운 느낌이다. 요즘 새로 떠오르는 코스들도 좋지만 나 같은 아마추어 골퍼에게는 '샷 가치' 같은 전문적인 항목보다 "마음이 착해진다"는 친구의 말이 와 닿기도 한다. 코스 랭킹 선정하는 전문가들도 이 부분에 더 마음이 끌리지 않았을까 짐작해 본다.

이야기를 품은 홀들

이곳 땅이 옛날에는 '왕의 사냥터'였기 때문인지 밸리코스에서는 사냥터 같은 활달함이, 서원코스에서는 왕비의 정원 같은 섬세함이 느껴진다. 이곳을 처음 만들 당시 소유주였던 동아그룹 총수의 호방한 기질과 로맨틱한 사연이 녹아들어 있는 것 같기도 하다.
대보그룹이 인수한 뒤에는 '고향 같은 골프장'으로 지향점을

바꿨으니, 서로 정 반대라 할 수 있는 '왕의 놀이터'와 '고향 풍경'의 느낌과 정서가 묘하게 섞여 어울리고 드나들며 감도는 듯하다.

서원 2번 '장미의 가시 홀'

이 글의 첫머리에서 적었던, '무용가 동반자가 춤추었던 기억'이 빚어졌던 아름다운 홀이다. '서울경제골프매거진'이 '한국에서 가장 아름다운 파5 홀'의 하나로 선정하기도 했었다. 나는 이 홀이 바이올린이나 첼로 같은 모양으로 보이고, 그래서 걸어갈 때면 음악이 들리는 듯하다고 느낀다. 3개의 연못이 섬세한 정원 조각품처럼 새겨져 있고 잣나무 숲으로 둘러싸인 페어웨이는 구름 위의 공연 무대 같다. 연못 가 작은 폭포에서 졸졸 흐르는 물소리도 들린다. 똑바로 치기만 하면 어려움이 없는 홀이지만, 이 홀에 흐르는 음률이 바람을 일으키는 것인지 공이 물에 빠지고 숲에 들어가는 일이 흔하게 벌어진다.

그래서 '장미의 가시 홀'이라고도 불린다 한다. 아름다운 것에는 가시가 있는 법.

서원 8번 파3 '시심(詩心)홀'

두 개의 연못을 건너야 하는 파3홀이다. 그린 너머에 수려한 소나무들이 병풍처럼 도열해 있고 그린 왼쪽 연못은 금병산 능선 머금은 하늘을 거울처럼 담아내고 있다. 값비싼 소나무들 너머 보이는 금병산 한 봉우리의 깎인 면을 너무 예민하게 눈 여겨 보지 않으면 참 아름다운 홀이다. 다음 홀로 건너가는 길에서 만나는 연못가 산수유나무와 꽃밭 정원도 플레이어의 발길을 붙잡는다. 누가 이름을 지었는지는 모르나 연못에 비친 느티나무가 시적 영감을 불러일으키는 '시심(詩心)홀'이라 한다.

서원코스 8번 홀(왼쪽). 서원코스 8번 홀과 9번 홀 사이 연못을 건너는 다리(오른쪽)

서원 9번 아일랜드 티잉 구역

골프장마다 '아일랜드 홀'은 많지만 '아일랜드 티잉 구역'은 극히 드물다. 이 홀 레귤러 티보다 조금 앞에 자그마한 섬 모양의 티잉 구역이 별도 설치되어 있다. 나는 이 구역에서 쳐 보지는 못했지만 이곳에서 치는 것을 선택할 수도 있다고 한다. 이 코스의 설계자는 이재충이라는 분으로 '티클라우드'와 '파인리즈' 등의 코스를 설계했으며 그가 설계한 다른 골프장에도 이런 아일랜드 티잉 구역이 있다고 한다.

이곳에서 티샷 하는 사진을 찍어 두면 특별한 추억으로 남을 듯하다.

밸리 1번 '콘서트 홀'

서원밸리 골프장에서 가장 유명한 홀은 밸리 1번 홀이다. 콘서트홀(Concert Hall)이 아니라 콘서트 홀(Concert Hole)이다. 매년 5월 마지막 토요일에는 이곳에서 수만 명이 모이는 '서원밸리그린콘서트'가 열린다. 페어웨이 전체가 관람석이 되고 그린 앞에는 무대가 설치되는데 한류 아이돌 그룹에서부터 7080 포크, 트로트에 이르기까지 전 세대를 아우르는 공연이 펼쳐진다.

우리나라에서 가장 유명한 'KBS열린음악회'보다 규모가 더 크다는 이 행사는 2000년부터 매년 치러지고 있는 수도권 서북부 일대 지역문화축전이다.

밸리 7번 금병산 단풍 홀
569야드 오르막 파 5인 이 홀 페어웨이 양쪽에는 티잉 구역에서 그린 근처까지 단풍나무 숲이 길게 늘어서 감싸고 있다. 그 숲을 따라 금병산 능선을 마주보며 걷다 보면 이곳이 '임금님의 사냥터' 였다는 것을 느낌으로 이해하게 된다. 단풍잎이 지천으로 붉게 물든 사이로 파란 잔디길이 융단처럼 나 있고, 그 가운데로 어디선가 사슴이라도 뛰어 나올 것 같은 모습이다. 가을이면 금병산이 그 이름대로 비단 병풍처럼 곱게 물든다.

서원코스 9번 홀 아일랜드 티잉 구역(왼쪽). 밸리 8번 '무병장수홀'(오른쪽)

밸리 8번 파3홀의 거북이
이 홀은 메타세콰이어 나무들이 티잉 구역에서부터 그린까지 전체 홀을 감싸고 있는 모습이 이국적이고, 맞은편 낮은 산들의 겹능선이 구름처럼 펼쳐지는 조망도 인상적이다. 대나무 숲과 고사목이 어우러진 조경도 아름답다. 그린 왼쪽 연못에 떠 있는 거북이 조형물은 이 홀의 명물이어서, 이 거북이를 맞고 그린으로 튄 공이 바로 홀에 들어가서 '홀인원'이 된 적도 있었다 한다. 거북이 조형물로 특징 지어 '무병장수'홀이라고 부른다.

서원 6번과 밸리 5번 홀

밸리 5번 홀의 그린은 면적이 300평 정도로 크다. 가운데가 산처럼 솟아있고 양쪽으로 낮아서 마치 한라산이 솟아있는 제주도 모양 비슷하다. 핀 위치가 그린 한 쪽 끝에 있을 때 그 반대편에 공이 올라가면 '쓰리 펏'은 각오해야 한다. 핀 위치에 따라 정교한 아이언 샷 어프로치를 요구하는 이 홀의 이름은 '분화구 홀'이다.

서원 6번 홀은 핸디캡 순위 1번이다. 똑바로 치는 샷이 실용적인 이 코스에서 드물게 '기술 샷'의 필요성이 두드러지는 홀이다. 우측으로 완만하게 휘어진 홀의 배치와 연못 너머 땅콩 모양으로 놓인 그린이 페이드 샷이 유리하다고 주문한다.

서원 6번 '분화구 홀' 그린(왼쪽), 밸리 7번 '금병산 단풍 홀'(오른쪽)

고향 어르신 같은 분들이 깎고 다듬는다.

'서북부 최고 명문'의 관리

플레이 하면서 잔디 예초 작업을 하시는 분께 다가가 여쭤 보니 페어웨이 잔디는 12밀리미터, 러프 잔디는 30밀리미터 높이로 깎는다고 말했다. 일반적으로 '중지' 잔디는 그렇게 짧게 깎기 어려운 것으로 알고 있기에 골프장 측에 다시 문의하니 페어웨이 잔디는 보통 때 18밀리미터 높이로 관리하고, 정식 프로 대회를 치를 때는 12밀리미터까지 짧게 깎는다 한다. (이 코스에서는 2016년과 2017년 KLPGA '문영퀸즈파크 챔피언십'이 열렸고 2020년에는 KPGA 'LG 시그니처 플레이어스 챔피언십'이 열렸다) 중지 잔디를 그 정도로 깎는 곳은 '중지 잔디의 고향'이라 불리는 안양CC 말고는 이곳에서 처음 보는 듯하다. 그만큼 윤기 나게 관리한다는 것이겠다. 이곳은 페이웨이와 러프에 '안양중지' 품종을 심었는데 잔디에서 건강한 빛이 넘쳐 보인다. 세미러프는 보통 때 30밀리미터 높이, 대회 때 45밀리미터 높이로 깎고, 헤비러프는 65밀리미터 정도로 관리 한다. 평상시에는 러프가 깊지 않아서 공이 빠졌을 때 탈출이 어렵지 않은 편이다. 그린은 보통 때 스팀프미터 계측 기준 2.9미터, 대회 때에는 3.4미터 스피드로 관리한다고 한다.

'고향 어르신' 같은 분들

이 골프장은 '레저신문'이 선정하는 '친환경 골프장'에도 꾸준히 선정되어 오고 있다. 자연의 흐름을 해치지 않는 물의 취수와 활용, 탄소 발생을 줄이고, 미생물을 활용하여 비료와 농약을 적게 사용하는 친환경 관리를 지향한다는 것이다. 물론, 골프장을 만들고 즐긴다는 것 자체가 친환경에 어긋나는 일이긴 할 것이다. 더구나 우리나라 골프장들은 대개 산을 깎고 메워 만든 것이므로 어떻게든 자연에 생채기를 많이 낼 수밖에 없다. 그런 아픔 속에서 기왕에 만들어진 골프장이라면 원래의 자연에 못지않도록 잘 관리되기를 바랄 뿐이다.

그런 한편 이 골프장에서 가장 인상적인 것 중 하나가 그린 보수하는 분들의 표정과 목소리라고 생각한다. "안녕하세요~ !", "즐겁게 플레이 하세요~ !" 이렇게 크게 인사를 하시는데 그 모습이 고향 동네 어르신들 모습인 듯 정겹다. 이런 모습은 이 골프장이 누군가에게 자기 고향을 어루만지듯 섬세하게 관리되고 있다는 막연한 믿음을 주기도 하는 것 같다.

연습 시설, 문화 상업시설

이 골프장 부설 <서원아카데미>는 300야드 길이에 전자동 티업 시스템이 설치된 90타석 대규모 골프 연습장이다. 2012년 리모델링한 시설로, 미국 설계가 데이비드 데일이 설계한 벙커 연습장을 비롯해서 어프로치 연습장, 퍼팅그린, 헬스장, 카페테리아 등도 있다. 한국프로골프협회가 인증한 골프연습장이라 하며 9개의 골프교습 단체가 입점하여 100여명의 엘리트 선수들이 연습하고 있다 한다.
골프와 직접 관련이 있는 시설은 아니지만 '박인비 선수가 결혼식을 올린 곳'으로 유명한 <서원아트리움>은 골프장을 배경으로 한 야외 웨딩홀로 이름이 높다. 야외 행사장이면서도 지붕

까지 설치된 시설과 조경이 좋아서 드라마 촬영 장소로도 많이 활용된다.

'그린콘서트'와 나눔

이 골프장을 말할 때 빼놓을 수 없는 것이 <서원밸리그린콘서트>이므로 거듭 적는다.

앞에 적은 것처럼, 이 골프장에서 매년 5월 마지막 주 토요일에 열리는 이 콘서트는 이 주변 지역사회를 넘어 아시아 여러 나라 관객들도 찾는 문화 행사로 많이 알려졌다. 문턱 높은 회원제 골프장을 지역사회 주민의 문화 공간으로 개방한다는 뜻에서 개장 첫해부터 시작된 이 공연이 스무 해 넘게 열렸다. 지금은 세계 최고의 인기를 누리는 '방탄소년단'이 2015년에 이 콘서트 무대에 오르기도 했다. 출연진 모두가 재능기부 형식으로 참여하며 공연 대행사에 행사 진행을 맡기지 않고 기획에서부터 행사 진행 전체를 골프장 직원들을 중심으로 한 대보그룹 성원들이 맡는다고 한다. 매년 4만 명 이상의 관람객이 찾아오는 대형 '한류콘서트'로 발돋움 했다는 평가도 있다.

그린콘서트 기간에 자선 바자회가 열리는데 여기서 얻은 수익금은 지역 소외계층을 위해 사용한다. '다문화합동결혼식', 결식아동 예방 사업, 장학 프로그램도 운영한다고 한다.

좋은 골프장이란

골프장 그늘집에 놓인 <서원에세이>라는 계간 사보를 들고 와서 보니 이 골프장에서 벌이는 여러 살가운 활동들이 소개되어 있었다. 문턱 높고 근엄하게 보이기 쉬운 회원제 골프장이 스스로 열린 자세로 사회에 다가서고 마음을 나누는 것은 드물고 마음 따뜻해지는 일이다. '왕의 사냥터'의 모습으로 마련된 놀이터에 '고향'이라는 느낌을 더한 클럽 문화에도 정감이 든다.

이 골프 코스를 보는 여러 평가에 대해서도 덧붙인다. 서원밸리CC는 요즘 떠오르는 신규 명문 골프장들이 추구하는 '샷 밸류'와 난도가 높은 코스의 유형과는 다른 특성을 가진 코스로 보인다.
샷 밸류와 난도를 높인 코스들이 점점 많아지고 코스 평가 기관들의 랭킹 선정 기준도 점점 '샷 밸류 중심'이라고 표방되어 가는 가운데서도, 서원밸리가 꾸준히 높은 평가를 받는다는 것은 이 골프장이 갖고 있는 평안한 느낌과 '고향 같은' 아름다움이 샷밸류 못지않게 골퍼들이 중히 여기는 시대 초월의 가치이거나, 이 골프장이 벌이는 문화 행사들을 비롯한 소통 노력이 보편적으로 많은 공감을 불러일으키고 있다는 의미이기도 한 것이리라 추측한다.
물론 샷 밸류가 높고 어려운 코스가 엘리트 골퍼들과 전문가의 기준에는 좋은 코스이겠으나 모든 골퍼들에게 그런 코스가 필요한 것은 아닐 수도 있을 것이다. 랭킹이 높게 매겨진 곳이 반드시 좋은 코스라고 단정할 수도 없을 터이다.

나는 이 책을 내면서 코스 평가 기관들이 선정한 랭킹을 참조하여 상위 등급에 든 코스들을 우선하여 살펴보고 있으나, 코스를 평가하는 기준이 지금 추구되는 방법 말고도 다양할 수 있다는 생각과, 좀 더 유연한 잣대로 골프코스를 이해하여야 한다는 의견이 조화롭다고 여긴다. 그런 생각으로 서원밸리CC처럼 평화롭고 서정적인 골프장의 가치를 발견해 나가는데도 노력하고자 한다.

글/ 류석무

사진은 주로 서원밸리 컨트리클럽이 제공한 것을 사용하였으며 일부는 글쓴이가 찍은 것입니다.

밸리코스 2번 홀 연못

THE CLUB AT NINE BRIDGES

PGA투어 대회가 열린 한국 유일 코스 - **클럽나인브릿지**

글 / 남화영

클럽나인브릿지
PGA투어 대회가 열리는 한국 유일 코스

백록담이 고즈넉이 보이는 제주도 안덕의 해발 600미터 고지에 자리잡은 클럽나인브릿지는
보기 드문 고품격 골프장이자 10월이면 미국프로골프(PGA)투어 더CJ컵@나인브릿지 대회를
개최하는 코스로 이름 높다.

이 골프장은 2020년 미국 월간지 <골프다이제스트>에서 선정한 '미국 제외 세계 100대 코스'에서 9위로 뽑혔다. 역시 이름 높은 전문지 <골프매거진>에서 2019년말 발표한 '세계 100대 코스'에는 한국에서 유일하게 94위로 뽑혔다.

'7번 파3 홀

세계에서 가장 많은 이들이 검색하는 골프장 정보사이트 톱100골프코스(top100golfcourses.com)사이트에서는 '아시아 100대 코스'에서 사우스케이프오너스클럽(3위)에 이어 6위로 선정되기도 했다.

8개의 다리와 또 하나의 다리

2001년 개장 이후 필자는 십수년간 골프장을 취재했으며 특별한 기회가 있어 여러번 라운도 했다. 골프장 이름인 클럽나인브릿지는 골프장을 조성하면서 만들어졌다. 18번 홀 그린을 향하는 다리가 있고 3, 4번 홀의 그린을 가기 위해 건천(乾川) 위로 조성된 다리들이 있다.

라운드 중에 마주치는 다리는 8번 홀 티샷한 뒤의 다리까지 네 개 정도지만 실은 코스 관리팀이 지나는 다리까지 모두 8개가 된다. 그러면 나머지 한 개는? 그건 골프장의 로고에서도 암시하듯 골프장과 고객, 혹은 회원을 연결하는 마음의 다리라고 한다. 그래서 '9개의 다리가 있는 클럽'이란 게 이 골프장의 이름이 나온 배경이다.

클럽 명칭	더클럽앳나인브릿지 The Club at Nine Bridges
클럽 한 줄 설명	한국 유일의 PGA투어 개최 코스
개장 연도	2001년
규모, 제원	18홀 파72
골프장 구분	프라이비트 회원제
위치	제주특별자치도 서귀포시 안덕면 광평로 34-156
코스 설계자	로널드 프림, 데이비드 데일(골프플랜)
소유 회사	CJ건설
잔디 종류	벤트그래스(그린, 페어웨이)
관리 특징	제주도에 앉혀진 스코틀랜드식 코스
티오프 간격	10분
캐디, 카트	4백 1캐디, 승용카트(5인승)

회원 참여 높인 클럽 문화

회원과 골프장의 마음의 다리를 골프장은 문화 교류에서 찾은 듯하다. 클럽나인브릿지에서는 종종 회원 대상으로 스파, 와인 행사를 열곤 했다. 500명이 안 되는 회원들이 연회비를 내고 운영비를 보조하는 건 나인브릿지의 문화다. 한국 최대의 골프장 레스토랑용 와인 셀러, 라커룸의 대형 TV는 회원이 기증한 것이라고 한다.

국내에는 보기 드문 이런 클럽 문화는 나인브릿지로선 자랑할 만하다. 개장 후 오랜 동안 나인브릿지는 회원들에게는 만족감과 함께 자긍심을 주는 일을 많이 했다. 회원들은 '세계 100대 코스에 드는 한국 골프장'이라는 자부심이 대단하다. 나인브릿지 회원이라는 명패로 해외의 명문 코스 부킹을 얻는 일도 잦았다. 그를 위해 이 골프장 임직원들은 해외 골프장을 견학하거나 그들과 제휴하는 일에 적극적이었다.

골프장에서 십수년 대표를 지낸 김운용 씨는 신규 회원을 받을 때 특별한 프로그램을 적용하곤

했다. 추천을 받은 예비 회원을 면접하고 함께 라운드하면서 다른 회원들과 잘 어울릴 수 있는
지를 미리 맞춰본 것이다. 돈이 많다고 누구나 회원이 되지 못하고 나름의 까다로운 회원 영입
정책을 가졌다는 건 이 골프장이 골프를 대하는 자세가 남달랐음을 방증한다.

18번 홀 옆으로는 그리스식 건축을 본 딴 콘도와 빌라 지구가 있다. 국내 골프장 중에서는 최대
규모인 196평 빌라가 5채다. 중세 시대 성문 같은 육중한 문을 열고 들어가면 인테리어는 원목
이 은은하게 어우러진 인도네시아 왕실 스타일. 대형 식탁 위에 놓여 있는 흰 꽃이 물을 머금
고 반짝거린다. 빌라 주변으로는 2층의 클러스터 형 56평 콘도가 67실 있다. 창문을 열면 삼나
무숲이 주는 나무향이 콧속으로 스며든다. 회원들은 40도를 치솟는 한여름이면 해외로 나가지
않고 이곳으로 피서를 온다고 한다.

벤트그래스 페어웨이의 국내 첫 시도

클럽나인브릿지가 시도하고 성공한 국내 최초는 여러 가지가 있지만 잔디를 보자면 페어웨이에까지 벤트그라스를 식재한 첫 번째 코스였다는 점이다. 그린에 심는 잔디를 밟는 감촉이 마치 양탄자 위에 선 느낌이다. 이전까지 국내에서는 안양 골프장에서 개발하고 식재하는 안양중지를 페어웨이에 깔았고, 켄터키블루그라스를 페어웨이에 식재하는 등 시도했으나 벤트그라스를 페어웨이에 깐다는 건 상상도 못했다.

벤트그라스는 대치(잘린 잔디)를 자주 걷어내지 않으면 물 빠짐 능력이 떨어지고 여름 더위에 약하며, 물을 많이 먹어 관리 비용이 많이 드는 단점이 있지만, 해외 고급 코스에서처럼 '만원짜리 디보트'가 툭툭 떠질 수 있고, 늦가을까지 푸르름을 유지한다는 장점이 있다.

해발 600미터 고지에 조성되었지만 나인브릿지에서 페어웨이에도 벤트그라스를 깔아서 성공시킨 이후에 국내에서 명문과 최고급을 지향하는 골프장들이 이를 본따 벤트그라스 페어웨이를 도입했다. 나인브릿지 잔디 관리는 개장 20년이 지나도록 잘못되었다는 소리를 들은 적이 없다.
'이용객이 워낙 적기 때문'이라는 비평을 할 수 있겠으나 그보다는 매년 각종 대회를 치르고 해외 전문가들이 코스를 찾고 평가하면서 꾸준히 코스를 개선하는 노력을 해온 것이 더 큰 요인일 것이다.

15번 홀

기억성과 샷 가치에서 높은 평점

<골프다이제스트> 한국판에서 코스 패널들의 평가를 보면 평가 항목 8개 중에서 나인브릿지는 '기억성'과 '샷 가치'에서 항상 뛰어난 점수를 받았다. 한 홀 한 홀이 샷 가치를 시험 받으며 도전에 따른 처벌과 보상이 뚜렷하게 구분되는 코스라는 의미였다. 예컨대 아웃(크리크) 코스 3, 4번 홀은 건천과 숲을 넘겨 그린까지의 정밀한 샷을 해야만 살아남는다. 코스 설계가들이 말하는 전형적인 벌칙(penal)형 홀이었다.

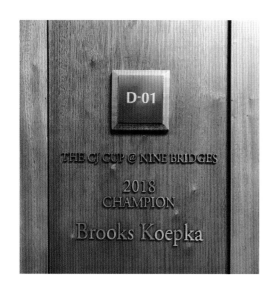

그런가 하면 파5인 아웃 코스 5, 9번은 코스 매니지먼트를 어떻게 가져가느냐에 따라 버디를 잡을 경우의 수가 늘어나는 전략형(strategic) 홀이다. 페어웨이가 비교적 넓어서 다양하게 투 온(on in two)과 쓰리 온(on in three) 사이의 방정식을 고민하게 한다. 반면, 인(하이랜드) 코스 7, 9번 홀은 패널형과 전략형을 합친 영웅형(heroic) 홀이다. 투온을 잘 해서 확실하게 성공해야 보상이 주어지고 삐끗 실수라도 하면 보기, 더블보기로 망가지는 구성이다.

즉, 인 코스 9번 홀의 경우 티샷을 잘 쳐서 아랫단 페어웨이에 가져다 놔야 투 온의 기회가 주어진다. 하지만 그렇지 않으면 착실하게 잘라서 쓰리 온을 해야 한다. 3년간 치른 PGA투어를 지켜본 바에 따르면 초대 우승자 저스틴 토마스나 2회 때 챔피언 브룩스 켑카, 3회 때 다시 우승한 저스틴 토마스는 모두 이 홀에서 투 온을 해 멋진 버디 퍼트로 피날레를 장식한 것이 인상적이었다.

그들은 장타자이면서 영웅적으로 티샷을 하고 두 번째 샷으로 호수를 건너 그린에 공을 올려둔 뒤에 이글 사냥을 하곤 했다. 이처럼 이 코스는 벌칙형, 전략형, 영웅형 홀들이 다양하게 구성되어 있어서 기억에 오래 남는 홀들을 가지고 있는 점이 두드러진다.

PGA투어 앞둔 코스 변화

클럽나인브릿지는 더CJ컵을 거치면서 큰 폭의 코스 변경을 시도했다. 세계 최고인 PGA투어

선수들의 경기력(play ability)을 염두에 두었다. 첫해는 6개의 티잉 구역을 새로 조성했다. 9, 10, 11, 12, 18번 홀은 전장을 늘리면서 신설했고, 7, 8, 17번 홀은 티를 이동했다. 18번 홀은 492미터를 519미터로 늘렸다. 하지만 첫해 대회에서 저스틴 토마스가 첫날 9언더파를 치는 등 코스를 무지막지하게 공략했다. 명성을 쌓은 코스가 한국에 처음 왔다는 선수에게서 처참하게 농락당한 것이다.

첫 대회를 마치고는 7, 12, 16번 티를 신설했고, 12번 홀은 531미터를 547미터로 16미터 가량 더 늘렸다. 그 결과 독특한 코스 레이아웃이 나오게 됐다. 원래 이 골프장의 11번 홀 그린은 15번 홀의 그린과 길게 이어붙은 구조인데 그런데 12번 홀 전장을 늘리면서 16번 홀 티잉그라운드와 아래 윗단을 형성하는 복층 티잉 구역 구조가 됐다. 코스 조감도를 보면 11번 홀부터 17번 홀까지의 코스맵이 마치 무한대 기호(∞) 표시처럼 돌아가는 모양이 완성됐다.

11번 홀

코스 설계가 데이비드 데일은 지난해 대회장에서 '다양한 코스 난이도 조정이 있었다'고 설명했다. "난이도를 높게 하기 위해 페어웨이를 축소했다. 2001년 개장한 코스라 시간이 지나면서 수직벽을 가진 리베티드 벙커를 보완하고 되살렸다. 그린과 페어웨이 등 경도를 개선했다." 데일의 말처럼 선수들도 좀처럼 이 코스를 만만하게 보지 않았지만 브룩스 켑카는 2회 대회에서 최종합계 21언더파로 우승했다.

1988년에 한국에 온 뒤로 한국에 십여 개의 코스를 설계한 데이비드 데일은 애초 이 코스 설계자인 로널드 프림의 수석 디자이너였으나 이후 2006년부터 대표를 맡으면서 나인브릿지의 오늘날을 가꿔왔다. 데일은 이 코스에서 최고의 홀은 18번이라고 강조하면서 이렇게 설명했다. "맞바람 불면 쓰리 온을 해도 보기, 더블보기를 할 수 있고, 뒷바람이면 이글에 버디를 할 수 있는 대표적인 홀이다."

LPGA투어와 WCC 통한 세계화
애초 이 골프장은 PGA투어가 아닌 미국여자프로골프(LPGA)투어의 무대였다. 2002년부터 4

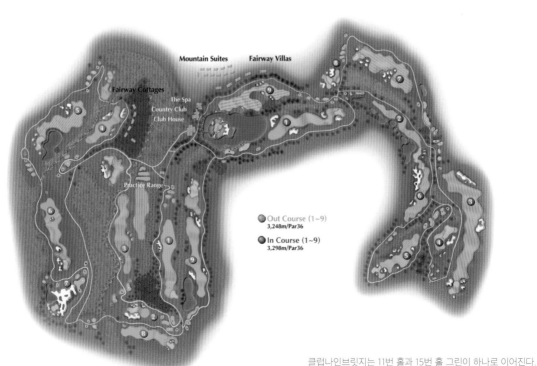

클럽나인브릿지는 11번 홀과 15번 홀 그린이 하나로 이어진다.
이는 12번 홀과 16번 홀의 티잉 구역과 서로 교차되면서 무한대(∞) 모양의 동선이 형성된다.

년간 CJ나인브릿지클래식을 국내 처음으로 개최했다. 여기에 당시 세계 최고의 여자 선수이던 안니카 소렌스탐과 로레나 오초아 등이 출전했다.

제 1회 대회에서 박세리가 초대 챔피언에 올랐고, 이듬해 안시현이 우승하면서 신데렐라가 되어 LPGA에 직행했으며, 3회 대회에서는 박지은이 우승하면서 시즌 2승을 거두었고, 4회는 이지영이 우승하면서 LPGA로 직행했다. 그 후로 이 대회는 이후 코오롱과 하나은행이 후원사가 되면서 공동 주관으로 4년간 진행했고 2010년부터 지난해까지 영종도 스카이72골프장에서 KEB하나은행LPGA챔피언십이란 이름으로 17회 대회까지 열고 마쳤다.

클럽나인브릿지는 LPGA투어와 함께 2002년부터 월드클럽챔피언십(WCC)을 신설하면서 세계 명문 클럽들과 활발한 교류를 시도했다. <골프매거진>의 세계 100대 코스에 드는 명문 클럽들의 클럽챔피언들을 2명씩 초청해 아마추어 팀 매치를 벌인 것이다.

WCC 첫해에는 미국의 명문 파인밸리를 비롯한 6개국의 18개 클럽이 출전했다. 2005년부터는 격년제로 바뀌어 홀수 해 5월이면 세계 명문 클럽의 챔피언들이 제주도에 모여 팀매치를 벌였다.

이 대회는 선수들의 초청과 체류비를 클럽나인브릿지가 부담하면서 한 번 치를 때마다 수억원의 비용이 들었다. 나인브릿지는 미국 골프잡지인 <골프매거진>의 세계 100대 코스 패널을 대거 초청해 대접했고, 그 영향인지 세계 100대 코스 랭킹에서 평가 순위를 꾸준히 올리기도 했다. 동시에 이를 통해 골프장이 골프채널 등 미디어에 소개될 뿐만 아니라 제주도의 뛰어난 자연환경이 세계 골퍼들에게 알려지는 데 기여했다.

2010년 경기도 여주에 자매 코스인 해슬리나인브릿지를 개장하면서 WCC를 통해 두 코스를 함께 세계 골프 명사들에게 알리는 홍보의 장으로도 활용했다. 하지만 WCC는 2015년에 11회 대회를 국내에서 7번째로 개회한 것을 마지막으로 중단된 상태다. 물론 해외에서 번갈아 열리기로 한 대회도 지속되지 않고 있다. 그러자 CJ그룹은 WCC 대신 PGA투어 개최를 통해 새로운 골프 마케팅의 수단으로 삼았다.

2020년 신종 코로나 바이러스 감염증(코로나19)의 확산으로 미국 섀도우크릭에서 대회를 개최한 이 대회는 2021년에는 해슬리나인브릿지로 이동해서 치른다고 한다. 갤러리 집객을 감안하면 아무래도 수도권에서 치르는 대회가 더 관심을 끌 것이다.

PGA투어 '더CJ컵'의 지향점
PGA투어 더CJ컵@나인브릿지 개최를 선언하면서 경욱호 CJ그룹 마케팅 부사장은 "CJ나인브릿지클래식을 계기로 한국 선수가 LPGA투어로 나갈 기회를 얻었고 '박세리 키즈'가 성장했고

'더CJ컵' 대회 당시의 스폰서 사인 CJ의 대표 식음 상품인 '비비고'

지금은 해외 무대에서 활약하는 것처럼 이번에는 더CJ컵을 통해 한국 남자골프의 발전이 이뤄질 것"이라고 포부를 밝힌 바 있다.

골프장 오너인 이재현 CJ그룹 회장은 골프를 지극히 사랑했던 이병철 삼성그룹 창업자의 장손이다. 어린 시절부터 안양 골프장을 돌보고 가꾸던 할아버지의 모습에서 좋은 골프장을 만들 의무감을 느꼈을지 모른다. 그래서 장손인 자신이 기업을 운영하면서 안양보다 더 좋은 골프장을 만드는 방법을 오랫동안 고민했고 그것이 현재 클럽나인브릿지의 모습일 것이다.

2007년 WCC를 개최했을 때 취재차 대회 현장에 내려갔다. 대외 활동이 손에 꼽을 정도로 적은 이 회장은 대회 기간에 골프장에 내려와 출전한 외국 클럽 챔피언들과 스스럼없이 어울리고 격려하는 모습이었다. 그 때 현장에서 인사를 나눴는데 당시 골프잡지에서 하던 국내 코스 순위까지 잘 알고 있던 모습이 놀라웠고 신선했다. 이 회장은 개회식부터 폐회식까지 대회 현장을 지켰고 직접 연설도 했다. 그의 조부가 안양 골프장의 나무 한 그루씩을 아끼며 관리했듯,

그는 외국의 주요 골프 관계자나 코스 패널 한 사람씩에게 정성을 쏟았다.

골프장 오너의 이런 적극적인 모습은 더CJ컵 내내 목격할 수 있었다. 골프장에 나와 직접 갤러리 동선을 살피던 모습이 기억난다. 투어를 중계하던 골프채널에 직접 나와 인터뷰를 하거나 유창한 영어로 대회의 의미를 설명하기도 했다. 더CJ컵 대회장에서는 '비비고존'을 이용해 한식 체험 루트를 만들거나 '비비콘'을 선보이는 등 한식의 세계화를 홍보하는 테스트마켓으로 이 대회를 활용하는 느낌을 받았다.

클럽나인브릿지는 해외 골퍼들 사이에서 꼭 가보고 싶은 한국의 첫 번째 골프장으로 자리잡았다. 한국적인 좋은 골프장의 기준과 판단을 넘어서 세계적인 골프장으로 자리매김하는 것은 클럽나인브릿지의 앞으로 고민이자 숙제일 것이다.

골프장은 임직원을 매년 마스터스에 보내 벤치마킹을 하도록 한다. 오거스타내셔널이 하나의 골프장에 그치지 않고 골프업계 전체에 기여하고 영향력을 끼치는 현장을 보고 오라는 것이다. 클럽나인브릿지가 지향하는 지점이 바로 그런 골프장을 만들고자 하는 데 있지 않나 하는 생각이 든다.

글/ 남화영

사진은 더클럽앳나인브릿지에서 제공한 것을 사용했습니다

18번 홀 아일랜드 그린

CHEONGPYEONG
MIDAS
GOLF CLUB

북한강변 고요한 명문 - **청평마이다스 골프클럽**

글 / 류석무

청평마이다스 골프클럽
북한강변 '고요한 명문'

이천 년대 중반 이 골프장에서 처음 라운드 했을 때의 감흥을 잊지 못한다.

황금빛 바위들이 신전 기둥처럼 둘러싼 연못 너머로 치는 16번 홀 조개 모양 그린에서 버디를 했다. 그 홀 이름은 '비너스'였다.

그 다음 홀은 하트 모양 깊은 절벽으로 파놓은 수직 벙커가 있었다. 그 벙커에 빠져 지옥 같은 욕망과 좌절을 오가며 헤매야 했던, 그 홀의 이름은 '큐피드'였다.

마지막 홀 리라의 음률이 흐르는 것 같은 비치벙커를 따라 꿈길 걷는 듯했던 십 몇 년 전의 기억이 지금도 생생하다.

그때 "우리나라에 이렇게 독특한 골프장도 있구나" 생각했었다.

한강 이북 전통 명문의 위상

열자마자 명문 반열에 오르다

청평마이다스GC(옛 '마이다스 밸리')는 2002년 개장하자마자 명문 급 골프장으로 떠올랐다. "도전의욕을 심어주면서 자연친화적인 코스", "한 폭의 동양화처럼 개성이 강한 코스", "자연이 숨겨둔 마지막 골프장 같다"…… 당시의 골프관련 언론들은 이런 표현들로 찬사를 보냈다. 골프전문잡지 '골프다이제스트' 한국판이 2년마다 선정 발표하는 '대한민국 베스트코스' 랭킹에서 청평마이다스GC(당시 마이다스밸리)는 2005~2006년 5위, 2007~2008년 8위에 올랐다. '서울경제골프매거진'이 선정하는 '한국 10대 베스트코스'에서도 2005년 5위, 2007년 7위에 선정되었으며, 이 잡지는 마이다스코스 7번 홀을 '한국 베스트 파3 홀'로 선정하기도 했다.

한강 남쪽에 있었다면……

회원권 가격이 한때 8억 원 넘게 올라 '회원권 가격 탑10 명문 회원제' 골프장의 입지가 굳어짐과 함께, 이 코스의 독특함은 입소문을 타고 널리 알려졌다. 정작 라운드 해본 사람은 소수에 불과했지만.

청평마이다스GC가 앉은 자리는 북한강 청평호 부근 곡달산(627.9m) 기슭이다. 지금은 서울양양고속도로 설악IC와 가까워 접근성이 좋지만, 당시에는 교통이 좋지 않았는데도 회원권의 인기가 높았다. 회원 수가 적은 남부CC, 남촌CC, 이스트밸리CC 등 한강 이남 골프장, 그리고 삼성그룹의 후광을 업은 가평베네스트GC 등 속칭 '황제 회원권 골프장'보다는 회원권 거래 가격이 낮은 편이었으나, "이 코스가 한강 이남에 있었으면 훨씬 더 명문일 것"이라는 이야기가 많이 들렸다.

이 골프장은 1989년 라코스테, 까뜨리네뜨 등 패션 브랜드로 유명하던 (주)서광이 사업승인을 받아 추진해오다가 IMF 경제 위기로 인해 중단되었던 것을, 교육 전문 기업인 '대교그룹' 계열의 (주)대교 건설부문에서 인수하여 '마이다스밸리'라는 이름으로 완성한 것이다.

아직도 '마이다스밸리'라 부르는 이들이 많은데, 2014년 모기업인 대교그룹이 이천에 <이천마이다스 골프앤리조트>를 열면서 이곳도 '청평마이다스GC'로 이름을 바꾸었다.

지중해의 신들을 부른 골프장

'마이다스'라는 이름은 그리스 신화 속 이름들에서 따온 것이다. 이 골프장의 각 홀들에는 그리스 신화 속의 신과 요정, 그리고 영웅들의 이름이 붙어 있다. 1번 홀은 아폴로, 2번 홀은 아킬레스... 4번 홀은 뮤즈…… 이런 식이다. 이런 이름은 그 홀들의 특성과 비슷하게 맞기도 하고, 그 홀을 라운드 하는 골퍼의 마음을 형용하여 던지는 '화두' 같기도 하다.

한국의 깊고 맑은 산중에 지중해의 신들을 불러 온 것은 무슨 까닭이냐고 하는 이도 있지만, 이 골프장이 교육 기업 소유라는 점에서 보면 어울림이 부드럽다. 골프장의 높은 격조를 표현하고

자 '신들의 놀이터'라는 이미지를 끌어온 브랜드 전략상의 의도이기도 하겠고, 그리스 신화는 인간의 보편적인 욕망을 신과 영웅들에 대입하여 상징과 은유로 풀어낸 이야기이므로, 한 홀 한 홀 주인공들의 사연들을 음미하며 라운드 하다보면 골프에는 물론 세상살이에도 도움이 되는 통찰을 얻을 수도 있을 듯하다. 한 홀 한 홀 스스로 영웅이 되고 신이 된 기분으로, 신화의 이

야기를 자신의 플레이에 이입하여 엮어가는 즐거움도 있겠다.

가평에 남은 '조용한 명문'
우리나라에 골프장들이 점점 많아지고 여러 명문 회원제 클럽들이 퍼블릭 골프장으로 전환하
고 있는 흐름 속에서, 특히 한강 이북의 회원제 골프장들 대부분은 비회원 영업을 강화하여 옛

마이다스코스 6번 아테나 홀의 '투구바위'

날의 폐쇄적인 비밀스러움을 스스로 내던져 가고 있기도 하다.
그런 가운데서도 '청평마이다스GC'는 명문코스로서의 신비감을 여전히 잃지 않은 곳이다.
2013년에 대교그룹이 '이천마이다스'를 퍼블릭코스로 만들어 문 열면서, 골프 사업의 수익성
은 이천마이다스가 맡고 명문 클럽 이미지는 청평마이다스가 지켜나가는 것으로 이해한다.

개성적인 코스가 만들어진 사연

이 골프장을 용인의 <화산CC>와 견주는 의견도 있다. 흔히 '북일동 남화산'이라 하여 한강 이북의 일동레이크CC와 남쪽의 화산CC를 꼽아 아름다움을 견주기도 하지만, 이곳이 화산CC와 비슷한 점도 적잖은 듯 보인다.

첫째, 영업, 홍보 활동을 드러나게 하지 않는 '조용한 명문'이라는 점, 둘째 산중지형의 아름다움을 살려서 자연과 동화되도록 조성한 코스라는 점, 그리고 화산CC를 만든 기술진들이 이 코스 조성에 거의 그대로 참여했다는 점에서 나오는 분위기의 동질성 때문인 듯하다.

골프장 명칭	청평마이다스골프클럽 CHEONGPYEONG MIDAS Golf Club
한 줄 소개	북한강변의 '고요한 명문'
개장 연도	2002년
규모, 제원	18홀 파72, ,6,456m (7,060yds), 40만평
골프장 구분	회원제 골프장
위치	경기도 가평군 설악면 다락재로 73-111
코스 설계	설계·시공 총괄 : 안문환 설계 실무 책임 : 권동영 (루트 플랜 장정원, 일부 수정 노준택)
소유, 모회사	㈜대교디엔에스, 대교그룹
잔디 종류	페어웨이 : 중지(안양중지류) 러프 : 중지(안양중지류) 그린 : 벤트그래스(펜링크스, 바라쿠다) 티잉구역 : 켄터키블루그래스
티오프 간격	8분
휴장일	동계 일시 휴장
캐디, 카트	4백 1캐디, 승용전동카트(5인승)

거장 아티스트들의 개성적인 작품

이 코스의 처음 '밑그림'은 원로 설계가 장정원 선생이 그렸다고 할 수 있으나, 개성이 강한 코스로 완성한 설계·시공 총괄 크리에이터는 당시 '오렌지엔지니어링' 대표이던 안문환 씨이고 설계 책임자는 권동영 씨였다.

장정원 선생은 육군사관학교와 서울대 토목공학과를 졸업하고 태릉 육사골프장, 뉴서울CC 남코스, 남부CC, 베어크리크GC 등을 설계한 이로 알려진다. 90년대 초반 (주)서광이 이 골프장 건설을 처음 추진할 때 그가 기본 설계를 해서 토목 공사를 진행하다가, 'IMF 시대'의 시행사 부도와 함께 건설이 중단되었다. 그 뒤 대교그룹이 이 사업을 인수하면서 당시에 골프장 공사를 많이 하던 '오렌지엔지니어링'에 설계와 시공을 맡기게 된다.

오렌지엔지니어링은 그 몇 년 전 대한조형건설이라는 회사명으로, 화산CC 등의 시공을 성공적으로 완수해 내며 각광받던 골프장 설계·시공 전문회사였다. 당시에 화산CC 등에서 드물게 도입되었던 '원 그린' 조성에 대한 경험이 가장 많았다. 화산CC의 설계자는 고(故) 임상하 선생인데, 그의 수제자가 권동영 씨이며 화산CC, 지산CC 등 많은 작업에서 설계, 감리 실무 책임자였다고 한다. 당시 조성 작업을 총괄했던 안문환 씨는 임상하 선생이 감리 책임자로 현장 파견한 권동영 씨와 함께 설계와 조형·조경을 현장 지휘하며 화산CC를 섬세하게 완성해낸다. 그 뒤에 권동영 씨가 안문환 씨의 오렌지엔지니어링 설계 책임자로 자리를 옮기게 되면서 맡은 첫 작업이 이 '마이다스밸리'였다.

(권동영 씨는 그 뒤로 이 회사에서 몽베르CC 북코스 설계 책임을 맡았으며, 이후 블루원상주 골프리조트, 힐드로사이CC 등의 코스 설계 책임자로 일하면서 '한국 골프장 미학적 설계 거장' 으로 떠오르게 된다. 설계·시공 총괄 크리에이터 안문환 씨의 작품세계에 대해서는 뒤의 '몽베르CC'와 '베어크리크GC', '라비에벨올드코스' 편에서 다시 적는다)

밸리코스 5번 머큐리 홀

이 '청평마이다스'는 화산CC 설계, 시공 기술진이 그대로 모여, 화산CC에서의 성공 경험을 바탕으로 한강 이북에서 다시 구현한 산중 골프코스라고 할 수 있겠다.

초유의 암반 노출, 벙커 조경

"당시에는 집에도 안가고 밤을 새워가며, 모든 능력과 열정을 마이다스밸리에 쏟았다"고 권동영 씨는 말한다. 화산CC 등에서 경험을 쌓은 '원 그린'과 산중코스의 자연친화적 조형 등의 경험이 이곳에서 또 한 번 빛나게 된다. 장정원의 기본 루트플랜(Route plan) 바탕이 존중되었으나 안문환 씨의 창조적 현장감각과 권동영 씨 드로잉의 기발하고 섬세한 '손맛'으로, 당시로서는 획기적인 코스 조형 기법들이 다양하게 적용되며 새로운 개념의 코스가 탄생한다.

안문환 씨는 코스 관리자로 입문하여 세계 유명코스들을 섭렵한 안목과 현장감 넘치는 창의력이 발군이고, 권동영 씨는 골프코스 디자이너 가운데서는 드물게 미술을 전공하여, 특히 미학적인 조형에 탁월한 설계자로 평가된다. 이 코스는 홀들 가운데 절반 정도는 산중턱을 절개하여 앉히는 계단식이 될 수밖에 없는 지형 조건이지만, 절개된 법면의 부자연스러운 느낌을 최소화하도록 기울기를 완만하게 조정하고, 다양한 모양의 벙커와 페어웨이 언듈레이션을 통해 넓고 우아한 공간감을 이끌어낸다.

그리고 우리나라 코스 조성의 새로운 흐름이 될 '자연 바위를 적극적으로 끌어들인 조경'을 시도한다. 이 코스가 앉은 곡달산은 전체가 화강암 덩어리인 바위산이었으므로, 그 바위들을 되도록 살려서 코스 안에 의도적으로 끌어들인 것이다.

특히 마이다스 코스 7, 8번이 이어지는 바위 언덕 부근 처리는 이 코스 조형의 백미라 할 수 있다. 당시로서는 충격적인 디자인이어서 그 뒤의 많은 국내 골프장 설계에 영향을 주기도 했다. 바위를 적극적으로 노출한 것은 1995

마이다스코스 7번 비너스 홀

년 문 연 일동레이크에서 선례를 볼 수 있지만, 이 코스에서는 한발 더 나아가 산수화 같은 조형 예술적 시도가 엿보인다. 산중에 코스를 조성할 수밖에 없는 우리나라의 골프장 사정에서 보면, 골프코스 조형 설계의 새로운 지평을 연 것이라 평가되기도 한다.

또한 마이다스코스 9번(박카스) 홀 페어웨이를 따라 놓인 연못에 설치한 긴 모래사장은 당시에 우리나라 골프장에서 가장 길고 아름다운 '비치벙커'로 알려졌다. 8번 (큐피드)홀의 5미터 수직 벽 벙커 또한 국내 최초라는 이름이 붙는 '명물'이다.

마이다스코스 4번 칼립소 홀

의뢰인의 통찰력과 전문인들 기술 상상력의 조화

이러한 '최초의 시도'들이 가능했던 것은, 좋은 의뢰인을 만났던 덕이었다고 당시 공사에 참여했던 전문인들은 회고한다. 대교그룹의 강영중 회장은 크리에이터들의 새로운 시도를 적극 지원하면서 현장을 자주 방문하며 설계와 시공에 많은 아이디어를 냈다 한다. 마지막 홀에 긴 비치벙커를 배치한 것을 비롯하여 큰 바위를 페어웨이 중간에 오브제처럼 노출하고 바위 위에 소나무를 심은 것 등, 여러 가지 아이디어와 모티프를 제공한 것으로 알려진다.

코스 현장에 대한 의뢰인의 관심과 애정이 그렇듯 깊었는데도 당시의 설계 시공 전문가들은 전문적인 영역에 간섭 받는 느낌은 전혀 받지 않았다고 한다. 자신들의 전문성이 존중받는 분위기에서 기술과 상상력을 마음껏 발휘하여 새로운 것을 만들 수 있었다고 회고한다. 설계·감리 책임자로 당시 현장에서 먹고 자며 일한 권동영 씨는 이렇게 말한다.

"대교에서는 현장 사무소 인원도 최소한으로 배치해서, 전문가들이 소신껏 일하도록 배려했습니다. 실무 책임자인 저도 회장님이 현장에 언제 들렀다 가셨는지 전혀 모를 정도였습니다."

의뢰인의 통찰과 전문가들의 상상력이 조화를 이루면서 한 분야의 역사가 새로운 한 걸음을 앞으로 딛는 순간이었다고 이해한다.

기능을 보완한 '살가운' 수정과 새로운 수질보호 기법

이 골프장은 2017년에 코스를 부분적 미세하게 고쳤는데, 그 수정 설계와 진행은 노준택 씨가 했다. (그는 안문환 씨의 설계 팀에서 '스카이72' 하늘코스 설계 실무와 '베어크리크GC' 크리크 코스 리노베이션 설계 실무를 맡았고, 이후 독립하여 '웰링턴CC' 그리핀코스를 리노베이션 설계하고 와이번 코스를 설계했다) 노준택 씨는 코스 관리 효율성을 위해서 담수 용량이 큰 연못을 세 개 만들고, 그 연못들을 잇는 실개천들을 새로 조성하였다. 이 과정에서, 연못 깊은 곳의 물이 고여 썩지 않도록 위로 끌어올려 배출함으로써 수질 환경을 보호하는 새로운 기법을 적용했는데, 이 아이디어는 해양심층수를 끌어올리는 방법에서 착안하여 강영중 회장이 직접 고안해 낸 것이라 한다. 이 밖에 페어웨이 언듈레이션을 두어 군데 조정하고, 여성용 티잉 구역을 그린에 좀 더 가깝도록 5개 홀에서 새로 설치했다.

'명문 코스다운' 특성

물 흐르듯 잘 배치된 구조

해발 255미터 높이에 위치한 클럽하우스를 중심으로, 밸리코스는 산중턱 325미터 높이까지 올라갔다 내려오고 마이다스코스는 해발 190미터 낮은 지역까지 내려갔다 올라온다. 진행을 원활하게 하는 안정된 구조이다. 파4, 파5, 파3가 배열된 순서도 조화로워서 진행에 막힘이 덜하고 홀의 전개가 다채로운 느낌을 준다. 대부분 홀의 티잉 구역에서 그린이 보이거나 그린 방향을 잘 감지할 수 있어서 홀마다 미리 전략을 세운 뒤에 공략하기 좋다.

파4 홀들을 되도록 평지 형태로 조성하고, 파3 홀들은 경관 조망이 빼어난 위치에 내리막으로 조성했다. 그런 한편 파5 홀의 페어웨이를 넓게 확보하되 그린은 오르막 언덕 위에 난도 높게 조성해서 호쾌한 티샷과 정교한 어프로치를 유도한 것도 조화로운 선택으로 보인다.

밸리코스는 산허리를 따라 굽이굽이 만든 길이지만 의외로 티샷 낙하지점이 충분히 넓으며, 낮고 평탄한 마이다스 코스는 후반으로 갈수록 시각적 드라마가 강해져서 흥미진진하다.

그린으로 갈수록 예민하다

청평마이다스GC가 처음 만들어진 이후 이천 년대 초 중반부터 최근까지, 도전적인 서구형 코스를 지향하는 골프장들이 많이 문을 열었다. 이 코스가 이천 년대에만 해도 어렵기로 손꼽혔으나 지금은 이곳보다 난도와 샷 가치를 더 높인 코스들이 많아진 것이 사실이다. 그런 가운데서도, "티샷은 편안하게 칠 수 있지만 홀 가까이 갈수록 섬세한 플레이를 부르는" 기본 구조가 견고하고 예민하니, 가히 "명문 코스답다"고 하겠다.

티샷이 편안한 편이지만 똑바로 치는 것보다는 어느 한쪽 편으로 치는 것이 다음 샷에 유리하다. 직선으로 나있는 것처럼 보이는 페어웨이도 은근한 비틀림이 있다. 지형의 특성을 그대로 이용해서 그렇게 만든 듯하다. 설계 의도대로 티샷을 보내면 그린으로 올라가는 문이 더 많이 열려 보인다.

그린의 모양이 대각선이거나 가로 세로 형으로 다양해서, 홀의 성격에 따라 페이드(Fade 오른쪽으로 살짝 휘는 샷), 드로우(Draw 왼쪽으로 살짝 휘는 샷) 등의 '기술 샷'을 구사하면 더 좋은 결과를 얻도록 설계되어 있다. 또한 그린 주변 벙커 등 장애물이 있는 쪽 반대편 방향은 경사가 복잡해서 그린에 바로 올리지 않으면 예민한 어프로치를 해야 한다.

요즘 새로 나온 도전적인 코스들보다 그린의 면적이 넓은데다가 굴곡이 커서, 홀에서 먼 곳에 볼을 올렸을 때 '투 핏'으로 끝내기 쉽지 않은 점도 게임 난이도의 변수로 작용한다.

인상적인 홀들

이 코스의 모든 홀들은 그리스 신화 속의 영웅과 요정, 그리고 신들의 이름을 갖고 있다. 가만히 보면 이름에 맞는 성격을 갖고 있는 것 같기도 하다. 예를 들어 마이다스코스 2번 홀 이름은 '헤라클레스'인데, 가장 길고 오르막인 파5홀이라 헤라클레스 같은 힘을 떠오르게 한다. 마이다스코스 4번 홀의 이름인 '칼립소'는 트로이 전쟁에서 집으로 돌아가는 영웅 오딧세우스를 7년간 붙잡아 놓은 바다의 요정인데, 처음에는 이 홀과 어울리지 않는 이름이라 생각했으나 리노베이션 할 때 그린 앞에 커다란 연못을 만들어 놓으니 이름과 좀 더 가까워진 것 같다.

코스 설계 실무 책임자 권동영 씨의 말에 따르면, '마이다스'라는 이름이 미리 정해져 있었기에 신화적인 느낌을 주려는 노력을 했으나, 홀마다 신들의 이름을 부여할 줄은 몰랐다고 한다. "미리 알았다면 설계와 시공에서 좀 더 스토리를 반영할 수도 있었을 것 같다"고 했다.

인상적이거나 의미 있는 몇몇 홀들을 살펴본다.

밸리코스 7번 헤라 홀

'높은 곳의 신'들

밸리코스 6번 파4 주피터 홀은 코스를 내려다보는 높은 곳에 있다. 주피터(Jupiter)는 그리스 신화의 최고 신 제우스(Zeus)를 로마신화에서 부르는 '유피테르'의 영어식 표현이다. 주피터 신답게 높은 곳에 있어서, 풍광이 장쾌하다. 이 홀 티잉 구역 왼쪽에 있는 암벽에서 쏟아지는 폭포와 그 주변 꽃밭의 아름다움 때문에 이 홀을 좋아하는 이들도 있다고 한다.

밸리코스 7번 파3 헤라 홀 주피터의 정실부인 헤라의 이름대로 위엄 있게 아름답다. '봉황이 알을 품은 지형'으로 바위산이 알을 품은 듯한 자리에 그린이 있다. 원래 이 홀 조경의 주 테마가 바위 언덕이었기에 화강편마암의 맨몸이 더 드러날수록 아름다운데, 세월이 흐르며 풀과 나무들이 자라 바위산을 가렸다. 바위언덕이 빛나는 모습이 드러날수록 신비로워 보일 것이다.

마이다스 코스의 드라마

마이다스코스 6번 파4 아테나 홀 페어웨이 오른 쪽 바위 이름은 '아테나의 투구'라 한다. 지혜와 순결, 전쟁의 여신 아테나의 신전에서 어느 날 바다의 신 포세이돈이 아름다운 메두사와 사랑을 나누자, 포세이돈을 연모하던 아테나 여신은 투구가 벗겨지도록 화를 내며 메두사의 머리카락들을 하나하나 실뱀으로 만들어 버린다. 그때 인간세계로 떨어진 아테나의 투구가 바위로 변했다는데…… 이것이 이 바위에 '아테나 투구바위'라는 이름을 붙인 사연이다. "여신의 노여움이 투구바위에 서린 것인지, 투구바위를 만지면서 헤어지고 싶은 상대를 생각하면 실제로 헤어진다는 설이 전해지고 있다"고 골프장 홈페이지에서 소개한다.

마이다스코스 7번 파3 비너스 홀은 이 골프장에서 가장 아름다운 홀로 꼽힌다. 7번 홀을 감싸고 8번 홀을 기대어 주고 있는 바위 언덕은 이 골프장 조경의 백미라 할 만큼 드라마틱한 공간이라며 설계책임자 권동영 씨는 말한다.

"저는 개인적으로 마이다스코스 7번, 8번 홀을 끼고 있는 암벽과 티하우스 주변지역을 마이다스밸리로 생각하고 있습니다."

그늘집에서 보는 7번 홀 주변은 이 코스에서 가장 아름다운 공간일 뿐 아니라, 한국 골프장 파3 홀의 교본처럼 인상적이다. 이 홀을 둘러싼 암벽이 숲과 대비되는 색감과 질감의 대비가 특히 아름다운데, 세월이 흐르면서 암벽 위에 풀과 나무들이 붙어 자라 우거지면서 매력이 덜 드러나는 아쉬움도 있다.

마이다스코스 8번 파4 큐피드 홀은 이 코스에서 가장 인상적인 곳이다. 그린 앞에 위치한 높이 5미터 폭 9미터의 대형 수직벙커 때문이다. 레귤러 티 기준으로 보면 280미터 정도로 짧지만 그린 방향으로 공략하다가 벙커에 빠지면 뒤쪽 방향으로 거꾸로 나오는 방법 밖에 없게 된다. 벙커에 빠져 5미터 높이의 수직벽을 넘기려고 시도하다가 몇 번 실패하고 공을 들고 나오는 사람도 많다고 한다. 이 벙커의 수직 벽을 만들기 위해서 그 안에 수많은 시행착오를 거친 기초 구조물을 쌓았다고 한다. 상상력이 현실로 구현되기 위해서 많은 아픔이 필요했던 듯하다. 물론, 플레이하는 골퍼들이 굳이 알 필요는 없는 일이겠다.

이 벙커는 하트를 닮은 모양이다. 이 홀의 주인은 사랑의 화살을 쏘는 '큐피드'이다.

마이다스코스 9번 파4 박카스 홀은 게임의 '마지막 승부' 홀로 손색없다. 412미터로 가장 긴 파4 홀이며 페어웨이 오른편 페어웨이에서 그린까지 이어진 기다란 연못가의 비치벙커는 세이빙벙커(공이 물에 빠지지 않도록 잡아주는 벙커) 역할도 하면서 마지막 홀을 아름다운 기억 잔상으로 남게 한다. 최근에 가보니 벙커와 연못의 경계에 수초가 자라 어우러져 있었다.

마이다스코스 6번 아테나 홀(위), 마이다스코스 8번 큐피드 홀의 수직벽 벙커(중간), 마이다스코스 7번 홀에서 8번 홀 사이의 바위언덕(아래)

물론 스코어는 아름답지 못할 경우가 많다. 페어웨이 왼쪽으로 티샷을 보내서 두 번째 샷을 페이드(Fade 오른쪽으로 휘어지는 구질)로 하는 것이 정석적인 그린 공략법이겠다. '기술 샷'이 필요하고 긴 홀이라 욕심을 내다가 참혹한 결과를 받아 쥐는 이들이 많다.

이 홀 페어웨이를 걷노라면 하프나 리라의 음률이 흐르는 느낌이 든다. 드물게 아름다운 마지막 홀이라 술과 황홀함의 신 '박카스'라는 이름을 붙인 듯하다.

관리와 서비스

'그린 콤플렉스'와 'G.T.B' 관리의 섬세함

그린의 굴곡과 그 주변의 오묘한 구역을 어떻게 관리하는지가 명문코스 자격의 첫 번째 요소라고 한다. 흔히 'G.T.B.' 라는 용어를 쓰는데, 그린(Green)과 티잉 구역(Teeing Area), 벙커(Bunker)의 세 가지 요소만 제대로 관리되어 있으면 일단 고급 코스라는 것이다. 서구의 전통적인 골프장 관리 개념에서 페어웨이는 그저 풀을 짧게 깎은 곳, 러프는 안 깎은 구역 정도로 간주 하며, 그린, 벙커, 티잉구역을 중요하게 친다는 이야기다. 그 중에서도 그린은 명문 골프장을 가름하는 첫 번째 요소이다.('그린 스피드'는 앞의 '화산CC' 편에서 설명했다)

이 골프장의 그린은 넓다. '투 그린'에서 '원 그린'으로 바뀌어 가던 구십 년대 말, 이천 년대 초반에 생긴 골프장들의 특성이다. 관리를 원활하게 하기 위해서 '투 그린을 합친 크기의 원 그린'을 만든 것이다. 넓고 굴곡이 커서 관리하기가 어려울 텐데도 이 코스 그린은 곱게 관리된다. 잔디 밀도가 높고 짧게 깎여 있어서, 기후가 혹독할 때를 제외하고는 상당히 빠른 스피드를 유지한다. 스팀프미터 측정 기준3.0미터 이상의 스피드가 나올 때가 많다고 한다.

그린 주변 잔디도 짧게 관리되어 플레이어들의 숏게임 실력 차를 예민하게 변별해 준다.

코스와 자연의 무르익은 조화

이천 년대 중반에 내가 이 골프장에 처음 왔을 때에는 산중턱을 절개한 경사면이 부자연스러운 모습인 곳이 몇 군데 눈에 띄었다. 깔끔하게 관리되긴 했지만 어딘가 상처가 덜 아문 듯한 느낌도 있었다. 그런데 요즘에는 거의 코스와 자연이 서로 어루만지며 동화된 모습이다. 골프장에 옮겨 심은 대표 수목은 소나무 단풍나무 그리고 산벚나무 등인데 깊은 원시림 속 참나무와 밤나무들이 페어웨이 한가운데까지 향기를 뿜어낸다.

특히 단풍나무들은 진입로에서부터 코스 안팎의 곳곳에서 발견되며, 억새밭과 형형색색의 꽃을 피우는 관목들이 여기저기 무리를 이루고 있다. 이 근방에서는 유명산 단풍이 유명한데, 곡달산 단풍도 그에 못지않다. '마이다스의 손'이 만진 듯한 황금빛 금잔디 벌판에 억새가 스쳐울며 온갖 나무들이 단풍의 황홀경에 물들던 가을날을 기억한다.

마이다스코스 9번 박카스 홀에서 본 클럽하우스

클럽하우스

이 골프장 클럽하우스 식당은 많은 종류의 와인을 준비하고 있는 것으로 이름 높다. 식당 입구잘 갖춰진 와인 진열장이 인상적이다. 안양CC와 함께 우리나라에서 가장 먼저 '와인에 눈뜬' 클럽하우스 레스토랑이라 한다.

클럽하우스 앞에 전시된, 결식아동 돕기 자선 경매 기금을 내고 낙찰 받았다는 1962년산 클래식 자동차도 눈길을 끈다. 그런 한편 더 눈에 띄는 것은 태양광 발전 건물 클럽하우스 건축이 아닐까 싶다. 현란한 장식을 배제하고 기능을 형태화하는 데 집중한 클럽하우스에서, 교육 그룹이 만든 골프장다움이 엿보인다.

신화 속 마이다스 이야기

그리스 신화 속 마이다스는 잘 알려진 두 편의 이야기로 전해진다.

마이다스는 고대 소아시아 지역 프리기아의 왕이다. 그는 술과 연회의 신 디오니소스(박카스)의 스승인 실레노스를 돌봐준 적이 있는데 디오니소스는 그 보답으로 마이다스의 한 가지 소원을 들어주겠다 말한다. 마이다스는 자신의 손에 닿는 것은 무엇이든 황금으로 되기를 소망한다. 디오니소스는 그의 어리석음을 안타까워하면서도 소원을 들어준다.

손에 닿는 것이 모두 황금으로 변하자 마이다스는 환호한다. 그러나 빵도 포도주도 모두 황금으로 변하여 먹을 수 없게 되자 절망에 빠진다. 그토록 원했던 황금은 축복이 아니라 재앙이었던 것이며 한 모금의 물도 마실 수 없는 인생은 물거품 같은 것이 된다. 그는 다시 디오니소스에게 간절히 이 '황금의 저주'를 풀어달라고 청하여 가까스로 저주를 풀게 된다.

황금의 부질없음을 깨달은 그는 궁전을 떠나 산과 숲을 돌아다니다가 목신 판의 피리 소리에 심취하여 그를 열성적으로 섬긴다. 그러다가 아폴론과 판의 음악 경연에 우연히 함께 하게 된다. 판은 갈대 피리를 연주하고 아폴론은 리라를 연주한 그 경연에서 마이다스는 판의 편을 들었는데 화가 난 아폴론은 그의 귀를 당나귀 귀로 만들어 버린다.

마이다스는 모자를 눌러쓰고 아무에게도 자신의 귀를 보여주지 않지만, 가끔 머리를 깎아주는 이발사에게만은 이 비밀을 감추지 못한다. 왕의 귀가 당나귀 귀라고 떠들고 싶었지만 참을 수 없었던 이발사는 숲 속에 땅을 파고 그곳에 대고 "임금님 귀는 당나귀 귀"라고 속삭인 후 흙을 덮는다. 그 땅 위로 갈대들이 자라고, 바람이 불면 갈대들이 바스락거리면서 이발사의 속삭임은 갈대들의 합창으로 세상에 퍼진다. '임금님 귀는 당나귀 귀'의 이야기다.

이 이야기들을 어떻게 읽으시는지…… 축복과 저주, 비밀과 복수, 그리고 욕망이 버무려진 마이다스의 신화는 인간 본성에 대한 우화적 가르침이겠지만, 이 골프장에서 함께 라운드한 동반자 중 한 사람은

"골프 할 때 헛된 욕심 내지 말고 남의 플레이에 괜한 참견은 하지 말것이며, 남몰래 룰을 어기지 말지어다"

하는 골프 스토리라고 했다.

골프장 이름 '마이다스'에 담았을 여러 함의를, 이곳에서 골프를 할 때마다 상상한다.

글/ 류석무

사진은 주로 청평마이다스 골프클럽이 제공한 것을 사용하였으며 일부는 글쓴이가 찍은 것입니다

Dayou Montvert Country Club

산중코스 풍광지존 – **대유몽베르 컨트리클럽**

글 / 류석무

대유몽베르 컨트리클럽
산중코스 풍광지존(風光至尊)

18번 홀 티잉 구역에서 맞은편에 솟아오른 봉우리를 바라보며, 내기에서 혼자 돈을 따고 있던 친구가 건들거리며 말했다.

"저게 망무봉이라구 했지? '궁예 샷'으로 저기로 쏴 볼게!"

힘이 잔뜩 들어간 그의 드라이버 샷은 왼쪽으로 크게 휘어 사라졌다.
그는 궁예(弓裔 ? ~ 918) 흉내를 내서 한 쪽 눈을 감고 티샷 했다고 구시렁거렸다.
그러나 두 눈을 뜨고 다시 친 잠정구도 똑같이 사라졌다.

그 홀은 내기의 '세 배 판'이었다. 파 4홀이었고 그는 아홉 타를 치며 '전사(戰死)' 했다. 그날 그가 잃은 돈으로 저녁밥을 먹으며 우리는 "궁예의 혼이 응징했다"고 놀려댔고, 그 뒤로 그는 "몽베르에서는 겸손하라"며 입을 다문다.

'산정호수'와 '몽베르'

궁예가 통곡한 자리

이 골프장이 앉은 자리는 후삼국 시대 '태봉'의 왕 궁예(弓裔)의 사연이 서린 곳이다. 철원에 도읍을 정했던 궁예가 자신의 부하였던 훗날의 고려 태조 왕건과 싸우다 패하고 이곳으로 쫓겨와 서글피 통곡하자 산도 따라 울었다 하는 '울음산' - '울 명(鳴)' 자, '소리 성(聲)' 자 - '명성산(鳴聲山921.9m)' 중턱이다.

왕건의 군사들이 자신을 잡으러 오는지 부하들을 시켜 망을 보게 했다는 '망무봉(望武峰)' 기암괴석 봉우리가 신령스러운 모습으로 굽어보는 자리이다. 망무봉 바로 너머에는 풍경이 너무나 아름다워서 김일성이 별장을 지었다는 - 지금은 '국민관광지'로 불리는 '산정호수'가 있다.

'산정호수CC' 라는 옛 이름

이 골프장의 원래 이름은 '산정호수CC'였다. 1989년 '(주)동우'라는 회사가 경기도로부터 골프장 사업승인을 받아 당시 골프 코스 디자이너로 주가 높던 고(故) 임상하 선생(1930~2002)에게 설계를 맡긴다.

이 땅이 "이곳에 과연 골프장이 들어서도 되는가" 싶을 만큼 신령스러운 아름다움이 넘치는 산중이었으므로, 임선생은 골프 코스를 앉히는 데 특별히 더 많은 고민을 했다고 한다. 노력 끝에 "전체 홀에서 망무봉을 되도록 많이 바라볼 수 있도록 한다"는 개념의 코스 설계 루트 플랜(Route Plan)이 완성되었고 실시 설계와 토목 공사까지 진행되었다.

그런데 당시 사업주들은 '회원권 분양'의 성공을 위해서는 좀 더 상품가치를 높일 수 있는 '브랜드'가 필요하다고 판단했던 듯하다. '디스몬드 뮤어헤드(Desmond Muirhead)'라는 세계적인 골프 코스 디자이너에게 코스의 조형 설계를 따로 맡긴다.

뮤어헤드는 미국과 일본 등에 100여 개의 코스를 설계한 세계적인 '천재 설계가'로 유명하며 잭니클라우스가 골프코스 설계가로서 첫 발을 딛는데 도움을 준 이로도 알려져 있다. PGA투어 <메모리얼토너먼트>가 열리는 명문 <뮤어필드빌리지>는 잭니클라우스의 첫 설계 작품으로 뮤어헤드와 공동 작업한 것이라 한다.

'몽베르'라는 명문코스로

임상하의 루트플랜 위에 뮤어헤드의 조형설계를 앞서서 골프장 이름도 '롱레이크힐(Long Lake Hill)'로 바꾸었다고 한다. 그러나 계획과는 달리 회원권 판매는 신통치 않았다.

사업자인 '(주)동우'는 황해도에서 월남한 '이북 출신' 재력가 실향민들이 중심이 된 회사인데, 이곳에 세계골프대회를 유치하겠다는 등의 포부를 내세우며 화려한 모델하우스를 꾸미고 돈을 많이 드는 마케팅을 펼쳤으나 92년 부도를 내게 되고, 18홀만 시범라운드 형태로 운영되다가 공매와 유찰 등의 곡절을 겪는 가운데 이 골프장은 방치되어 코스의 상당 부분이 유실되기에 이른다.

그러다가 2002년 '(주)원광'이 인수하여 '푸른산' 이라는 뜻을 담은 프랑스어 '몽베르 (Montvert)'라는 이름으로 재정비하고, 2년간의 코스 리모델링을 통해 36홀을 완공하여 다시 문을 연다. 프랑스어로 산이나 언덕을 뜻하는 '몽(Mont)'과 푸름을 뜻하는 '베르(Vert)'를 합친 이름이라 한다. (주)원광은 환경처리업 전문회사로 소유주가 '에이스저축은행'의 대주주이기도 했던 것으로 알려진다.

그 뒤 여러 골프 전문잡지로부터 '한국의 베스트 10 골프장' 등의 높은 평가를 받기도 하고 KPGA(한국남자프로골프협회) 정규대회를 유치하기도 하면서 국내 명문 골프코스 중 하나로 이름을 올리게 된다.

2011년 이 골프장의 주인은 '대유그룹'으로 바뀐다. 대유그룹은 카시트와 자동차 휠 등 자동차 부품 회사로 성장하다가 김치냉장고 '딤채'로 유명한 '위니아만도'를 인수하였고 '스마트저축은행'을 운영하며 '대우전자'까지 품에 안은 기업 그룹이다. 이 골프장의 정식 명칭은 <대유몽베르컨트리클럽>으로 바뀐다.

"아름답고 짜릿짜릿한 게임 코스!"

이 골프장은 경관의 아름다움과 코스 자체의 완성도 면에서 '국내 최고 수준'이라는 평가를 꾸준히 받아오고 있다. 여러 골프 잡지사 등에서 선정하는 '한국 10대 코스', '대한민국 베스트 코스', '친환경 베스트 골프장' 등의 평가에서도 높은 순위로 선정되어 온다. (2019년 5월 골프다이제스트 코리아 랭킹 발표에서 '몽베르 북코스'는 한국 내 24위 코스로 선정되었다)

골프장/ 코스 명칭	대유몽베르 컨트리클럽(북코스 / 쁘렝땅-에떼) MONTVERT Country Club(Printemps-Ete)
한 줄 소개	풍광이 아름다운 산중코스
개장 연도	2003년
규모, 제원	북코스 18홀, 파72 ,6,535m (7,148yds) (남코스 18홀 파72, 6,252m 별도) 총 86만평
골프장 구분	회원제 골프장
위치	경기도 포천시 영북면 산정호수로 359-12
코스 설계자	1차 디스몬드 뮤어헤드(루트플랜 임상하) 2차 오렌지엔지니어링 / 안문환 (설계 책임자 권동영)
소유 기업	대유몽베르조합 - 대유그룹
잔디 종류 (북코스)	페어웨이 : 켄터키블루그래스 러프 및 헤비러프 : 켄터키블루그래스 그린 : 벤트그래스(펜크로스+L-93) 티잉구역, 에이프런 : 켄터키블루그래스
부대시설	골프텔(4인실 4실), 펜트하우스(12인실 1동)
티오프 간격	7분
휴장일	겨울철 일시 휴장
캐디, 카트	4백 1캐디, 승용전동카트(5인승)

골프만 하기엔 아깝도록 아름다운 사계(四季)

코스 평가기관들 순위 평가의 객관성에 대해 이견을 말하는 이들도 있지만, 이 코스 경관의 아름다움에 대해서는 거의 누구나 이견 없이 최고라 입을 모은다. 특히 '가을 단풍 속 몽베르'는 환상적인 골프장 풍광을 말하는 대명사처럼 알려진다. 명성산의 수려한 영봉 줄기와 망무봉의 기이한 모습이 신령스런 기품을 자아내는 산세 속 낙락장송 군락 사이로 만산홍엽의 단풍이 울긋불긋 불타오르고, 그 아래 짙은 녹색으로 길을 낸 켄터키블루그래스 양잔디는 꿈길인 듯 환상적이다.

가을뿐 아니다. 봄에는 개나리, 벚꽃, 철쭉, 영산홍, 아이리스, 수국과 금계국, 홍단풍 등의 꽃이 차례로 아우성 치고, 여름에는 녹음과 야생화가 농염한 기색을 뿜어내는 가운데 특히 장마 직후에는 계곡과 기암괴석 사이사이 곳곳이 폭포로 변하여 장관을 이룬다. 골프장 측에선 '한국의 나이아가라 폭포'라고도 홍보하던데 그에는 미치지 못하더라도 골프만 하고 지나치기 아까운 절경임에는 틀림없다.

그래서 코스의 명칭도 계절의 이름으로 붙여진 듯하다. 북코스는 쁘렝땅(Printemps 봄), 에떼(Ete 여름), 남코스는 오똔(Automne 가을), 이베르(Hiver 겨울)로 부른다. 북코스에서는 도전적인 '수컷느낌'이 들고 남코스에서는 편안한 여성미가 느껴진다..

코스에 대한 객관적 평가에서는 북코스가 높은 점수를 받고 있기에 이 탐사기에서는 북코스를 주로 살펴본다.

산중코스의 새로운 해석

2003년 '코스 리노베이션'을 맡은 설계·시공의 총괄 크리에이터는 안문환 씨였으며 그의 팀 코스 설계 책임자는 권동영 씨였다. 안문환 씨와 권동영 씨는 앞에 나온 화산CC편과 청평마이다스GC편에서 이미 적은대로 설계·시공 총괄 책임자와 설계 실무 책임자로 호흡을 맞춰온 바 있다. 안문환 씨는 다양한 현장 경험을 통해 실현 가능한 상상력을 발휘하는 데 탁월하고, 권동영 씨는 아이디어를 내서 실제로 그려내는 능력이 발군이었다. 또한 권동영 씨는 고 임상하 선생의 수제자로 애초 루트플랜 작업에도 참여했었기에 이 코스에 대한 애정이 깊었다 한다.

리노베이션 팀은 산중 지형인 이 코스에 스코틀랜드 듄스 코스의 원형적 개념을 적용한다. 권동영 씨는 이렇게 말한다.

"그때까지 대부분의 국내 코스들은 페어웨이가 평탄했습니다. 산의 원래 지형을 깎아내고 밋

밋한 평지를 만든 거죠. 그런데 골프장의 원형이라는 스코틀랜드나 아일랜드의 듄스 코스들은 언뜻 평지인 것 같이 보이지만 사실은 수만 년 동안 바람이 빚어 놓은 많은 언듈레이션으로 굴곡져 있습니다. 그런 것을 이 코스에 적용한 겁니다. 그러한 언듈레이션이 오히려 산중지형과 더 조화가 되는 거라고 우리는 생각했습니다."

도전적, 전략적, 샷 밸류 중심

디스몬드 뮤어헤드의 설계에 따라 조성된 코스의 조형들은 2002년 즈음에는 이미 많이 쓸려내려가서 되살릴 수 없는 상태였다. 그래서 대부분의 홀을 새롭게 설계해서 만들었다고 한다. 고 임상하 선생의 루트플랜을 존중하고 뮤어헤드의 조형을 참조한 바탕 위에 더 도전적인 코스로 탈바꿈한 것이다. 당시 국내 코스에서는 찾아보기 힘들만큼 '샷 가치(Shot Value) 높은 코스'를 추구했다 한다. ('샷 가치'에 대해서든 앞의 베어크리크GC 편에서 좀 더 길게 설명하였지만, - 권동영 씨가 쓴 글에 따르면 - '각 홀이 골퍼에게 얼마나 다양한 위험과 보상을 동시에 제공하는가. 샷의 길이와 정확성, 그리고 전략을 고르게 평가하는 변별성을 갖는가 하는 것'이라 한다. 좋은 플레이와 잘못한 플레이의 차이를 가려내는 지표라 하겠다)

이 코스에서 어느 날 70대 타수를 기록한 골퍼가 며칠 뒤에 간신히 보기 플레이를 했다는 식의 이야기들은 흔하게 떠돈다. 매 홀마다 최소한 5개, 많으면 8개의 티잉 구역이 설치되어 있어서 같은 레귤러 티에서 플레이 했다고 해도 그날의 세팅에 따라 전혀 다른 경험을 하게 되고, 골퍼가 어떤 티를 선택했느냐에 따라서도 현격하게 다른 코스를 경험하게 된다. 벙커 하나를 넘느냐 못 넘느냐, 공 떨어진 곳의 디딤 자세가 어떠냐에 따라서도 선명하게 다른 결과가 나오니, 매 홀 매 샷마다의 플레이 전략이 중요하고 다음 샷을 염두에 둔 정밀한 플레이가 필요한 것이겠다.

홀마다 뚜렷이 다르다

84만여 평(2,272,000㎡)의 넓은 산중에 36홀을 넉넉히 앉혔기에 모든 홀에서 자연 그대로의 경관 특성이 드러난다. 특히 북코스는 홀마다 경관의 조망이 다르고 공략의 방법도 다르다. 어떤 홀은 먼 능선을 바라보며 치고 어떤 홀은 장대한 봉우리를 바라보며 친다. 이번 홀이 왼쪽으로 휘는 샷을 치는 것이 유리하다면 다음에는 오른편으로 휘는 페이드 샷이 유리한 홀이 나오고, 길고 어려운 홀과 짧지만 유혹적인 홀이 드라마틱한 리듬으로 이어진다. 그린 또한 샷의 정확성과 골퍼의 공간 지각력을 골고루 시험할 만큼 다양한 형태이다.

에떼코스 2번홀(위), 쁘렝땅코스 6번 홀(아래)

'북코스(쁘렝땅, 에떼)'에서는 남자 프로 정규 대회가 많이 열렸고 매년 4월에 '동부화재프로미오픈' 대회가 열리고 있다. 이 대회 우승자들의 평균 스코어는 4라운드 합계 15언더파 내외였는데, 러프를 좀 더 길러서 난도를 높일 수 있는 계절에 대회가 치러지지 않는 것이 약간은 아쉽다. 적어도 5월 중순 이후에라야 코스의 장점을 더 많이 살릴 수 있을 것이며, 경관의 특장점이 잘 드러나고 그린 스피드도 가장 빠르게 낼 수 있는 가을철에 열리면 더욱 좋지 않을까 생각한다. 이곳은 상대적으로 겨울이 길어 추운 지역인데 봄에 대회가 열리니 골프장의 장점이 잘 드러나지 않는다.

이야기가 있는 인상적인 홀들

북 코스(쁘렝땅, 에떼) 18홀은 자연지형 흐름을 살렸기에 명성산의 호쾌한 산세를 그대로 느끼며 플레이 하는 매력이 있다. 남성적인 '스릴'과 통쾌함이 있다 할까. 상상을 초월하는 긴 홀, 넓은 페어웨이와 도전을 부르는 그린 등……
'강자와 대결하는 느낌'을 짜릿하게 맛볼 수 있는 코스이다. 각 홀마다 풍경과 지형, 코스가 요구하는 전략 특성이 다르기에 홀 하나하나가 선명히 기억된다. 그 가운데서도 두드러진 특징이 있는 홀들 몇 개를 살펴본다.

에떼코스 3번 파5홀. 673야드나 되는 긴 홀이다

기나긴 쁘렝땅 5번, 에떼 3번

쁘렝땅코스 5번 파4 홀은 오르막 459야드로 길어서 웬만한 장타자가 아니고서는 '투 온(on in two)'하기가 쉽지 않다. 핸디캡 순위 1번이며 언덕 위 요새처럼 위치한 그린엔 있고 굴곡도 많아서, 아마추어 골퍼는 물론 프로들도 애를 먹는 홀이다.

에떼코스 3번 파5 홀도 무려 673야드로 길어서 국내 최장 파5홀로 유명하다. 프로들에게도 투 온은 어렵다 한다. 직선형으로 긴 홀이지만 티잉 구역에서는 중간에 바위와 둔덕이 있어서 그린 주변이 보이지 않는다. 상상력과 정확성, 장타력이 고루 필요하다. 기나긴 페어웨이 왼쪽으로 명성산 봉우리들을 비롯해서 구름처럼 펼쳐진 먼 산줄기 겹능선을 감상하며 걸어가는 풍취가 일품이다. 티샷부터 두 번째 샷, 어프로치 샷까지 모두 잘 맞아야 하는 홀이다.

'전설의 홀'과 '솥뚜껑 홀'

쁘렝땅코스 4번 파 3홀은 213야드로 길어서 공략이 쉽지 않다. 언뜻 평범한 듯하지만 호쾌한 도전을 부르는 홀이다. 어느 사업가가 이 홀에 매료되어 회원권을 10개나 구입했다는 이야기가 몽베르CC에 전설로 남았다고 한다.

에떼코스 6번 파 3홀은 '솥뚜껑 홀'이라고도 부르며 아마추어들이 가장 어려워 한다는 홀이다. 그린이 솥뚜껑처럼 솟아 있어 그린에 정확하게 올리지 못하면 경사를 타고 깊은 내리막으로 내려오기 일쑤다. 특히 '앞 핀'일 때 공략이 어려워서 2006년 KPGA 코리안투어 <에이스저축은행 몽베르오픈>대회에서 1위를 달리던 선수가 그린을 사이에 두고 왔다 갔다 하며 트리플보기를 해서 선두권에서 멀어졌던 사연을 남긴 홀이기도 하다.

이 홀에서 어려움을 겪고 난 다음의 7번 파4 홀은 일명 '깜깜이 홀'로 불리는데, 비교적 짧아서 전 홀의 실수를 만회하려고 욕심을 내기 쉽다. 코스를 설계·조성할 때 이러한 골퍼의 심리도 염두에 둔 듯하다.

'궁예의 활'과 에떼 5번홀, 7번 '깜깜이 홀'

'동부화재프로미오픈' 대회 TV 중계에서 에떼코스 3, 4, 5번 홀을 '궁예의 활'이라고 부르는 것을 들었다. 하늘에서 내려다 본 모습이 활 모양이라 중계진이 흥미를 돋우기 위해 그렇게 이름

에떼코스 5번 홀의 전망대(왼쪽), 에떼코스 9번 티잉 구역에서 바라보는 망무봉(오른쪽)

을 붙인 듯하다. PGA '마스터스' 대회가 열리는 '오거스타 내셔널'의 '아멘코너'처럼 극적인 구간의 스토리를 만들어 보고자 했던 것 같다.

그 가운데 5번 홀은 이 골프장에서 가장 높은 지역이라 티잉 구역에 전망 망원경도 설치되어 있다. 티잉 구역에 섰을 때 오른 쪽에는 명성산의 웅장한 산세가 한눈에 들어온다. 그다지 길지 않은 오르막 파5 홀이라서, 장타자들에게는 두 번 째 샷에서 투 온 공략의 유혹과 오비(Out of Bounds)의 위협이 교차할 수도 있다. 도전에 대한 보상, 만용에 대한 응징이 함께 하는 홀이다.

7번 홀은 티잉 구역에서 페어웨이가 보이지 않는 '깜깜이 홀'이다. 의도적으로 언덕 너머 보이지 않는 곳을 상상하며 넘겨 치도록 구상하고 조성했다고 한다.

에떼 9번 파4 홀 - 마지막 승부

이 글의 첫머리, 내 친구가 9타 친 사연을 말했던 홀이다. 이 홀에서는 멀리 망무봉의 아름다운 모습을 바라보며 티샷 한다. 망무봉에는 거북머리와 사람이 누워있는 형상, 두꺼비 두 마리가 기어 올라가는 모습 등이 다 들어 있다는데 내 눈은 그런 모습을 찾아내지 못한다. 기묘한 신령스러움이 감돌고 있음이 누구에게나 느껴질 듯한 모습이다.

왼쪽으로 다소 굽어 도는 459야드 도그레그(Dog leg)형 홀인데 그린에 해저드에 둘러싸여 있고 티잉 구역에서는 그린이 보이지 않아서 티잉 구역에서 페어웨이를 바라 볼 때의 느낌과 페어웨이에서 그린을 공략할 때의 느낌이 다르다. 마치 2개 홀을 플레이하는 듯한 느낌도 든다. 티샷을 페어웨이 왼쪽으로 최대한 붙여서 보내는 것이 두 번째 샷을 짧게 남기는 최선의 공략법이지만, 그러다가 실수가 나오기 쉽기에 이 마지막 홀에서 승부가 뒤집히는 변수가 빚어지곤 한다.

잔디, 조경, 관리, 시설

선명한 '환락지경' 양잔디 코스

이 코스의 페어웨이와 러프 잔디는 켄터키블루그래스 양잔디이다. 앞 편에서도 적었지만 이 양
잔디는 한국잔디라 불리는 '야지'나 '중지'에 비해 짧게 깎을 수 있고 잎 넓이가 좁다. 그래서
아이언 샷을 칠 때 풀잎이 채의 면과 볼 사이에 끼이지 않기 때문에 타감이 좋으나, 추운 지방
이 고향인 '한지형' 품종이라 우리나라의 무더운 여름날씨를 견디기 어려워한다. 그나마 바닷
가 골프장은 바닷바람 덕에 열대야가 오지 않기에 관리의 어려움이 덜하지만 내륙지방에서 이
잔디를 사용한 골프장들은 여름마다 잔디 관리에 '초비상 상태'가 된다. 그런데 이 골프장은 강
원도 철원과 인접한 경기도 포천군의 비교적 고지대에 위치하여 여름 평균 기온이 서울보다 5
도 정도 낮다고 한다. 그러니 양잔디를 관리하기가 그나마 나은 편이겠다.

이른 봄부터 늦은 가을까지 선명한 녹색을 띠는 양잔디는 이 골프장의 가장 큰 매력 가운데 하
나이다. 특히 명성산에 가을 단풍이 불타오를 때 푸른 양잔디에서 골프하는 느낌은 이 골프장
을 사랑하는 사람들이 잊지 못하는 '환락지경'이기도 하다.

수려한 소나무와 꽃나무들

약 86만평 골프장 면적에서 페어웨이를 제외한 숲이 차지하는 비율이 7할 정도라 한다. 이 명
성산 숲에 자생하는 소나무와 잣나무들은 크고 아름다운 것이 많다. 100살은 족히 넘어 보이는
소나무들이 군락을 이루는 가운데 전나무와 구상나무 들도 간간이 보인다.

그 풍성한 숲에 코스를 조성하면서 단풍나무와 느티나무, 목련 등을 덧심었다. 배나무, 자두나
무 등 유실수 교목들도 눈에 띄고 영산홍과 자산홍, 흰말채 등의 관목류들이 철마다 꽃을 피우
는 가운데 패랭이, 양귀비 등과 이름 모를 야생화들이 흐드러졌다가 사라지곤 한다.

우리나라에서 코스의 조경에 이곳보다 훨씬 각별한 노력을 기울이는 골프장은 많지만, 이보다
경관이 수려한 산중 골프장은 찾기 어려울 듯하다.

그린관리와 이종잔디의 위협

그린 빠르기를 관리하는 기준은 평소에는 스팀프미터 계측 기준 2.8미터 정도이고, 프로 대회
때는 3.2미터 정도라 한다. 명문 골프장 중에서는 빠르다 할 수 없겠지만 산중 골프장 특유의
경사가 두드러지고 그린의 굴곡이 보이는 것보다 심하여, 실제로는 더 빠르게 느껴진다. 그런

알바트로스 형상의 클럽하우스

한편 페어웨이의 켄터키블루그래스 잔디 중간 중간에 이종의 잔디들(주로 들잔디)이 섞여서 번지고 있는 것이 보인다. 잔디 전문가에게 물어 보니 여름철 고온기에 켄터키블루그래스 잔디가 고사한 자리에 임시방편으로 들잔디를 심은 것으로 보인다고 귀띔한다. 그래도 플레이에는 지장이 없다.

골프장 측에서는 남코스의 상태 좋은 양잔디를 떠서 북코스에 보식하는 작업을 준비하고 있다. 앞으로 남코스는 대중제 골프장으로 전환하면서 한국형 중지 잔디로 교체하며, 북코스는 양잔디를 유지할 것이라 한다. 두 코스가 각각의 특성을 발전시켜 나가기를 기대한다.

알바트로스 클럽하우스

커다란 새가 날개를 편 모양의 클럽하우스는 '알바트로스' 새에서 모티브를 딴 모습이다. 해발 345미터 높이에 위치한 클럽하우스를 중심으로 북코스는 해발 420미터까지 높은 쪽에 있고 남코스는 해발 210미터에 이르는 낮은 쪽에 있다. 뒤로는 명성산 능선을 배경으로 하고 앞으로는 북코스의 에떼코스(후반) 마지막 홀을 비롯한 여러 홀들을 조망하는 배치이다. "클럽하우스에서는 마지막 홀이 보여야 한다"는 '불문율'이 잘 지켜진 모습이다. 명성산과 망무봉, 그리고 코스의 동선과 잘 어우러진 배치로 보인다. 최근에 구리-포천 고속도로가 새로 개통되면서 몽베르CC는 수도권에서 훨씬 가까워졌고 이용 손님도 많아졌다. 회원제 클럽 치고는 클럽하우스가 크고 활기찬 모습이다.

이 클럽하우스 레스토랑에서 내는, 이 지역 재료를 사용한 음식 맛이 좋다는데 나는 일반적인 점심 메뉴만 먹어보았다. 올 때마다 라운드가 끝나면 이동갈비를 먹으러 갔던 것이다.

가슴을 울리는 아름다움

이곳의 가을 풍경은 가슴이 아프도록 아름답다. 궁예가 피를 토하며 울자 산새들도 슬피 울고 산도 따라서 울었다는 전설 때문일까. 선연히 불타오르는 단풍은 피울음이 섞인 것처럼 붉으며, 여름철 비올 때 온 산에 쏟아져 흐르는 폭포수는 명성산이 목놓아 우는 것 같은 느낌을 부른다. 비가 그치고 구름이 오락가락할 때 라운드 하다 보니, 망무봉이 나타났다 사라졌다 하면서 머리를 푼 미녀처럼 아슬아슬하게 어여쁘다.

궁예는 산속에 숨어 있다가 나와 결국 백성들에게 살해당했다고 알려지지만, 철원 사람들은 궁예가 죽창에 찔리면서도 말 위에 꼿꼿이 앉은 채 최후를 맞았다고 믿는다 한다.

골프에서 영웅심은 자멸을 부르기 쉬우나, 이 골프장에 오면 꼿꼿이 전사하고픈 결기와 호승심이 일어나는 것은 나만의 과민함일까. 아니면 이곳의 예사롭지 않은 지형이 누구의 마음에도 역동을 불러일으키는 것일까.

이곳에서 라운드 하다 보면 구름 위를 노니는 신선처럼 동양화 속에 들어와 있는 기분에 빠지기도 한다. 몽환적이랄 만큼 아름다운 곳이기도 하고 이곳의 자연을 차고 앉아 골프장이 들어섰다는 것 자체가 비현실적이라는 생각이 든다.

이런 곳에서 단 한번이라도 골프하는 이는 운이 좋은 사람이다 싶은 안도감도 들고…… 공덕을 많이 쌓으며 살아야겠다는 생각 또한 간단없이 밀려든다.

글/ 류석무

사진은 주로 몽베르컨트리클럽이 제공한 것이며 일부는 글쓴이가 찍은 것입니다

BEAR CREEK
GOLF CLUB

대한민국 '원조명문 퍼블릭 코스' - 베어크리크 골프클럽

글 / 류석무

베어크리크 골프클럽 - 크리크 코스
대한민국 '원조 명문' 퍼블릭

하늘에 떠다니는 산을 골프장에서 본 적 있는가.
구름 위에 떠있는 듯해서 운악산(雲岳山)이라 부른다 한다.
운악산 구름 능선을 마주보는 <베어크리크골프클럽>은 경관이 빼어남은 물론,
여러 의미에서 '한국 으뜸 골프장'으로 손꼽혀온 곳이다.
십여 년 전 이곳에서 처음 라운드 했을 때 동반했던 이의 말이 잊히지 않는다.

"세상에……! 퍼블릭이 이렇게 좋아도 돼?"

한국 최고 명문 골프장이라 하면 <클럽나인브릿지>나 <안양CC> 등을 떠올리기 쉽지만, 그런 곳들은 극소수 회원들만을 위한 클럽이므로 대부분의 골퍼들에게는 '그림의 떡'인 셈이다. 몇 해 전 남해 <사우스케이프오너스클럽>이나 해남 <파인비치골프링크스>등 귀한 퍼블릭 코스들이 문 열었으나, '돈과 시간이 많이 드는 곳'이라 대다수 골퍼들이 즐기기 어렵다.
베어크리크골프클럽은 (수도권의)많은 골퍼들이 수시로 이용할 수 있으면서도 '회원제 명문' 못지않게 좋은, 그래서 '정말 으뜸가는 골프장'으로 십 수 년 동안 평가되어 온다.

한국 골프장 역사를 바꾼 골프장

베어크리크GC는 2003년 개장할 때부터 "한국 골프장의 역사를 바꾸었다"고 평가 받았다. 풍광이 워낙 아름다운 곳에 자리 잡은데다가 코스 품질이 뛰어나다고 알려졌기에 문을 열기 전부터 골퍼들의 관심을 모았던 곳인데, 당시로서는 극히 드물게 2개 코스 36홀 모두 퍼블릭 골프장으로 문을 연 것이다.
그때는 '퍼블릭'이라 하면, 회원제 18홀 코스를 만들면서 법적 요건을 충족시키기 위해 자투리 땅에 '구색으로 만든, 짧고 조악한 간이 골프장' 정도로 인식되곤 했다.
그런데 문을 열고 보니 베어코스 18홀, 크리크코스 18홀 모두 예상보다 품질이 훨씬 높았다. 웬만한 명문 회원제 골프장을 능가하는 '고품격 퍼블릭 코스'였다.
베어크리크GC를 '크리크코스' 중심으로 살펴본다.

한국 '최고 원조 퍼블릭'의 위엄
2005년 <서울경제골프매거진>이 선정한 '한국 10대 골프코스' 평가에서 베어크리크GC는 6위에 올랐다. 이것은 퍼블릭 코스로서는 초유의 사건이었다. 그 해 한 번에 그친 것이 아니라 그 뒤로도 여러 기관들의 평가들에서 줄곧 '한국 톱10'에 안에 드는 성과를 올렸다.
특히 퍼블릭 코스로는 오랫동안 단연 '한국 으뜸'으로 평가 받아왔다.
2010년대 초 중반부터 최고명문클럽을 지향하던 회원제 골프장들이 대중제 퍼블릭 코스로 전환하는 흐름이 있었다. <사우스스프링스CC>, <레인보우힐스CC>, <파인크리크CC> 등이 그런 경우였다. 그런 한편 처음부터 '회원제보다 더 좋은 퍼블릭'을 지향하는 골프장들도 잇달아 문을 열었다.

그런 가운데서도 베어크리크GC는 '서울경제골프매거진 대한민국 10대 퍼블릭 코스' 평가에서 줄곧 1위에 올랐으며, 2018년의 평가에서는 '사우스케이프오너스클럽'과 '파인비치골프링크스'에 이어 3위에 선정되었다. 또한 '레저신문'이 주관하는 '친환경 골프장 베스트 20'에 4회 연속 1위로 선정되는 등 뚜렷한 발자취를 남겨오고 있다.

('2019~2020 골프다이제스트코리아 대한민국 베스트코스'에서는 베어크리크GC 크리크코스가 한국 전체 골프코스 가운데서 34위로 선정되었다. '골프매거진' 평가에서는 베어크리크GC 보다 훨씬 낮은 평가를 받은 코스가 '골프다이제스트' 평가에서는 더 상위에 오르기도 하는 것을 보면, 이러한 평가 기관들의 순위 평가 방식은 어딘가 서로 다른 듯하다.)

아무나 예약 못 하는 퍼블릭

베어크리크GC가 문을 연 2003년 즈음 이후로 골프장 회원권 분양 시장은 급속히 쇠퇴하기 시작했고, 그 몇 년 뒤부터는 수많은 골프장들이 위기를 맞는다. 회원제 골프장은 회원권을 판매한 돈으로 골프장을 짓는 데는 유리하지만 상대적으로 운영 수익이 적고 세금을 더 많이 내야 하므로, 회원권 분양이 잘 안되거나 회원 보증금 예치기간 만료 시점이 되면 곧바로 경영하기 어려워지는 것이 우리나라 회원제 골프장들 거개의 사정이었다. 베어크리크GC는 이러한 시장변화 속에서 과감하게 '고급 퍼블릭 골프장'으로 시작하여 탄탄하게 운영해 왔다. 골프코스의 품질을 높이고 소액의 예약 예치금(30만원)을 입금한 고객들을 우대하는 '인터넷 회원제'를 도입하여 크게 호응을 얻은 것이다.

골프장/ 코스 명칭	베어크리크 골프클럽 크리크코스 BEAR CREEK Golf Club / Creek Course
한 줄 소개	원조 명문' 퍼블릭 코스
개장 연도	2003년 (2008년 리노베이션)
규모, 제원	18홀 파72 ,6,611m (7,230yds) (베어코스 18홀 파72, 6,549m 별도)
골프장 구분	대중제 퍼블릭 골프장
위치	경기도 포천시 화현면 달인동로 35
코스 설계자	2003년 장정원 2008년 안문환 (설계 실무 노준택) 지속 리노베이션 : 노준택
소유 기업	삼보개발㈜
잔디 종류 (크리크코스)	페어웨이, 러프 : 켄터키블루그래스 헤비러프 : 들잔디 그린 : 벤트그래스(CY-2) 티잉구역 : 켄터키블루그래스
티오프 간격	8분
휴장일	동계 휴장, 추석 당일 휴장
캐디, 카트	4백 1캐디, 승용전동카트(5인승)

지금도 '누구나 예약할 수 있는 퍼블릭 코스이지만 부지런해야만 예약할 수 있는' 귀한 골프장의 위상을 지켜오고 있다.

그만큼 인기가 높다는 것이며, 잘 빚어진 코스와 세심한 관리가 그 비결이라고 평가된다.

영업이 잘 되던 때에 새로 뜯어고치다

이 골프장을 운영하는 삼보개발(주)은 제지사업과 교육사업을 운영하는 삼보판지(주)의 계열
회사로 알려진다. 처음에는 베어코스와 크리크코스의 주인이 달랐는데 크리크코스를 운영하
던 현재의 대주주가 베어코스까지 인수한 뒤, 크리크코스를 과감하게 '리노베이션' 함으로써
각 코스의 특성을 살려 통합 운영하고 있다고 한다.

문을 연 뒤 5년 동안 순조롭게 운영되던 크리크코스를 2008년 전격적으로 '도전적인 디자인의
양잔디 코스'로 뜯어고쳤다. 처음 문을 열었을 때는 클럽하우스에서 가까운 베어코스의 인기가
좀 더 좋았는데, 리노베이션 후에는 크리크코스가 한국에서 손꼽히는 '명품 코스'로 평가되며
양쪽 코스가 각각 나름의 가치로 선호되고 있다.

아름다운 풍광 속 서정적인 코스

명산 군봉에 안긴 '곰의 둥지'

이 골프장은 크고 작은 산들에 에워싸여 있다. 북쪽으로 먼 곳에는 명성산(921.9m), 가까이는 금주산(568.2m)이 겹 능선으로 펼쳐지고, 동쪽에는 원통산(566.2m), 서쪽은 천주산(423.4m)…… 그리고 남쪽에는 운악산 만경대(934.7m)와 병풍바위 군봉이 열두 폭 병풍 속 구름처럼 떠다닌다.

그 구름 능선들에 둘러싸인 야트막한 구릉에 베어크리크GC가 있다. 봉긋한 산자락이지만 누군가의 품에 안겨있는 둥지 같다. '베어크리크' 라는 이름이 주는 선입견으로 보면 '어미 곰 품 안의 아기 곰' 같은 느낌이랄까. 해발 150미터에서 220미터에 이르는 낮은 구릉이 포근하게 웅크린 듯한 자리이다.

산을 끌어안고 기댄 '루트플랜'

베어크리크GC 코스의 최초 설계자는 우리나라 원로급 골프 설계가 중 한 사람인 장정원 선생이다. 그는 태릉 육사골프장을 시작으로 뉴서울CC 남코스, 남부CC 등을 설계한 사람인데 '자연지형의 특징을 최대한 살려서 페어웨이를 내고 보기플레이어가 즐기는 데 지장이 없는 코스'를 지향해온 골프 코스 디자이너로 알려진다. 그가 베어코스와 크리크코스를 모두 설계했다 하며, 그 중 크리크코스는 2008년 안문환 씨가 이끄는 '에이엠엔지니어링'이 리노베이션을 맡아 전면적으로 고쳤다.

안문환 씨는 화산CC와 마이다스밸리GC, 몽베르CC, 스카이72 등의 설계·시공을 총괄한 골프 코스 크리에이터이다. '오렌지엔지니어링'을 이끌다가 '에이엠엔지니어링'으로 회사명을 바꾸어 베어크리크 크리크코스의 리노베이션 작업을 맡았다. 이 골프장 리노베이션을 설계·시공 총괄하면서 그는 소유주의 생각을 헤아릴 수 없이 많이 듣고 꾸준히 의견 교환을 하는 가운데 새롭고 탐구적인 시도를 할 수 있다고 말한다. 안문환 씨 팀의 설계 실무자는 노준택 씨였다. (노준택 씨는 안문환 씨 팀에서 스카이72 하늘코스와 몽베르CC 남코스 설계 실무를 맡았으며, 이후 독립하여 웰링턴CC의 그리핀코스를 리노베이션 설계하고 와이번 코스를 설계했다) 이후 이 코스는 노준택 씨가 지속 리노베이션 하여 현재에 이르고 있다고 한다. 베어크리크 크리크코스는 결과적으로, 장정원의 기본 '루트플랜(Route plan)' 위에 에이엠엔지니어링(대표 안문환) 팀의 전면 리노베이션 및 노준택 씨의 지속적 리노베이션이 빚어낸 것이라 하겠다.

나는 우선 완성된 '루트플랜'이 좋다고 느낀다. 코스를 둘러싼 수려한 산들을 멀리 또는 가까이에서 '바라보고, 끌어안고, 기대고, 안기면서' 라운드 하는 기분은 그 어느 골프장에서도 경험하기 어려운 천혜의 매력으로 다가온다. 지형과 경관의 특성을 살려서 차경(借景 주위의 풍경을 그대로 경관 구성의 재료로 활용) 기법을 한껏 활용한 것으로 보인다.

다만, 게임을 마무리하는 9번 홀과 18번 홀이 모두 해가 지는 쪽을 마주보는 오르막인 점이, 나 혼자 생각으로는 약간 아쉽다고 여긴다.

동화처럼 살가운 리노베이션

좋은 자연환경에 앉은 루트플랜 위에, 리노베이션 팀은 동화적인 조형 스토리를 입혔다. 우선 '베어크리크'라는 이름을 살려서 곰이 다닐듯한 언덕과 실개천(Creek)들을 동화 속 장면처럼 흘려 놓았다. '투 그린'이었던 것을 '원 그린'으로 바꾸기도 했고, 잔디를 켄터키블루그래스 종 양잔디로 바꿔서 푸름이 유지되는 기간을 늘리고 '샷 감도'를 높이기도 했다.

먼 산이 바라보이지 않는 분지 형 홀들에서는 낭만적인 호수와 계류를 조성해서 플레이어의 시각을 안으로 잡아끌도록 했다. 산과 하늘 경관에 비해 눈을 끌지 못하던 호수와 물의 흐름을 재해석해서 '크리크' 콘셉트의 매력을 재창조해낸 것이다. 나뉘어 있던 연못을 합쳐서 큰 호수를 만들고 비치벙커들을 배치하는 한편, 연못을 돌며 연이어 15, 16, 17번 홀이 이어지게 했다. 그래서 각 홀이 더 예뻐졌고 코스 전개 리듬과 다양성이 높아졌다.

또한 플레이어가 주변의 산들을 좀 더 아름다운 각도에서 보고 교감하도록, 티잉 구역과 페어웨이의 언듈레이션, 그린의 높이 등을 조정했다고 한다. 산과 하늘과 그린 지평선이 만나는 선과 면들이 플레이어의 눈에 좀 더 편안하게 보이도록, '시각의 황금비율'을 추구한 것이다.

코스를 라운드하고 나면 세월을 거슬러 소년으로 돌아가서 한 편의 동화 속을 여행하고 나온 듯한 느낌이 든다. 다른 작업들까지 종합해서 볼 때 이 코스를 리노베이션 한 크리에이터는 사람과 코스의 친화력을 만들어 내는 스토리 능력이 섬세한 듯하다. 스토리의 소재는 산, 하늘, 땅과 물이며 그 안에서 골퍼는 저마다 가슴 설레는 주인공이 된다.

세월을 거슬러 소년 소녀로 돌아간 느낌

골프 코스 설계가들은 공통적으로 '상급자 골퍼에게는 어렵고, 평범한 골퍼가 플레이 하기는 편안한 코스'를 좋은 코스라고 여기며, 그런 골프 코스를 만들고자 노력한다.

이 크리크코스의 난도는, 요즘 새로 만들어지는 도전적인 코스들보다는 편안해 보이지만 난이도의 배치와 리듬이 조화롭다. 난이도를 가름하는 요소들은 티샷에는 적게 적용되고 그린으로 갈수록 조밀하게 배치되어 있다. 5개의 티잉 구역이 있어서 누구나 실력에 맞게 선택할 수 있는데, 분수에 맞게 선택하면 어려움과 즐거움을 적절하게 느낄 코스이다.

즉, 티샷은 대개 편안하게 칠 수 있다. 프로 급 '고수'나 아마추어 '하수'나 마찬가지로 마음껏 티샷 할 수 있다. 도전과 보상이 있는 모험 홀이 두세 개 있어서 도전의 재미도 적절히 안배되어 있다. 대부분의 홀 티잉 구역에서 그린이 보이므로 전략을 세워가며 공략하기도 좋다. 페어웨이에서 그린을 공략할 때에도 대개는 벙커 등의 위협요소가 있지만 그린 입구가 반쯤 열려있고 그린 주변에 안전 지역이 있어서 도전할 것인가 우회할 것인가 선택할 수 있다.

(이 부분 '도전'과 '전략'에 대해서는, 앞의 안양CC 편에 적은 '도전적인 코스'와 '전략적인 코스'에 대한 설명을 참조하면 이해하기 더 쉽겠다)

토너먼트 코스로 기획된 것이 아닌 퍼블릭 코스이므로 '샷 밸류(잘 친 샷과 못 친 샷을 가려내는 변별력의 지표)'가 예민해 보이지 않을 수도 있다. 그것은 골프장 경영자와 설계자가 의도한 것으로 보인다. 프로 급 실력 골퍼들의 게임에서는 어렵게 세팅할 수 있는 여지를 만들어 놓고

평균적인 실력의 골퍼들은 편안하게 플레이 하도록 안배한 것이다. 그런 한편 그린은 굴곡과 구역의 편차가 커서 정교한 플레이가 필요하며, 필요에 따라서는 티잉 구역과 러프의 조정을 통해 다양한 클럽의 기술 구사 능력을 테스트할 수 있는 세팅이 가능한 코스이다.

'샷 밸류'와 골퍼의 '행복감'

코스 랭킹을 평가하는 기관들의 평가 지표는 한결같이 '샷 밸류'에 가장 많은 배점을 두고 있다. 원칙으로만 보면, 골퍼들의 실력 차를 가려내는 변별력이 예민하게 높은 코스일수록 상위 순위에 오르기 유리한 것으로 보인다.

그런데 골프 코스의 '샷 밸류(Shot Value)'란 무엇을 말할까. 흔히, '잘 친 샷과 못 친 샷의 가치가 스코어에 공정하게 반영되는 정도를 가늠하는 지표'라고 설명된다. 그 코스에서 잘 친 샷과 못 친 샷이 다음 샷에 영향을 미치는 정도를 말하기도 하고, 잘 친 샷에는 보상을 주고 잘못 친 샷에는 불이익을 주도록 각 홀이 골퍼에게 얼마나 다양한 위험과 보상을 동시에 제공하는지를 말하기도 하며, 볼을 멀리 쳐 보내는 신체 능력과 정확히 쳐서 목표 지점에 세우는 기술 능력, 각 홀의 공략 전략을 구사하는 지적 능력과 공간 지각 능력을 고르게 평가하는 변별성 갖는가

하는 것을 말하기도 한다. 그리고 그런 변별작업이 얼마나 공정하게 수행될 수 있는 코스인가를 가늠하는 것도 샷 밸류를 측정하는 요소에 포함된다.

이러한 요소들을 평가 패널들이 정확히 이해하고, 면밀하게 계수화해서, 엄정히 판별할 것이라 생각하지만, 샷 밸류에 대한 이해와 적용이 엄밀하지 않으면, 다른 외부적 변수나 선입견 등이 코스 평가와 랭킹 선정 과정에 많이 간여하게 될 듯하다.

이 코스는 프로 급 골퍼들의 실력을 까다롭게 판별하도록 세팅할 수도 있고, 평균적인 실력의 골퍼들은 자기 실력만큼의 점수를 낼 수 있는 곳으로 평가된다.

샷 밸류 같은 복잡 미묘한 항목을 접어두고라도, 이 코스는 매우 아름답다. 산중 코스의 매력이 때로는 격정적으로, 때로는 그윽하게 넘치는 곳이다. 산과 하늘의 서정적 이야기가 흐르는 풍치를 외면하고 골프 공에만 집중하기는 아까운 곳이라는 생각도 든다.

토너먼트 코스로서의 최고를 가리는 것이 아닌 바에야, 이 어여쁜 코스의 '평상시 세팅 샷 밸류' 정도면 누구에게나 조화로운 행복감을 줄 것이다. 그런 관점에서 나는 이 코스가 우리나라 골프장 가운데서 '최상위 등급 군'에 들 자격이 있다고 여긴다.

기억에 남을 인상적인 홀들

이 골프장에서 가장 많이 보이는 운악산은 화악산, 관악산, 감악산, 송악산과 함께 '경기 5악'에 꼽히며 '경기소금강'이라 불린다. 이 산 정상인 만경대를 중심으로 솟구친 암봉들이 구름을 뚫을 듯해서 '운악(雲岳)'이라는 이름을 얻었다. 운악의 미륵바위, 눈썹바위, 병풍바위 등 수려한 봉우리들을 가장 아름답게 관망할 수 있는 곳이 이 크리크코스이다. 인상적인 홀들이 많으나, 그 중 몇 개를 골라 살펴본다.

3번 파3 홀 - 운악 병풍

운악산 만경대 군봉들을 가장 가깝고 선명하게 마주보는 홀이다. 산 너머 쪽 기슭에는 썬힐CC, 리앤리CC 등이 있는데 그곳은 산중에 묻혀 있어서 오히려 코스에서 운악산의 모습을 잘 보기 어렵고, 이곳에서 운악의 병풍 같은 군봉들이 잘 보인다. 언뜻 한눈에 감탄하는 절경은 아닐 수 있지만, 가만히 느껴보면 숨 막힐 듯 정밀한 구도가 펼쳐진, 153미터(레귤러 티 113미터) 파3홀

3번 파3 홀(위), 9번 파4 홀(아래)

이다. 이 홀은 앞 팀의 그린 플레이가 지연되어 티잉 구역에서 기다리게 되기 쉬운 곳인데, 기다리는 시간을 축복이라 여기고 그림 같은 풍경을 감상하기 권한다.

9번 파4 홀 - 곰의 실개천
2008년 코스 리노베이션 때 만들어진 실개천이다. 다소 지루할 수 있는 오르막 홀이 이 실개천으로 인해 동화적인 상상력이 흘러넘치게 되었다. 실개천에 공이 들어가면 나오기 어렵지만, 돌쩌귀를 들치고 송사리들과 놀고 싶은 마음이 문득 들기도 한다. 바위 사이로 졸졸 흐르는 물은, 나이 들어가는 골퍼의 마음을 동심으로 되돌리는 생명수 같아 보인다.

13번 파4 홀 - 운악 스카이라인
이 골프장 단골 골퍼 대상 설문 조사에서 '크리크코스에서 가장 인상적인 홀'로 선정된 홀이라 한다. 약간 오르막에 솟아오른 '엘리베이티드 그린'으로 걸어 올라가다 보면 그린 지평선 위로 하늘과 운악산(雲岳山)만 보인다. 골퍼들은 그 풍광에서 알 수 없는 신비로움을 느끼는 듯하다. 구름이 산을 감돌 때는 산이 하늘에 떠다니는 듯 범접하기 힘든 신령스러움도 느끼게 된다.

이곳에서 남성적인 스카이라인이 보이는 반면, 그 다음 14번 홀에서는 이와 비슷하면서도 다소 여성적인 느낌으로 다른 '주금산 스카이라인'을 볼 수 있다.

15번 파3 홀 - 하트그린, 더블그린
이 홀에서만 그린이 두 개이다. 왼쪽 그린은 아일랜드 형, 오른 쪽 그린은 반도 형이며 특히 왼

17번 홀 그린 주변

쪽 그린은 하트(Heart) 모양이다. 모양이 독특하고 예뻐서, 이 홀 티잉 구역은 골퍼들에게 사진 촬영 배경으로 애용된다. 리노베이션 할 때, 설계가는 아일랜드 형의 '원 그린'으로 만들자고 제안했으나 소유주와 코스 관리 담당자들이 "아일랜드 그린은 겨울에 쉽게 언다"는 이유로 '반도 형 그린'을 원했다고 한다. 그래서 "그러면 둘 다 만들자"는 아이디어가 나와서 실행했다는데, 결과적으로 '크리크의 명물'이 된, 기억성 높은 '투 그린 홀'이다.

15, 16, 17번 홀 - 산중 호수

원래 이 3개 홀은 라운드 하면서 주변의 산을 잘 볼 수 없어서 다른 홀들보다는 전망이 좋지 않은 구역이었다. 2008년 리노베이션 할 때, 이 홀들에 나뉘어 있던 연못을 가운데로 합쳐서 커다란 호수로 만들고 '비치벙커'를 배치함으로써, 아름다운 산중호수를 낀 3개 홀 구역이 형성되었다. 특히 17번 홀은 세컨 샷 지점에서 바라 본 그린 주변의 모습이 이 구역의 '시그니처 존'이랄 만큼 서정적이다. 프로골퍼들에게는 어렵지 않은 홀이겠으나 평균적인 아마추어 골퍼들에게는 (티잉 구역 설정과 그린 핀 위치에 따라서) 게임 승부의 막판 변수가 빚어질 수 있는 홀이다.

'명문 퍼블릭'이라 평가되는 까닭

양잔디와 '명문 회원제 코스 급' 관리

이 코스의 페어웨이 잔디는 '켄터키블루그래스'종 양잔디이다. 양잔디는 우리나라 들잔디보다 잎이 좁은데다가 짧게 깎을 수 있어서, 놓여 있는 공을 칠 때 골프채와 공의 접촉면에 잔디가 덜 끼이기 되므로, 공에 회전을 주는 등의 기술을 잘 받아 준다.

그런 한편 이 품종의 원산지는 추운 지방이므로, 이른 봄에서 초겨울까지 푸른빛이 오래 유지되며 생육 기간도 길지만, 무더운 여름을 견디기가 어렵다. 약간만 잘못 다루면 더위에 타서 죽어버리기에 온도를 낮추고 습도를 조정해주는 노력을 게을리 할 수가 없는데, 손님을 많이 받지 않는 명문 회원제 골프장들은 그나마 관리하기가 낫지만 이용객이 많은 퍼블릭 골프장에서는 더욱 섬세하게 관리해 주어야 한다.
이 코스의 양잔디 관리는 개장 후 줄곧 모범적인 것으로 평가되어 온다. 웬만한 회원제 명문 골프장 못지않게 잘 관리되어 있다고 본다.

페어웨이는 16밀리미터 정도, 러프는 42밀리미터 높이로 관리되며, 그린스피드는 스팀프미터 계측 기준으로 평소에는 2.8미터~3.0미터, 대회가 열릴 때는 3.0미터~3.2미터 수준으로 관리된다고 한다. 퍼블릭 골프장임을 감안하면 상당히 섬세한 수준으로 관리되는 것이다.

7번 파4 홀

'한국 1위 친환경 골프장'

2019년 '레저신문'이 선정한 '친환경 골프장 베스트 20'에서, 이 골프장은 1위에 선정되었다. '4회 연속 1위'였다고 한다. '지열 시스템'을 도입해서 유류 사용을 줄이고 LED조명으로 탄소 배출량을 저감하며, 잔디 예지물을 토착 미생물로 발효, 숙성하여 퇴비로 재활용 하는 등의 농법을 개발하여 적용한다 한다.

자연 경관이 워낙 수려한 곳이기도 하지만 코스 곳곳에 위치한 수목들도 감상할 만하다. 2019년 별세한 선대 소유주의 소나무 사랑이 각별했다는데, 코스 곳곳에는 크고 귀한 소나무들이 많다. 소나무와 참나무가 울창한 자연림이 잘 보존되어 있다.

클럽하우스, 지원시설

36홀 골프장인 만큼 클럽하우스는 규모가 크다. 클럽하우스가 베어코스 쪽에 있어서 크리크코스는 카트로 10여 분 이동해야 하지만, 기능적으로는 모자람이 없는 시설과 서비스를 갖추고

있다. 라커룸이 코스별로 나뉘어져 있고 식당과 로비 프로샵 등 편의시설도 넓고 기능적이다. 2013년에 증축했다는데 일부러 모양을 내려고 하지 않고 기능에 충실하면서 시대감각을 반영한 디자인이 엄정해 보인다. 클럽하우스 건축은 소유주의 성향과 안목이 엿보이는 부분인데, 안정감 있고 간결한 분위기에 깊이가 엿보여서 '베어크리크'라는 이름에 잘 어울린다.

별도로 어프로치 연습장도 설치되어 있으니 일찍 도착하면 이용할 수 있다.

사회적 기여

2019년 'US여자오픈' 대회에서 우승한 '이정은6' 선수는 여고 2학년이던 2013년에, '베어크리크배 아마추어선수권대회' 우승으로 두각을 나타내기 시작한 바 있다. 이 골프장에서 매년 주최하는 대회로 2019년이 7회째라 한다. '베어크리크배 시각장애인골프대회'도 10년 넘게 이 골프장에서 열리고 있다. 화려한 정규 프로대회는 개최한 바 없지만, 골프문화의 한 부문에서 꾸준히 역할하고 있는 것으로 보인다.

묵묵한 이야기

'베어크리크'라는 이름은 이 골프장의 선대 소유주 고 류종욱 회장이 정한 것이라 한다. 여러 이름 후보들 가운데 '옛날 운악산에 곰이 많았다'는 이야기 등을 참조해서 골랐다고 전해진다. 그런 까닭도 있겠지만, 둔감한 나도 이 골프장에서 뭔가 '곰'이라는 이름이 어울리는 분위기를 느끼게 된다. 골프장 관계자 몇 사람의 말에 따르면 선대 소유주에게서 곰처럼 장중한 기운이 느껴졌다 하며, 말을 앞세우지 않고 묵묵히 스스로의 길을 가는 분이었다 한다.

회사는 소유주의 성품을 닮고 땅의 주인은 그 땅을 닮는다. 우리나라 골프장은 대개 산을 깎아서 짓기 마련인데 베어크리크GC도 그에서 자유롭지는 않으나, 이곳에서는 무언가 산을 우러르고 산에 안기고 '땅의 흐름'에 기대어 앉아있는 느낌이 든다.

크리크코스 3번 홀에서 앞 팀의 플레이가 끝나기를 기다리며 맞은 편 병풍같이 펼쳐진 봉우리들을 마주할 때, 13번 홀 세컨 샷을 마치고 그린으로 올라갈 때……
운악산은 무언가 이야기할 게 있는 것처럼 묵묵히 지켜본다.
그 이야기를 어렴풋하게라도 느끼려 애쓰지만, 나는 언제부터인지 한 곳을 오래 바라보고 깊이 듣는 힘을 잃어버린 듯하다.
조용한 힘…… 알을 품듯 고요히 깊은 생각을 키우는 능력이 남아 있다면 이곳의 풍광과 감응할 수 있을 것이라 생각한다.
그러나 공을 치고 내기 돈을 셈하고 동반자들과 사진을 찍느라 몸은 부산할 뿐이다.

예쁜 옷을 입고, 멋진 스윙을 하고, 그 장면들을 아름다운 '라운드 인증샷' 사진으로 남기는 골퍼들이 눈에 많이 띈다. 이 코스의 풍광은 누구에게든 '버킷 리스트'로 삼으라 권할 만큼 '포토제닉'하다.
이곳에 가면, 산을 우러러 안기든, 산을 오래 바라보든, 산을 배경으로 혼이 빠지게 사진을 찍든…… 운악 풍광이 말하는 묵묵한 이야기들도 어딘가에 담아와 오래 간직할 수 있을 것이다.

글/ 류석무

사진은 주로 베어크리크 골프클럽이 제공한 것을 사용했으며 일부는 글쓴이가 찍은 것입니다.

JADE PALACE
GOLF CLUB

신령스러운 땅의 메이저 대회 명문 골프장 – 제이드팰리스 골프클럽

글. 사진 / 류석무

제이드팰리스 골프클럽
신령스러운 땅의 '메이저대회 명문' 골프장

골프는 버려진 황무지에서 시작된 것이라 한다.
양떼를 풀어먹이는 것 말고는 쓸모가 없을 북유럽 바닷가 바람단지의 잡초 언덕에서,
토끼가 풀을 뜯어먹은 자리가 그린이 되고 토끼 굴이 홀이 되었으며,
양떼가 지나가는 자리는 페어웨이가 되었다고 전해진다.
토끼와 잡초 더미들이 주인이었을 벌판에 18개의 깃대를 꽂아 사람의 놀이터로 사용하는 것이
골프 코스의 원형이고 기본 정신이라 한다.

평지가 흔치 않은 우리나라에서, 골프장들은 대개 산에 만들어졌다. 산은 사람이 드문 곳이긴 하지만 쓸모없거나 버려진 땅은 아니다. 산의 본디 주인이 사람인지 산에 살던 나무와 동물들인지, 또는 산 그 스스로가 주인인지는 모르겠으나, 제 몸을 허락한 적은 없는 산을 사람이 파헤쳐 놀이터로 쓰고 있는 것이겠다.

산들 중에도 어딘지 신령스러운 느낌을 주는 곳이 있다. 북한강변 춘천의 <제이드팰리스골프 클럽>이 들어선 아름다운 구릉지도 그런 곳 가운데 하나이다.

신령이 깃든 땅에 공들여 만든 골프장

제이드팰리스GC 15번 홀에 서 있는 '위지령비(慰地靈碑)'라는 빗돌은, 이곳에서 라운드 한 골퍼들이 인상적으로 보았다고 입을 모아 말하는 명물이다. 서울대학교 지리학과 교수를 지낸 유명한 풍수학자 최창조 선생이 쓴 가슴 서늘한 비문이 새겨져 있다.

위지령비(慰地靈碑)
이 터에 위로와 감사를 드리며

글 최창조

삼가 아뢰옵건대 우리 인간들의 이기(利己)와 방종(放縱)을 용서하시옵소서

이제 저희들은 이 곳에 쉼터를 마련하고자 하는 일들이 지령(地靈)의 심기(心機)를 괴롭히는 짓인 줄 모르는 바 아니오나 세상살이의 고단과 슬픔이 너무 과하여 이 터의 지령에게 심려(心慮)를 끼치게 되었습니다.

하지만 맹세컨대 저희는 이 터의 지령과 수목, 돌, 흙, 풀벌레 하나하나에 까지 정성을 바칠 것을 천지신령에 두고 약속 드립니다. 저희들은 결코 지령께 누가 되지 않도록 깊이 삼가며 감사의 심회를 잊지 않겠습니다.

훼손된 부분은 치유해 드리고 불편한 심경은 다독여 드릴 것입니다.

지령이시여! 이 곳에 품을 들인 저희들을 어여삐 여기시어, 모쪼록 하해(河海)와 같은 은혜를 베풀어 주소서.

15번 홀 티잉 구역 옆에 있는 '위지령비'

이 골프장 주인인 한화그룹은 전국 여러 곳에 골프장을 운영하고 있다. 그런데 다른 곳에서는 이런 빗돌을 세우지 않은 것으로 안다.

산신령 같은 '월두봉'

이곳은 안동의 하회마을처럼 강이 크게 돌아나가며 형성된 구릉지이다. 우리나라 백두대간으로 보면 한북정맥에서 갈라진 '화악지맥'이 뻗어 내려오다 북한강의 유장한 물돌이를 만나 보납산, 물안산, 월두봉의 봉우리를 일으켜 세우고 잠시 쉬어가는 곳이다.

가평과 춘천의 경계에 있지만 산은 사람의 행정 경계를 가르고 또 넘나드니 보납산과 월두봉은 이 골프장 터를 마주보며 수 만년 이상 감응해 온다.

특히 강 건너 우뚝 솟은 월두봉은 처음 보는 이에게도 예사롭지 않은 느낌을 준다. 비 온 아침 구름 걸린 월두봉은 마치 코스를 굽어보는 산신령처럼 느껴지기도 한다.

이곳 땅에서 얼마나 신령스러운 느낌을 받았기에 골프장을 지으면서 이렇듯 땅(地)의 영(靈)에게 은혜를 베풀어 달라 빌고 있는 것일까.

5번 홀

'그렉 노먼'과 함께 10년 공들여 만든 코스

이곳 터의 기운을 예사롭게 보지 않아서인지 최고급 회원제 클럽을 만들고자 하는 열망이 컸기 때문이었는지, 한화그룹은 이 골프장을 조성하는 데 10년 동안 공을 들인다.

1995년 사업승인을 받고 이듬해 착공해서 2004년 개장한다. 골프장 공사가 보통 3~5년 걸리는 데 비해 이례적으로 오래 걸린 것이다. 사업승인을 받기 전에 기본적인 조성 계획 검토도 했을 것이니 10년 이상 매달린 것으로 보인다. 코스 설계를 1995년 당시의 세계 최고 프로골퍼이던 그렉 노먼(Greg Norman)에게 맡긴 것을 봐도 들인 정성을 짐작하게 된다. 그렉 노먼의 설계를 받아, 우리나라 '임골프(당시 대표 임상하)'의 실시설계로 완성했다. (해외 골프 코스 디자이너가 국내 코스를 설계할 경우 국내 법령이나 한국 산중 지형의 특수성을 감안하여 실제 시공 가능한 세부 설계를 우리나라 전문가의 손으로 하게 된다. 그것을 '실시설계'라 한다.)

이렇게 공들여 추구했던 조성의 원칙은, 대략 세 가지였던 것으로 추측한다.

첫째, 자연의 원래 생태적 아름다움을 최대한 살린다.
둘째, 국제 대회를 치를 수 있을 만큼 코스의 완성도를 높인다.
셋째, 국내 최고 회원제 클럽으로서의 품격을 세운다.

자연을 어루만지는 세심한 조경

이곳은 단언컨대, 우리나라에서 풍광이 가장 수려한 골프장 중 하나이다. 그냥 아름다운 풍경이라기보다는 앞서 말한 대로 신령스러운 느낌이 드는 지형이며 이러한 본디 느낌을 세심하게 살려 만든 코스로 보인다.

코스를 굽어보는 '월두봉'이 해발 453미터 정도 되며 페어웨이는 해발 고도 평균 200미터 정도를 오르내린다. 산중의 구릉과 골짜기를 따라 조성했으면서도 고저 차가 심하지 않다.

아름다운 땅과 골퍼의 교감

플레이 하다 보면 한 홀 한 홀이 모두 독립되어 있어서 고적하고 아늑하다.

숲은 구름 같고 페어웨이는 구름을 타고 가는듯한 구릉 위로 나 있어서, 구름 위를 산책하는 느낌도 든다. 멀리 보이는 산의 겹겹 능선과 가까이 보이는 산봉우리, 넓은 페어웨이 지평선 들이

입체적인 배열로 펼쳐지면서 플레이어의 눈은 각 홀마다 다른 원, 근경의 조화가 빚어내는 풍광을 만난다.

월두봉과 보납산, 물안산의 수려한 봉우리들은 라운드 하는 내내 가깝고 먼 곳에서 얼굴을 보이며 따라다닌다. 그 흐름은 이곳의 원래 지형이 가진 능선의 리듬과 야성을 살린 듯 자연스럽다.

라운드를 하다 보면 이곳 땅의 지령과 건너편 봉우리들이 서로 감응하면서 내게 정말 무언가 하고 싶은 말이 있어 하는 것 같은 느낌이 들기도 한다.

미안한 마음을 지령(地靈)이 알아줄까

원래 자리 잡고 있던 자연산림을 보존하려는 노력도 많이 한 코스인 듯하다.

세계에서 가장 유명한 골프 코스들인 오거스타 내셔널GC와 사이프러스포인트CC 등을 설계하고 골프코스 설계 이론을 처음으로 정립한 알리스터 맥캔지 박사(Dr.Alister MacKenzie)는 그의 저서 <골프코스 설계학(Golf Architecture)>에서, "존경 받을만한 설계가들은 자연 그 자

11번 홀에서 바라본 10번 홀과 클럽하우스

체와 구별되지 않을 만큼 자연에 가까운 아름다움을 빚어내는데 목적을 둔다."고 적었는데 이
골프코스를 라운드 하면서 원래의 자연과 인공의 코스를 갈라서 보기는 쉽지 않다.

가평, 춘천에 많은 것으로 유명한 잣나무 숲이 코스 옆을 따라 울창하다.

철 따라 다른 새소리가 들리고 시간의 흐름에 따라 여기저기서 피고 지는 꽃도 볼만하다.

견고한 바위 덩어리였던 산의 경사면을 절개하면서 나온 바위들을 원래 형태로 노출시켜 조경
에 활용한 것도 자연스러워 보인다.

이곳이 원시림 숲이었을 때는 어떤 모습이었는지 모르겠지만 사람의 놀이터를 만들면서 어쩔
수 없이 따르는 자연 훼손에 대하여 미안한 마음을 갖고 환경을 덜 해치려 한 고민과 노력이
적잖이 엿보인다.

이곳의 지령(地靈)이 그 노력을 가상하게 여겨 용서하는지는 알 수 없지만.

'백상어' 이름을 걸고 '가장 어렵게 만든 코스'

'대회 세팅'으로 치면 너무나 어려워

보기에 아름다울수록 플레이는 어렵기 마련이다.

2017년부터 이곳에서 한국여자프로골프협회(KLPGA) 메이저 대회인 <한화클래식>이 매년 열리고 있다.

나는 2017년 대회가 열리기 바로 일주일 전에 이곳에서 '대회 세팅'으로 라운드를 한 적이 있는데 너무나 어렵게 플레이했다. 그 전에도 여러 번 라운드 한 적이 있기에 코스가 쉽지 않은 것은 잘 알고 있었지만 '대회 세팅' 코스는 평상시보다 훨씬 난도가 높았다.

페어웨이가 바이올린 허리처럼 좁아지고 러프 풀 길이가(평소 45mm 정도 될 때도 빠져 나오기 쉽지 않았는데) 70~100mm 길이로 우거져 있으니 러프에 들어가면 점수를 잃을 수밖에 없었다.

그린도 딱딱하고 빨라서 아이언 샷 한 볼을 그린 위에 세우기도 쉽지 않았다. 그날의 동반자들은 '아마 역대 최고 난코스일 것'이라며 선수들의 우승스코어 내기를 했었다.

나는 4라운드 합계 5언더파에 걸었고 심지어 '이븐 파' 정도면 우승할 거라고 한 이도 있었다. (동반자들은 대개 골프 전문가 또는 그에 가까운 이들이었다) 그런데 대회 결과는 오지현 선수의 13언더파 우승이었다.

우리나라 여자 프로골퍼들 실력이 얼마나 좋은지 경탄할 수밖에 없었다.

"가장 어려운 코스로 만들어 주시오!"

세계 최고 실력의 프로골퍼들이니 그런 스코어를 낼 수 있었던 것일 뿐 이 코스는 난도가 높다. (골프장 측에서 코스레이팅 자료를 내지 않아서 정확한 추정은 어렵지만) 평소 핸디캡보다 대략 5타 정도 더 치게 된다고 한다. 토너먼트 코스로만 치면 전체 길이가 특별히 길지도 짧지도 않은 편이지만 일반 아마추어 골퍼들에게는 긴 코스이다.

전해지는 이야기로는 클린턴 미국 전 대통령이 방한했을 때 한화그룹의 김승연 회장과 골프를 하면서 "한국 골프장은 다 이리 쉬우냐"고 했다 한다. 그래서 김승연 회장이 그렉 노먼을 불러 "가장 어려운 골프장으로 설계해 달라"고 해서 만든 게 이 코스라는데 이야기의 사실 여부는 알 수 없다.

14번 파3 홀(박태성 사진)

"벙커를 고치려면 내 이름을 떼라"

이 코스를 설계한 '백상어' 그렉노먼은 한때 세계랭킹 1위를 331주 동안 차지할 만큼 전설적인 프로골퍼이자 도전적이고 상상력 넘치는 플레이로 유명했던 선수이다.

그의 개성이 반영된 이 코스는 결코 우연히 좋은 스코어가 나올 수 없는 장치들로 가득하다. 티 샷을 할 때부터 전략을 선택해야 하고 도전에 대한 보답과 만용에 대한 응징이 대부분의 샷에서 교차한다.

깊고 큰 벙커와 억센 러프가 곳곳에서 가로막고 있고 그린 주변으로 갈수록 어려워진다. 그린이 2단 이상으로 된 곳이 대부분이고 솟아 오른 모양이라 '공이 굴러서 올라갈 수 있는 그린은 없다'고 하겠다. 그린이 빠르고 경사도 큰 편이라 세심한 터치가 필요하다.

클럽 명칭	제이드팰리스 골프클럽 Jade Palace Golf Club
클럽 한 줄 설명	최고 풍광의 산중 명문 클럽
개장 연도	2004년
규모, 제원	18홀 파 72, 최대길이 7,072야드 (71개 벙커, 6개 연못)
클럽 구분	회원제 (회원 200여명)
설계자	그렉 노먼(Greg Norman)
소유 회사	한화호텔앤드리조트㈜
잔디 종류	중지(페어웨이), 패스큐(러프) 크리핑 벤트그라스(그린), 제니스(그린 주변) 켄터키블루그라스(티잉 구역)
관리 특징	자연형 골프장 조성 (자연산림의 특성을 살린 코스 조성)
티오프 간격	10분 ~8분 가변 운영
캐디, 카트	4백 1캐디, 승용카트(5인승)

그리고 '샌드 페이스드 벙커'라고 하는, 그렉 노먼의 고집이 담긴 벙커들이 특히 인상적인 것으로 잘 알려져 왔다. (페이스드 벙커란 말 그대로 벙커 표면이 마치 얼굴처럼 플레이어를 마주보는 것을 말한다) 페어웨이 벙커도 대개 이런 모양이라 반드시 피해가야 하는 장애물이며 그린 주변에 입을 벌리고 있는 벙커들에 들어가면 대개는 어려운 거리의 벙커샷을 해야 해서 점수를 지키기 어렵다.

이 깊은 벙커들의 턱을 보존하기 위해서 고무 턱을 만들어 놓아 어려움을 더했던 바 있다. 그렉 노먼의 고국인 호주에는 한꺼번에 큰 비가 오는 경우가 거의 없어서 이런 모양의 벙커 사면을 유지하기 쉬우나 장마철에 폭우가 내리는 우리나라 기후 환경에서는 관리하기가 매우 어려웠다 한다. 또한 이들 벙커가 너무 어렵다는 회원들의 원성이 자자해서 설계자 그렉 노먼에게 벙커 수정에 대한 양해를 구했더니 "벙커를 고치려면 내 이름은 떼라' 했다는 이야기도 있었다.

그런데 최근에 가 보니 벙커 턱을 세운 방식을 바꾸고 있었다. 리베티드 벙커(revetted bunker) 형식으로 리모델링한 것인데 이는 벙커의 벽면을 잔디 뗏장을 켜켜이 쌓아 세운 것을 말한다.

벙커턱 모양

스코틀랜드의 링크스 코스에서 쓰이는 방식이다. 요즘 들어 이 벽면을 조성할 때 '듀라(dura)'라는 인공제품을 같이 넣어 견고성을 높인 '듀라벙커(durabunker)'라는 최신 공법이 많이 쓰이는데, 이곳에도 이 공법이 도입된 것으로 보인다. 훨씬 자연스러워 보인다. 그렉 노먼의 설계 의도를 존중하면서 벙커의 난도와 자연스러움을 함께 해결한 것이다.

돈이 많이 드는 리모델링을 한 것도 큰 투자이겠지만 십 년 넘는 세월 동안 숱한 원성을 들으면서도 설계자와의 약속을 지키며 기다려온 이 클럽의 심지도 대단하다는 생각이 든다.

그렉 노먼이 집요하게 요구하는 것

그런 반면 페어웨이 잔디는 편안한 한국형 중지이고 관리 상태가 좋아서 모든 샷을 잘 받아준다. (이곳에서 라운드 한 경험이 있는 사람들 중에서도 이 코스 잔디 품종이 양잔디인 줄 아는 이도 많다. 마치 양잔디처럼 짧고 밀도 높게 관리하기에 그렇게 오인하는 듯하다)

산 위에 있지만 시원시원하게 펼쳐진 코스가 남성적인 호연지기를 느끼게도 한다.

자연과 교감하며 치는 코스이고, 설계자의 트릭과 배려를 생각하며 치는 코스이며, 도전과 겸

6번 파3 홀

손 가운데 스스로 깨우치며 치는 코스라고 할까.

플레이에 임할 때는, 단순하게 똑바로 치는 샷만을 요구하는 홀은 없다는 것을 염두에 둘 만하다. 똑바로 치는 방법으로도 어느 정도 좋은 성적을 낼 수는 있겠지만 모든 홀에서 힘과 기술과 상상력을 골고루 요구하고 있다. 그린 핀 위치와 티잉 구역의 세팅에 따라서 공을 멀리 치고, 의도적으로 회전시키고, 세우고 굴리는 기술을, 설계자는 다양하고 집요하게 주문한다.

'최고 명문 클럽'의 자부심

클래식한 클럽의 우아한 서비스

이곳은 회원들에게만 개방되는 폐쇄적인 클럽이지만 유명 골프 브랜드들의 광고 영상 촬영지이기도 했기에 대중의 눈에 꽤 익숙한 장소들이 있다.

다니엘 헤니, 김사랑 씨들이 나왔던 <와이드앵글> 의류 광고, <야마하> 골프클럽 광고 등이 여

기서 찍은 것들로 보이는데 이곳의 건축물들이 예뻐서 촬영지로 인기가 높으며, 여성 골퍼들이 특히 더 좋아한다고 한다.

클럽하우스 건축은 세계적인 디자인 그룹인 미국 WZA사와 국내 필건축의 공동 작품으로 영국식 튜더(Tudor) 양식과 조지언(Georgian) 양식을 결합한 컨셉트라고 한다.

동화적인 고성(古城)의 느낌인데 내부의 분위기는 전체적으로 영국식 귀족풍이다.

로비 라운지와 레스토랑은 조지언 스타일, 프로샵과 라커룸은 스코틀랜드 트래디셔널 스타일을 표방하며 전체적으로 영국의 전통을 중시하는 클래식한 느낌이다.

사람마다 취향은 다르겠지만 무엇보다 클럽하우스가 너무 크지도 작지도 않아서 기품이 선다. 적은 수의 회원만을 극진히 모신다는 프라이빗 클럽의 성격에 알맞은 모습이다.

이름이 제이드팰리스(Jade Palace)라 궁전 느낌이 날 것 같지만 으리으리하기보다는 차분하게 보수적인 우아함이 느껴진다. 옥(玉)이라는 뜻의 제이드(Jade)는 이 근처 춘천에 옥광산이 유명하기에 따온 듯하다.

소수의 회원들만을 위한 격식과 서비스

이 클럽의 서비스는 앞 편에서 소개한 안양CC 못지않다.

고풍스러운 클럽하우스 현관으로 차를 몰고 들어가면 모든 손님에게 '발렛파킹' 서비스가 제공되며 직원이 보스톤 백을 받아 라커룸까지 들어다 주고 나올 때도 당연히 캐디백과 보스톤을 차에 실어준다.

파우더 룸에서 쓰는 위생용품도 유명 외국산이라 몇 개씩 챙겨 가는 사람들도 있다고 한다. 2019년 봄부터는 일부 국산 제품으로 바뀌기도 했는데 품질이 좋았다.

이곳 레스토랑과 와인 바 등의 식음 서비스는 같은 한화그룹 계열의 프라자호텔에서 맡고 프로 샵은 갤러리아 백화점에서 맡고 있다.

클럽하우스에선 재킷을 착용해야 하는 격식을 아직 지킨다. 회원은 200명 남짓이라고 하는데 돈이 많은 사람이라 해서 누구에게나 회원자격을 부여하지는 않고 까다로운 회원자격 심사를 거친다.

클럽하우스 내부

'명문 클럽'이란 무엇인가

제이드팰리스 골프클럽은 국내에서 손가락 안에 꼽는 '최고급 명문 클럽'으로 알려져 있다.

굳이 랭킹을 매기면 국내에서 5위 안에 드는 클럽이고 크고 작은 랭킹 심사기관들의 평가에서 대개는 10위 이내에는 드는 골프장이다.

내 생각으로는 한강 이북에서 이보다 명문이라 할 조건을 두루 골프장을 찾기 어려울 듯하다. '명문'클럽이란 회원권 값이 비싸거나 호화롭게 꾸민 곳을 말하지는 않는다. 이곳이 시설과 서비스가 나라 안에서 최고급에 들고 코스의 생김새와 관리도 빼어나며 회원들의 사회적 지위도 높은 '럭셔리 프라이빗 클럽'임은 분명하지만 그런 까닭으로 명문이라 불러야 하는 것은 아니겠다.

이 코스에서 KLPGA 메이저 대회인 <한화클래식> 토너먼트가 열리면서 비로소 명문이라는 이

름에 맞는 조화로운 경력을 갖추어 나가게 된 것으로 느낀다. 꽉 찬 것 같은데 뭔가 모르게 부족한 듯했던, '클럽의 이야기'들이 이제 잘 갖추어져 가는 듯하다.

빼어난 캐디들의 서비스 수준

캐디들의 서비스 수준이 높은 것도 이 클럽을 말할 때 빼놓을 수 없는 하나로 칭송된다.

다른 골프장에서의 경력이 없는 신입 캐디를 선발해서 제이드팰리스GC만의 수준 높은 특별 서비스 교육 과정을 거쳐 손님을 맞는다고 들었다.

그런데 내가 경험하기로는 꼭 신입 캐디들만 고른 것은 아닌 것 같다. 나는 이곳에서 다른 골프장 경력이 있다고 하는 베테랑 캐디를 만난 적도 있다.

"캐디의 서비스 수준은 플레이어의 수준과 비례한다"는 말도 있더라만 - 이곳 회원들의 수준이 높아서 그런 걸까 - 신입이든 경력이든 이곳 캐디들의 서비스는 늘 만족스러웠다.

몇 가지 소소한 이야기들

'원 온'이 되기도 하는 1번 홀

1번 홀은 내리막 290미터 정도 되는데 KLPGA 한화클래식 대회에서는 일부러 티잉 구역을 약간 앞으로 빼 놓아서 선수들이 '원 온'을 시도할 수 있도록 했었다. 내리막 270미터 정도 되니까 '제시카 코다' 등 장타자 선수들은 고민 없이 핀을 바로 보고 티샷을 했다. 아마추어들도 거리가 좀 나가는 사람들은 이곳에서 '원 온 트라이'를 한다. 그런데 나는 바로 올리는 동반 플레이어를 보지는 못했다. 대개 그 앞 벙커에 속절없이 빠뜨리거나 왼쪽 숲으로 집어넣곤 했다. 이 홀이 가장 짧고 쉬운 '서비스 홀'이니, 기분 좋게 시작하라는 배려이겠다. 이 홀에서 좋은 점수를 얻지 못하면, 기회가 별로 없을지 모른다.('한화클래식' 대회에선 10번 홀이 된다)

1번 홀(왼쪽), 18번 홀 인공폭포(오른쪽)

월두봉과 인공폭포

강 건너 '월두봉'은 풍수지리에서는 '문필봉'이라고도 하며 뾰족하게 선 모양에서 양기를 강하게 뿜어낸다고 한다. 이 코스에서 라운드 하다 보면 이 월두봉과 여러 차례 인사하게 된다. 코스 전체가 이 봉우리의 '영향권' 안에 있는 것으로 보인다. 9번 홀 옆에 만들어 놓은 커다란 인공폭포는 아마도 이 월두봉의 강한 양기를 받아내기 위한 비보(裨補 도와서 모자라는 것을 채움을 뜻하는 풍수 용어)인 듯하다.

'타이거 우즈 동판'과 '킹콩바위'

9번 파5홀 페어웨이 세컨 샷 지점에는 골프황제 타이거 우즈가 티샷한 볼이 떨어진 자리를 표시하는 동판이 박혀 있다. 이 홀을 '타이거우즈 홀'이라고 부르는 이도 있던데 2011년 타이거 우즈가 방한했을 때 이곳에서 아마추어와 주니어골퍼를 위한 골프클리닉 행사를 연 적이 있다. 그때 타이거 우즈가 '챔피언 티'에서 쳤던 공이 280미터를 날아가 떨어진 그 자리에 동판을 박은 것이라 한다. 그때만 해도 타이거우즈는 많이 젊었다. 쌀쌀한 날씨에도 빨간색 반팔 티셔츠를 입고 나왔던 모습을 기억한다. 부드럽게 툭 친 샷이었던 것 같은데도 볼이 떨어진 표식 동판은 짐작보다 먼 자리에 있다. '레귤러 티'에서 친 내 티샷은 물론, 장타자라고 자부심 강한 동반자의 티샷 볼보다 사뭇 멀리 나간 곳에 동판이 있어서 모두 놀랐던 기억이 있다.

그리고 이 홀 그린에서 150미터 지점에 있는 커다란 바위 모양이 옆에서 보면 마치 '킹콩' 같아서 나는 '킹콩바위'라고 불렀는데, 알고 보니 다른 이들도 그렇게 부르고 있었다.

클럽하우스 외관(왼쪽), 9번 홀 '킹콩바위'

포토제닉 클럽하우스

동화적인 고성(古城) 분위기가 나는 클럽하우스는 아마도 우리나라에서 가장 많이 텔레비전 CF 영상 배경으로 등장한 건물일 것이다. 이 클럽하우스는 앞서 설명한대로 미국 'WZA'사와 국내 '필건축'의 공동 작품으로 영국식 튜더(Tudor) 양식과 조지언(Georgian) 양식을 결합한 콘셉트라고 한다.

전체적으로 전통을 중시하는 영국식 귀족 풍인 가운데 클래식하기도 하고 판타지 영화 속의 한 장면 같은 느낌이 나서 사진 배경으로 사랑 받는다. 특히 클럽하우스 앞의 계단과 정원은 정교한 디테일과 우아한 구도로 이곳을 방문하는 골퍼들의 '포토 존'으로 애용된다.

위지령비 앞에서

이곳에서 라운드를 할 때면 위지령비(慰地靈碑)의 글을 거듭 새겨 읽게 된다.
이 비문에 적힌 것처럼 정녕 지령(地靈)이 있다면,
골프를 즐기는 나 또한 번번이 죄를 되풀이 하며 쌓아가는 셈이겠다.

비문이 말하듯이 골프라도 칠 만한 이들에게도 '세상살이의 고단과 슬픔이 너무 과하다'면
소외된 곳에 처한 이들의 아픔은 어찌 어림잡아서라도 헤아릴 수 있을 것인가 하는
허튼 오지랖의 번뇌 속에서,
'하해(河海)와 같은 은혜'를 얻으려면 얼마나 많은 공덕을 쌓아야 하는지 생각하다가
마음과 샷이 늘 흔들린다.

글과 사진 / 류석무
사진 중 일부는 박태성 님이 제공한 것을 사용했습니다.

15번 홀 옆 '위지령비'

SKY72 GOLF & RESORT
HANUL COURSE

최고 인기 퍼블릭 골프장 - **스카이72 하늘코스**

글 / 류석무

스카이72 하늘코스
최고 인기 퍼블릭 골프장

어느 봄날 스카이72 하늘코스에서 낯선 사람들과 '조인 라운드'를 했다.

이미 여러 차례 다녀본 곳이지만 이 글을 쓰기 위해 다시 라운드 하려니, 나의 평소 골프 친구들은 시간이 잘 맞지 않거나 "퍼블릭인데 요금이 비싸다"며 머뭇거렸다.

그날 나와 '조인'한 이들은 나이가 30~40대로 보이는 골퍼들이었다. 40대 후반이라고 밝히는 남자와 30대 후반으로 보이는 여자는 일행이었고, 또 다른 남자는 나처럼 홀로 왔다. 남녀 일행은 골프 동호회 월례모임에서 알게 된 골프 친구라고 했다. 남자는 '80대 중반 타수' 수준의 장타자였고, 여자는 방송에 나오는 프로골퍼들처럼 체형과 스타일이 세련된 '싱글 디지트 핸디캐퍼'였다. 두 사람은 스트로크 내기를 했다. 여자가 돈을 꽤 따서 라운드가 끝나자마자 "오빠 고마워요. 안녕~!" 하며 먼저 떠났다. 또 다른 남자는 40대 중반 나이의 회사원이라 했는데 체격이 컸고 어마어마한 장타자로 90대 초반 타수 실력이었다.

이들은 '제이린드버그'와 'PXG', '타이틀리스트' 브랜드의 옷을 입었다. 여자는 긴 다리를 드러내는 짧은 스커트에 무릎 위까지 오는 스타킹을 신고 '파리게이츠' 브랜드 분홍색 모자를 썼다.

스코어 카드를 보니 남자들 중에서는 내가 가장 낮은 타수를 쳤는데도, 동반자들이 워낙 장타를 치고 멋진 스윙을 하는 터라 오히려 가장 못 친 것 같은 느낌이 들었다.

새로운 문화 흐름을 만든 골프장

여자는 라운드 중 틈틈이 '셀피' 사진을 찍었다. 캐디는 사진 잘 나오는 장소와 각도를 가르쳐주고 친절하게 직접 찍어주기도 했다. 바로 옆 인천공항 활주로에 비행기가 뜨고 내릴 때, 팔짝 뛰어오르며 비행기를 잡는 시늉하는 사진도 찍었다. 사월 말이었지만 진녹색 보드라운 양잔디가 지평선까지 펼쳐진 이국적인 모습의 스마트 폰 사진을, 그 자리에서 여기저기 전송하며 자랑하는 듯했다.

뻘밭과 바위산이던 '섬 구석'
활주로와 골프장이 있는 이 자리는 스무 해 쯤 전에는 개펄과 염전과 야산이었다.
<스카이72> 골프장의 '하늘코스'와 '오션코스' 자리는 바위산이었고 지금의 레이크, 클래식 코스 자리는 폐염전과 뻘밭이었다고 한다.
월미도 부두에서 아침저녁으로 왕복하는 큰 배에 차를 싣고 들어가 을왕리 해수욕장으로 운전하고 가던 일차선 길의 황량한 90년대 풍경을 기억한다. 염전과 개펄 사이 길가에 엉겅퀴 꽃이 듬성듬성 피어 있었다. 오후 7시에 마지막 나오는 배를 놓치면 을왕리 해변의 여인숙에서 하룻밤 자고 나올 수밖에 없던 까마득한 어촌 섬이었다.
이 섬에 국제공항이 생기면서 2002년 인천공항공사에 사업시행자 지정을 받고, 2004년 9월

6번 홀. 석양

'인천경제자유구역청'에서 골프장 사업계획승인을 받아, 2005년 7월 '하늘코스'가 문을 열었다. 그해 9월 레이크코스, 링크스코스, 세계 최대 규모의 골프연습장인 '드림골프레인지'(400야드, 300타석), 10월 말엔 '오션코스'가 문을 열었다.

'홍콩의 운명'을 닮은 방식
이 골프장이 생기기 전 우리나라 골프장들은, 땅을 사서 골프장 조성 인허가를 받고 회원권을 '선 분양' 해서 들어온 돈으로 공사비를 충당하여 만드는 '회원제 골프장'이 대부분이었다. 일부 있던 대중제(퍼블릭) 골프장들은 회원제 골프장을 조성할 때 18홀 당 9홀씩 의무적으로 조성해야 했던 구색 갖춤이어서, 회원제 '정규 코스'에 비해 규모와 시설이 열악한 '비정규 코스'들인 것이 거개였다.

그런데, <스카이72>는 공기업(인천공항공사) 땅을 일정 기간 임대해서 건설하고 운영하는 방식이다. 빌린 땅에 골프장을 짓고, 일정 기간 동안 임대료를 내며 운영하는 계약을 맺은 것이다. 다른 골프장들은 땅의 소유권을 가졌기에 부동산 시세 차익을 기대할 수도 있지만, 이곳은 오

로지 운영 수익만으로 건설비와 운영비를 충당하고 이익을 내서 투자자에게 갚음해야 한다. 당연히 위험부담이 많은 사업이었다. 영국은 홍콩 땅을 155년 동안 사용할 수 있었지만, '스카이72' 사업자에게 보장된 시간은 고작 십몇 년이었다.

"우리나라 미래 골프장의 현재 모습"

그런데도 '스카이72'는 국내의 내로라 하는 '정규 코스'에 못지않은, 오히려 그보다 높은 수준의 '국제 규격 코스' 대중제(퍼블릭) 골프장으로 만들어졌다.

이 골프장이 문 열 때와는 달리, 지금 와서는 우리나라 퍼블릭 코스들 중에 웬만한 회원제 골프장보다 나은 규모와 시설을 갖춘 곳이 많다. 시대의 변화가 이런 흐름을 필연적으로 나은 것인지, '스카이72'가 이런 변화 흐름의 발원지인 것인지는 단정할 수 없다. 다만 '스카이72'가 이끈 골프장 패러다임 전환과 문화 혁신이 이런 변화를 촉진하고 앞당겼음은 분명하다.

'스카이72'는 한국에서 "골프장의 미래를 만들어온 골프장"이다. 이곳을 시작으로 골프장들은 '앉아서 손님을 받는' 거만한 '갑'의 모습을 점차 지워가기 시작했고, 미흡하나마 저마다의 특

하늘코스 전경

색과 문화 만들기에 눈뜨기 시작했다.

이 골프장의 최고경영자는 "생존하기 위해 현재에 충실하다 보니 그게 미래의 모습이 되기도 했다"고 말한다.

그 말을 다른 식으로 하면 "미래 골프장의 현재 모습"이랄 수도 있겠다.

"4천억 원 넘는 공사 견적을 받고……"

"가장 싸게 드는 방법으로 가장 좋은 코스를 만들어야 했다"

스카이72 골프장 전체 조성계획을 세우고 직접 설계·시공을 총괄한 안문환 씨의 회고이다.

사업주가 돈 많은 재벌그룹이었다 해도, 일정 기간 동안의 임대 사업이라는 제약 때문에 조성 비용을 많이 들이기는 어려웠을 것이다. 이 골프장 건립, 운영 사업자는 골프업계 전문인들이었다. 종합 계획은 안문환 씨(당시 '오렌지엔지니어링' 대표)가 세웠고 사업자는 당시 골프 회원권 판매, 중개업체인 '에이스회원권거래소'와 '골프다이제스트' 잡지를 운영하던 전문가집단이었다. 골프를 잘 알고 아이디어는 많았지만 자금은 넉넉하달 수 없었다.

그런데 처음 개발 비용을 산정했던 업체는 4천억 원 넘는 견적을 제출했었다고 한다. 그렇게 큰 금액을 들여서는 성립할 수 없는 사업이었기에 이들은 가장 실질적인 방법을 찾아서, '현장'과 '열정'과 '창의성'으로 부딪혀 나간다.

현장에서 찾아낸 저비용 고품질

개펄이었던 땅이라 지반이 연약한 문제, 바닷물 염분이 올라와 잔디 생육이 어려운 문제 등 조성에 많은 비용이 드는 수많은 과제들을, 현장에서 맞닥뜨려 나온 창의적인 방법으로, 현장의 자재를 활용하여 저비용으로, 그러나 효과적으로 해결한다. 오션코스와 하늘코스 자리의 산을 깎은 흙과 골재를 클래식 코스와 레이크 코스 자리의 뻘밭을 메우는 데 쓰는 등의 방법들이었다. 그 과정에서 기발한 아이디어가 나오기도 하면서 비용은 크게 절감되고 시공의 질은 오히려 높아졌다 한다.

골프장/코스 명칭	스카이72골프앤리조트 - 하늘코스 Sky72 Golf & Resort - HANUL Course
한 줄 소개	현재 골프장이 제안하는 미래 문화
개장 연도	2005년
규모, 제원	18홀 파72 , 전체길이 6,534m (7,146yd) 바다코스, 클래식코스, 레이크코스와 함께 72홀
골프장 구분	대중제(퍼블릭) 골프장
위치	인천광역시 중구 공항동로 392(운서동2029-1)
코스 설계	안문환 / 코스 기획 및 설계·시공 총괄 (설계 실무 : 강상문, 노준택)
운영 회사	스카이72골프앤리조트㈜
잔디 종류	페어웨이 : 벤트그래스 러프 : 켄터키 블루그래스, 헤비러프 : 패스큐 그린 : 벤트그래스 에이프런 : 벤트그래스
티오프 간격	7분
휴장일	연중무휴
캐디, 카트	4백 1캐디, 승용전동카트(5인승)

이 조성 과정에서 전체 계획과 설계·시공을 맡은 '오렌지엔지니어링'은 '오션코스' 설계를 '잭니클라우스 디자인팀'에 맡기는 한편, 나머지 코스들은 직접 설계한다. 이 회사 대표 안문환 씨가 전체 코스들의 기획에서부터 설계·시공을 총괄 지휘했다. 염전이었던 땅에서 소금기가 피어오르는 것을 막아야 하는 등의 여러 제약 가운데서 비용을 최소화 하면서도 국제적인 수준의 코스를 만들기 위한 여러 시도와 노력들이 총동원된다. (당시 안문환 씨 휘하 강상문 씨와 노준택 씨가 설계 실무를 했다. 뒷날 노준택 씨는 안문환 씨 팀에서 베어크리크 크리크코스 리노베이션 설계 실무를 실무를 맡았고, 독립 후 웰링턴CC 그리핀코스를 리노베이션 설계하고 그리핀코스를 설계했다. 그는 지금도 이 하늘코스를 "가장 잊지 못할 첫 작업"으로 꼽았다. 안문환 씨도 스카이72 프로젝트를 '무에서 유를 창조한 작업'이라고 인상적으로 기억했다)

역사의 순간이 함께한 곳

스카이72가 문을 연 뒤 매년 많은 국내외 골프대회들이 이곳에서 열렸고, 여러 평가 기관들이 코스의 우수성과 경영 성과를 높이 사는 상을 주기도 했다. 특히 2008년부터 <LPGA 하나은행챔피언십>이 해마다 열리면서 '오션코스'는 국제적으로도 주목 받게 된다.

그런 한편 하늘코스에서도 많은 프로골프대회가 열리고 국내외 골프 역사에 남을만한 행사와 사건들이 이어진다. 개장 이듬해인 2006년 5월, 당시 천재 소녀로 세계의 주목을 받던 미셸위 선수가 남자 프로대회인 <SK텔레콤 오픈>에 참가해서 남자 프로선수들 못지않은 장타력을 보이면서 남자대회 예선 통과라는 역사를 만들기도 했다. 또한 이보미 선수가 한국여자프로골프협회(KLPGA) 투어 상금왕을 차지하고 일본으로 떠나기 전 KLPGA투어 역대 최소타로 역전 우승한 대회가 이 코스에서 열린 <2010 KB국민은행스타투어>였으며, <KPGA챔피언십>, <KLPGA챔피언십> 등의 메이저 대회가 이 코스에서 열려 왔다.

수도권 서부에서 가장 인기 높은 코스

"비싸도 하늘코스!"

이 골프장을 찾아오는 골퍼들에게 인기가 가장 높은 코스는 '하늘코스'이다. 골프 전문가들 가운데는 '오션코스'를 높이 치는 이들이 많은 반면에 일반 골퍼들은 대개 하늘코스를 좋아한다.

내가 '조인골프'를 신청할 때 보니 오션코스 보다 하늘코

하늘코스 6번 홀

스 예약하기가 어려웠다. 그날도 '풀 부킹'으로 꽉 차있었다. 평일인데 그린피 금액이 22만원으로, 오션코스 보다 1만 원 정도 높았다. 함께 '조인'한 라운드 파트너들에게 물어보니 세 명 다 오션코스 보다 하늘코스가 좋다고 했다. 더 예쁘고 재미있다는 것이다. 오션코스는 좀더 어렵고 거칠다는 반응이었다.

당시 설계 실무를 맡았던 노준택 씨는 "하늘코스는 보기 플레이어도 편안하게 재미를 느낄 수 있도록 설계되었다"고 말한다. 그런데 하늘코스에서 남자 프로골프대회가 여러 차례 열리면서 코스 전장이 짧다는 이야기도 들리기에, 개장 몇 년 뒤 코스 전장을 200야드 이상 늘리는 '챔피언 티'를 별도로 설치했다 한다. 그런데 막상 대회를 치를 때는 그 티잉 구역을 거의 사용하지 않기에 관계자에게 물으니 "프로 대회도 점수가 잘 안 나오면 흥미가 떨어진다"고 하더란다.

'비단결' 벤트그래스 페어웨이
하늘코스는 '벤트그래스 페어웨이'로도 유명하다. 보통 골프장들이 그린 잔디로 사용하는 섬세한 양잔디 품종인 벤트그래스를 이 코스에서는 페어웨이에 깔았다. '제주나인브릿지'에서 페어웨이에 벤트그래스를 사용한 이후 제주 이외 지역에서는 최초의 시도였고, 퍼블릭 골프장에서는 상상도 못하던 모험적인 사건이었다.

하늘코스에 심은 크리핑벤트그래스(Creeping Bentgrass)는 모든 잔디 종류 가운데 관리하기에 가장 까다롭다고 알려져 왔다. 가장 짧게 깎을 수 있고 밀도가 높은 특성으로 골프공을 치는 느낌이 가장 좋은 잔디이지만 본디 추운 지방이 고향인 품종이라 잘 자라는 기온이 섭씨 15도~25도로 낮은 편이며, 덥고 습한 여름 기후에 취약하다는 것이다. 건조함에 견디는 능력도 약해서 우리나라 내륙지방 골프장에서는 유지 관리하기 어려우며 특히 손님을 많이 받아야 하는 대중제(퍼블릭) 골프장에서는 사용이 불가한 것으로 알려져 왔다.

그런데 퍼블릭 골프장인 이곳에서 사용하여 잘 관리되고 있는 것이다. 영종도의 바닷바람이 여름 더위 속에서도 잔디를 식혀줄 것이라 믿었고 그 모험이 적중했다 한다.

하늘코스의 높은 인기에는 벤트그래스의 '보드라운 느낌'도 큰 몫을 한다.

무심한 듯 독특한 멋
바닷가에 있는 골프장이지만 수려한 해안선이나 푸른 물결이 넘실대는 낭만적인 바다가 보이는 것도 아니다. 대양의 수평선을 끌어안는 풍경도 아니다. 바다는 뻘 빛을 머금은 짙은 은회

색 빛이고 그 바다를 가로지르는 인천대교 너머 송도 신도시가 보인다. 바로 옆에는 인천국제공항 활주로가 있어 코앞에서 몇 분 간격으로 대형 여객기가 뜨고 내리며, 비행기 엔진 소리도 끊임없이 들린다.

나무와 꽃을 공들여 가꾸어 놓은 것도 아니다. 하늘코스 자리는 본디 바위가 많은 구릉이었는데 이 산을 깎아 클래식 코스와 레이크 코스 자리의 뻘밭을 메웠다 한다. 산이었던 자리에 해송과 아까시나무들이 있기는 하지만 모양을 낸 조경수들은 아니어서 눈에 잘 띄지 않는다. 전체적으로는 바위언덕과 벌판의 느낌이 날 뿐이다. 특별한 조경 관목을 심은 것도 아니고 깊은 러프 너머 각시패랭이와 금계국, 개똥풀 같은 야생화들이 제멋대로 피어난다.

8월 초에 들렀을 때는 코스 곳곳에 나비바늘꽃이 무리지어 피어 있었다 그런데 이 무심한 조경이 진녹색 벤트그래스 잔디와 어우러져 묘하게 이국적인 풍취를 자아낸다. 함께 라운드 한 골프 구력 이십 몇 년의 여자는 "코스가 너무 예쁘다"고 연신 감탄했다.

골프장의 원래 멋은 이런 것인가 싶기도 하다.

인상적인 홀들

이 골프장의 4개 코스는 각각의 특성과 역할이 다르게 설계되었다. 그 중 오션코스는 '샷 밸류'가 높은 '토너먼트'형 코스를 지향하였고 하늘코스는 보기 플레이어들도 재미를 느끼도록 설계 했다고 한다.

그러나 하늘코스를 쉬운 코스라고 볼 수는 없다. 우선 충분한 길이를 확보하고 있고 그린도 쉽지만은 않기에 필요할 경우 단계별로 어려운 세팅이 가능하다. 골퍼의 샷 기술을 다양하게 시험하고 전략적 선택을 요구하는 설정이 오션코스 보다 덜 다채롭기는 하지만 승부의 변수를 만드는 홀과 시각적으로 인상적인 홀들이 많다. 그 가운데 몇 개 홀을 살펴본다.

2번 홀 - 영웅적인 '원 온'의 꿈

이 홀에서 '원 온'이 될 것 같은 이미지가 떠오른다면 장타자다. 323미터(레귤러 티 기준 285미터)의 짧은 홀로, 높은 티잉 그라운드에 서면 더 가까워 보여서 장타자들에게 '원 온(on in one)'을 생각하게 한다. 전형적인 '영웅형' 홀이다. 짧은 대신 그린 주변 땅 모양이 불규칙하고 그린 바로 앞의 크고 깊은 벙커가 난도를 조절하는 홀이다. 드라이버 티샷을 해서 짧은 어프로치를 남길 지 티샷을 짧게 해서 자신 있는 '풀샷' 거리를 남길 것인지 생각하고 치는 홀이다. 이런 홀은 토너먼트 대회에서 '원 온'을 유도하는 세팅으로 게임 승부의 변수를 만들 수도 있으므로, (극적인 스토리를 좋아하는 내 생각으로는) 후반에 있었다면 더 드라마틱하지 않았을까 싶기도 하다.

7번 홀 - 자연 바위가 만든 홀

티샷을 잘 치고 나면 장벽 같은 바위가 가로막는다. 가장 좋은 공략법은 바위 직전의 페어웨이 끝까지 공을 보내놓고 130~140미터 정도의 아이언 샷으로 그린을 노리는 것이다 그렇게 하려면 레귤러 티 기준 240~250미터 정도 티샷이 필요하다.

티샷의 비거리 능력이 중요한 홀이다. 티샷이 짧으면 거리도 많이 남고 바위 장벽이 부담되기도 한다. 그린 주변의 굴곡도 많아서 굳이 바위장벽이 필요 없었을 듯한데, 원래 있던 바위를 많이 깎아낸 것이라 한다. 바위가 핸디캡 요소로 작용하기도 하고, 시각적으로 특이한 기억으로 남는 인상적인 홀이다.

2번 홀(위), 7번 홀(아래)

15번 홀

15번 홀 - 장타자는 그린을 향해

인천공항을 오가는 도로에서 보게 되는 홀이다. 스카이72의 쇼윈도 같은 홀이랄까. 페어웨이와 그린 사이에 놓은 크릭(creek)으로 바닷물이 드나든다. 티잉 구역에서 보면 왼쪽 그린 앞과 오른 쪽 페어웨이가 나뉘어 있다. 대부분의 골퍼는 오른쪽 넓은 페어웨이 쪽으로 티샷을 보낸다. 왼쪽 페어웨이로 넘기려면 레귤러 티 기준 240미터 이상 쳐야 하지만, 그린 앞에 깊고 큰 벙커가 있어서 왼쪽 페어웨이에 안착해도 남은 어프로치가 쉽지만은 않다. 남자 프로대회가 열릴 때 보니 프로 선수들도 거의 오른 쪽 페어웨이를 선택해서 짧은 아이언 샷으로 핀에 가까이에 공을 붙여 버디를 노렸다. 대회 때는 이 홀부터 승부처가 시작된다. (아마추어들의 게임에서도 마찬가지다)

17번 홀 - 게임의 승부처

"하늘코스는 똑바로 칠 줄 알면 된다"고 말하는 이들도 있는데, 17번 홀에서는 샷 메이킹 능력이 있으면 유리하다. 티샷 낙하지점 오른편의 커다란 바위를 피해 쳐야 하고 그 앞 190미터 거리의 페어웨이 벙커를 넘겨야 편안한 그린 공략이 가능하다. 티샷은 페이드, 그린 공략은 핀의 위치에 따라 다른 기술 샷이 필요한 설계이다. 티샷한 공이 왼쪽으로 짧게 가면 긴 클럽을 잡아야 하는 부담이 있는데 이 경우 그린 앞의 연못을 피해야 하는 어려움이 커진다. 하늘코스에서 대표적으로 어렵고 도전적인 홀이다. 이 코스에서 치러진 대회에서는 이 홀이 가장 극적인 승부처가 되곤 했다.

18번 홀 - 아마추어에겐 어렵다
장타자도 '투 온(on in two)' 하기 어려운 긴 파5홀(레귤러 티 기준 547미터)이다. 그린이 높은 곳에 있고 그 앞에 크릭(creek)이 있어서 세 번에 나누어 공략해야 하는데 워낙 길어서 세 번의 샷 모두 잘 맞아야 한다. 공을 정확히 맞출 수 있는 프로들은 마음 비우고 치면 어렵지 않지만, 아마추어들에게는 세 번 다 잘 맞추는 게 쉽지 않다. 힘이 들어가서 엉뚱한 미스 샷으로 연못이나 벙커에 공을 빠뜨리기 쉽고, 그런 경우 침착하지 않으면 많은 타수를 잃기도 한다.
게임의 마무리로서 인상적인 홀이다.

17번 홀(왼쪽), 18번 홀 '복수의 종'(오른쪽)

13번 홀 - LPGA 시찰단 이야기
이런 이야기도 있다. 2008년 <하나은행 챔피언십> 대회가 스카이72에서 처음 열리기 전에, LPGA 시찰단이 오션코스와 하늘코스를 살펴보았다 한다. 하늘코스도 유력 후보에 올라 코스를 돌아보는 중에 13번 홀을 살펴보다가, LPGA 시찰단은 '이 코스 설계자가 누구인가' 물었다. 한국 설계자가 작업했다는 답을 듣고 숙의한 끝에, '잭니클라우스 디자인팀'이 설계한 '오션코스'를 선택 했다는 것이다.

자연 비탈을 경계로 페어웨이가 둘로 나뉘는 구성의 홀이다. 왼쪽 페어웨이로 티샷을 잘 보내면 짧은 어프로치 샷이 남는…… 이 코스에서 열리는 남녀 프로 토너먼트를 보면 선수들의 도전 성공에 충분한 보상을 주는 홀이던데 LPGA 시찰단은 이 홀에서 어떤 판단을 했을지 궁금하다. (물론 오션코스가 토너먼트코스로서 더 많은 가능성을 갖고 있는 것이 분명하긴 하다고 생각한다) 어쨌든 이곳에서 라운드 할 때 저마다 생각해 보는 것도 재미있겠다.

양잔디 관리 노하우

그린스피드 목표 3.0
이곳의 코스 관리 기준은 그린 예초(깎기) 매일 1회, 페어웨이 예초 주 4회라고 한다. 상황에 따라서는 그린을 매일 2회 깎을 때도 있는데 프로 대회가 열릴 때는 그린을 3회 이상 깎고 페어웨이는 매일 깎는다고 한다. 대회를 준비할 때는 러프의 길이를 대회 주최측이 요구하는 길이로 맞춘다. 그린 스피드는 보통 때는 스팀프 미터 계측 기준 3.0미터를 목표로 관리하는데 한여름을 제외하고는 2.7 미터 이상 나오는 것이 보통인 듯하다. 대회 때는 주관 협회에서 요구하는 대로 스피드를 낸다고 하며 프로대회 때 스피드는 대략 3.5 미터 정도로 알려진다. (그린스피드와 스팀프미터에 대해서는 앞의 '화산CC' 편에서 적었다)

'양잔디 관리 인재 사관학교'
앞에서 말했듯이 스카이72 하늘코스에는 양잔디 가운데서도 가장 예민한 벤트그래스 품종이 깔려 있다. 이 잔디가 가장 힘들어하는 한여름에도 하루에 100팀 이상의 손님이 이 코스에서 라운드 한다. 그런데도 하늘코스의 잔디 상태는 고객들로부터 대체로 만족스럽다는 평가를 받아 왔다.

영종도의 기후는 서울과 비교하면 여름은 2~3도 낮고 겨울은 반대로 2~3도 높다고 한다. 과거에 염전이 있었던 곳이라 햇살이 좋고 바람도 시원하게 부는 편이다. 그래도 장마철이 있고 덥고 습한 여름에는 잔디가 쉽게 망가지고 전염병에 취약하게 된다. 여름철을 잘 보내기 위해서는 몇 개월, 몇 년에 걸친 장기적인 계획을 가지고 비료를 주고 배수 관리 공사를 지속하고 통기 작업과 배토 작업을 하는 등의 노력을 빈틈없이 해야 한다.

최근에는 이 골프장에서 노하우를 쌓은 잔디 관리자들이 전국 유명 골프장으로 영입되어 가고 있다 한다. '양잔디 관리의 인재 사관학교' 역할도 하는 셈이다.

본디 골프 코스는 버려진 땅에 만들어졌던 것이라 한다. 그런데 해안 사구가 있는 유럽이나 땅 덩어리가 넓은 미국과는 달리 우리나라에는 버려진 땅이란 거의 없다. 한국의 골프장들은 다른 용도로 쓸 수도 있는 땅을 깎고 돋우어 빚은 것이다. 비좁고 인구가 많은 국토의 어딘가에 골프장을 짓는 순간부터 당연히, 다른 용도보다 창의적이고 미래지향적인 결과를 만들어 내야 할

켄터키블루그래스 품종 잔디 러프(왼쪽), 벤트그래스 품종 잔디의 페어웨이(오른쪽)

사회공동체적 의무가 잉태된다고 생각할 수도 있겠다.

그 의무를 치르는 일은 첫째로, 코스를 잘 관리하는 본업에 충실한 것에서 시작한다고 본다. 잔디라는 식물은 우리나라 땅에서 보기 힘들던 것이다. 잎이 넓은 들잔디가 자생하기는 했다는데, 골프를 즐기기에는 잎이 좁고 짧게 깎을 수 있는 양잔디 계열 품종이 가장 적합하다. 이런 잔디들은 강추위와 무더위가 극명하게 오가는 우리나라 기후를 견디기 힘들어 하기에 예전에 삼성의 이병철 회장은 전통 들잔디에서 잎이 가는 '안양중지'라는 품종을 선별해 내어 <안양CC>에 '잔디연구소'를 만들어 운영하며 보급하기도 했다. 스카이72에서는 양잔디에 대한 노하우를 기왕에 쌓고 있으니 이 부문에서도 의미 있는 연구와 실용 지식들이 깊어지기를 기대한다.

새로운 '골프 문화 현상'

이 코스에는 상대적으로 '젊고 스타일리시한' 분위기가 늘 흐른다.

일례로, 나와 '조인라운드' 했던 이들이 골프를 즐기는 스타일에는 과거의 근엄한 골프장에서는 볼 수 없던 자유분방함과 젊음을 지향하는 멋이 깃들어 있었다. 퍼블릭 골프장이어서 그렇다고 할 수도 있겠지만 이곳은 웬만한 회원제 골프장보다 이용료가 비싼 곳이다.

스카이72 골프장이 붐비는 데는 수도권 서부 지역 골프장 수요가 공급보다 많다는 이유도 있겠다. 그러나 그 중에서도 이용료가 제일 비싼 하늘코스가 가장 인기 있다는 것은 수요 공급을 떠나 '문화 현상'이라고도 보인다.

그런 까닭에서, 다음 편 '오션코스'에서는 '동심 경영'과 'FUN 경영' 등 이 골프장을 설명하는 키워드 들과 그 실현 아이디어들에 대해서도 살펴보고자 한다.

이 골프장에는 붕어빵, '백돌이' 전용 샤워부스, 화장실에 비치된 화장품, 촌철살인 골프 유머. 복수의 종 등 기발하고 재미난 것들이 많고, 그 내용들이 책 한 권에 담을 만큼 많아서 단행본 책으로도 나왔다. <동심경영(황인선, 스카이72 지음 / 소담출판사 2018)>

이 '동심경영' 책은 스카이72의 재미난 마케팅 아이디어들을 모아 설명한 것 뿐 아니라 이 골프장이 새로운 문화와 가치를 제안해온 혁신의 내용들을 자세하게 소개하고 있다.

골프 업에 관계자들 가운데는 이러한 'FUN' 요소가 스카이72 성공의 요체라고 보는 이도 많다.

그런 한편 나는, 'FUN'이나 '동심'이 이 골프장 경영의 부분적이거나 한시적인 방향일지언정, 진정한 '본질가치'는 아니겠다고 생각한다.

다음 차례에 '오션 코스' 편에서 이 부분도 잠깐 살펴서 <스카이72> 편을 마무리하련다.

글/ 류석무

사진은 주로 스카이72골프앤리조트에서 제공한 것을 사용했으며 일부는 글쓴이가 찍은 것입니다

SKY72 GOLF & RESORT
OCEAN COURSE

세계에 알려진 토너먼트 코스 - **스카이72 오션코스**

글 / 류석무

스카이72 오션코스
세계에 알려진 토너먼트 코스

이곳은 버림받은 폐염전과 파헤쳐진 돌산이 있던 자리였다.
인천공항이 개발되면서 활주로 공사로 헤집어진 땅이었다. 거칠게 방치된 바위산을 다듬어 흙
을 다지고, 폐염전 땅에는 돌산의 토석들을 차곡차곡 메워 잔디 길을 냈다.
돌산이 있던 자리가 푸른 잔디의 '오션코스'로 변하고,
폐염전과 개펄이 있던 자리는 '클래식코스', '레이크코스'가 되었다.

진초록 잔디가 반짝이는 구릉 사이 풀숲으로 바람을 따라 야생화와 텃새들이 찾아오고, 바위산은 금빛으로 빛나게 된다. 이 '오션코스'의 푸른 양잔디와 황금빛 큰 바위들은 우리나라 골퍼들의 눈에 가장 익숙한 골프장 풍경 가운데 하나가 되었다.

세계에서 가장 갤러리가 많은 여자 프로대회인 <LPGA하나은행 챔피언십>이 11년 동안 열린 곳이니, 한국 골퍼들의 눈길을 가장 많이 끌어온 골프장으로 자리 잡은 것이다.

골프장이 조성되기 전, 버려진 폐염전이던 이 골프장 자리의 모습

한국 골프 발전에 앞장선 골프 코스

한국의 대표적인 토너먼트 코스

오션코스는 우리나라에서 가장 유명한 '토너먼트 코스'이다. 한국의 대표적인 토너먼트 코스로는, '코오롱한국오픈'이 열리는 <우정힐스CC>와 '프레지던트컵' 등 국제 이벤트 대회가 열린 <잭니클라우스GC>가 꼽힌다. 최근에는 제주 <클럽나인브릿지>가 PGA대회를 열면서 토너먼트 리노베이션을 선보이기도 했다. KLPGA 대회가 열리는 <롯데스카이힐제주CC>와 <블루헤런GC>, '매경오픈'이 열리는 <남서울CC>, 그리고 과거에 많은 대회가 열렸던 <일동레이크CC> 및 최근에 활발히 대회를 유치하고 있는 몇몇 골프장들을 토너먼트 코스라 부르기도 한다.

그러나 이들은 코스 자체로는 토너먼트 급으로 조성되었다 하더라도, 대부분이 소수 회원들을 위한 폐쇄적인 멤버십 클럽인데다가, 공간 구성에서 국제적인 대회 운영을 위한 여러 필수 요건들을 두루 충족하지 못하는 곳들이기 쉽다. 국제적인 토너먼트를 치르려면 수만 명의 관람객들이 들어와 머무르고 움직일 수 있는 편의시설과 동선, 방송 중계 화면을 잘 구성할 수 있는 장비 설치 편의성, 천연 잔디 연습장, 교통 편의성과 주차장, 보도 지원 시설과 배후 숙박시설 등이 두루 필요하기 때문이다.

'정확하고 정의로운 코스'

스카이72 오션코스는 인천국제공항에 바로 붙은 곳이라 교통이 좋으며, 여러 지원 시설을 직접 보유하거나 연계되어 있어서 토너먼트를 치르기에 부족함 없는 구조를 갖고 있다. 송도의 '잭니클라우스GC'와 함께 국제 규모 토너먼트 코스를 치르기에 가장 좋은 여건을 갖춘 골프장이라 하겠다.

또한 코스 자체가 국제 규모 토너먼트를 치를만한 여러 필수요건들을 고루 갖추고 있는 것으로 평가된다. 프로 토너먼트를 여는 코스는 정상급 선수들의 종이 한 장 차이 실력 차이를 가려낼 수 있을 만큼 변별력 높은 시험지 같은 것이다. 18홀 내내 선수들의 신체 능력, 기술 능력, 정신 능력 등을 골고루 측정하면서 더 뛰어난 능력을 가진 이가 더 좋은 스코어를 낼 수 있도록 정확히 가려낼 수 있어야 한다.

LPGA <하나은행 챔피언십> 대회 진행시 관람석

충분한 길이를 확보하고 있어야 하고 강력한 샷과 다양한 기술 샷을 다 구사해야 좋은 점수를 낼 수 있으며, 전략과 기술에 바탕을 둔 도전에 기꺼이 보상하는 한편, 실력을 넘는 만용을 응징하는, '정확하고 정의로운 코스'여야 한다.

이 코스는 LPGA와 KPGA 대회 등에서 가장 뛰어난 선수가 우승하도록 가려냄으로써, '정의로운 판별력'의 토너먼트 코스로 입증되었다 할 수 있다.

대회로 입증된 '변별력'

이 코스는 '잭니클라우스 디자인팀'에서 설계했다. 이곳에서 열린 <LPGA하나은행챔피언십> 대회에서 캔디쿵, 최나연, 청야니, 페테르센, 양희영, 백규정, 렉시톰슨, 전인지 선수 등 그 해 최고의 플레이어들이 우승하였고, KPGA <SK텔레콤 오픈> 대회에서는 박상현, 배상문, 이상희 선수 등 스타 급 실력자들이 우승하여 코스의 변별력이 입증되어 왔다.

하나은행과 SK텔레콤이라는 꾸준한 스폰서가 뒷받침 했기에 가능했던 토너먼트들이기도 했지만, '오션코스' 자체가 토너먼트 코스로 적합하여 이 대회들의 빛나는 성공을 가능하게 했던 점도 무시하지 못할 것이다. 아마도 '대규모 국제대회를 치를 수 있게 종합적으로 준비된' 것으로는 우리나라 최초의 코스였고, 지금도 국내 으뜸 급이라 해도 틀리지 않겠다.

한국골프 변화를 이끈 골프장

이 골프장은 더구나, 누구나 이용할 수 있는 퍼블릭 코스이다. 이 코스와 견줄 수 있는 토너먼트 코스, 또는 대회가 열리는 골프장 들은 거의 모두가 '명문'이라는 수식어를 앞에 달고 있거나 '회원제' 골프장 들이다. 최근 들어 "회원제 보다 더 좋은 퍼블릭" 소리를 듣는 몇 개 골프장들에서 일부 골프대회들이 열리고 있기는 하지만, 국제 대회를 치를 만한 지원 시설 등의 제반 환경에서 이 골프장과 견주기는 어렵다.

그리고 우리나라에서 '명문 퍼블릭'이라는 새로운 흐름은, 한강 이북의 '베어크리크GC'와 함께 수도권 서부의 '스카이72' 오션코스와 하늘코스가 만들고 이끌었다 보는 것이 옳겠다.

폐염전에서 푸른 잔디가 나고 버려진 바위가 예술 조경처럼 변신하는…… 버려진 땅에 세계 최고의 스포츠 스타들이 모여 수많은 사람들을 열광시키는…… 상대적으로 급이 낮은 것으로 여겨지던 퍼블릭 코스에 '명문 코스'라는 이름이 붙어 칭송되는…… 그리고 그것들이 골프 문화 전반의 변화 흐름으로 이어지는 –한국 골프 문화에서 의미 있는 역사적 변화들이 이 코스에서 이루어지거나 시작되었다.

역사가 새겨진 한 홀 한 홀들

이 골프장은 토너먼트 코스라는 특성을 존중하여, 코스 자체에 중점을 두고 볼만하다.

스카이72 골프장에서 '오션코스'보다 '하늘코스'의 인기가 더 좋지만, 국내외 전문 기관들이 선정하는 '코스 랭킹'에서는 언제나 '오션코스'가 최상위 급 평가를 받는다. 1998년 창설된 '아시아태평양골프그룹'이 매년 시상하는 <아시안 골프어워즈>에서, 오션코스는 2009년부터 3년 연속으로, 그리고 2014년 2015년 2017년 대한민국 베스트 코스 1위에 선정되었다.

또한 골프다이제스트의 '2019~2020 대한민국 베스트 코스'에서 10위에 이름을 올렸다. (이러한 '평가'와 '선정'은 이 밖에도 많다) '오션코스'는 18홀 전체가 하나의 드라마로 완결성이 있으나, 그 가운데 게임의 변곡점이 되기도 하거나 특히 인상적인 몇 개 홀들을 살펴본다.

골프장/코스 명칭	스카이72골프앤리조트 - 오션코스 Sky72 Golf & Resort - OCEAN Course
한 줄 소개	LPGA, KPGA 대회 토너먼트 코스
개장 연도	2005년 10월
규모, 제원	18홀 파72, 전체길이 6,652m (7,275yds) 하늘코스, 클래식코스, 레이크코스와 함께 72홀
골프장 구분	대중제(퍼블릭) 골프장
위치	인천광역시 중구 공항동로 392 (운서동 2029-1)
코스 설계자	니클라우스 디자인
소유 회사	스카이72골프앤리조트㈜
잔디 종류	페어웨이 : 켄터키블루그래스(벤트그래스 교체중) 러프 : 켄터키 블루그래스, 헤비러프 : 패스큐 그린 : 벤트그래스 에이프런 : 켄터키블루그래스
티오프 간격	7분
휴장일	연중무휴
캐디, 카트	4백 1캐디, 승용전동카트(5인승)

5번 홀 - 8개 벙커의 유혹

가장 쉬운 4번 홀을 거쳐 자신감이 들기 시작할 즈음 만나게 되는 첫 번째 파5 홀이다. 이 홀에서 설계자는 도전적인 티샷을 유혹한다. 연못 정면으로 보이는 여덟 개의 벙커를 넘기면 두 번째 샷으로 그린을 공략하기 쉽다. 챔피언 티 기준으로 최소한 오르막 250미터를 넘겨야 하고, 레귤러 티 기준으로는 오르막 비행 거리 220미터(레이디 티에서는 180미터) 이상 보내

야 벙커를 넘길 수 있다. 오른 쪽으로 돌아가면 대개 '쓰리 온(on in three) 전략'을 선택하게 되는데, 너무 오른 쪽으로 보내면 두 번째 샷에서 그린 앞 120미터 지점의 실개천을 넘길 것인지 잘라 갈 것인지 다시 선택해야 한다. 전형적으로 티잉 구역에서 홀의 전체 모양을 보면서 도전적으로 갈 것인가 전략적으로 갈 것인가 선택해서 플레이 하는 홀이다. 어떤 이에게는 '도전형'이면서 또 어떤 이에게는 '전략형' 홀로 이해될 수 있겠다. 나는 이 홀의 구성과 풍치를 좋아하는데, 국내 최고의 코스 설계 전문가 가운데 한 분은 8개 벙커의 위치가 애매하다고 했다. 프로 골퍼도 아마추어 골퍼도 티샷에서 넘길 수 없기에 샷 밸류를 만들지 못한다는 것이다. 그도 이

6번 홀(위 사진), 5번 홀(아래 사진)

7번 파5 홀. 장타자들에게 '세컨드 온'을 유혹하는 짧은 파5 홀이다.

오션코스를 좋아한다던데 그런 의견을 말하기에 대회를 할 때마다 유심히 보니 장타자들은 대부분 벙커를 넘겨 비교적 쉽게 투 온에 성공했다. 독자들의 경험과 생각은 어떠신지 궁금하다.

6번 홀, 바람맞이 언덕

6번 홀(앞 페이지 위 사진)은 이 코스에서 가장 '영감 넘치는' 홀이라고 나는 느낀다. 오른 쪽으로 휘어지는 도그렉(Dog leg) 형 홀이며 크게 돌아 오른 쪽 끝 바람 부는 언덕 위에 그린이 있다. 바람 부는 날이면 두 번째 샷 위치에서 바라보는 그린 언덕 위에 <폭풍의 언덕> 소설 속 입체적인 캐릭터의 주인공 '히스클리프'의 뒷모습이 보이는 것 같은 느낌은 나만의 것인가.

길지 않은 홀이지만 오른 쪽 페어웨이 벙커를 넘길 것인지를 전략적으로 판단하여 두 번째 샷할 위치를 선택한 뒤 티 샷 해야 하고, 페이드 샷으로 어프로치 하는 것을 유도하는 홀로 보인다. 특히 '뒤 핀'일 경우 홀을 지나치면 언덕 아래로 굴러 내려가기에 공을 세울 수 있는 샷을해야 한다고 설계자가 말하는 것 같다. 나는 그런 '기술 샷'을 할 능력이 부족하지만, 언덕 너머탁 트인 하늘과 바다가 도전을 부추겨 번번이 시도하게 된다.

오른편 깊은 벌칙구역에 샛노란 꽃들이 듬성듬성 피어 바람에 흔들린다. 스코틀랜드나 아일랜드의 바닷가 링크스 코스에 부는 바람에 비하면 산들바람에 불과하겠으나 이 골프 코스에 부는바람에도 바다의 영혼 같은 것이 담긴 듯하다. 거칠고 아름답다.

리드미컬한 7, 8, 9번 홀

7번 홀은 장타자에게 '투 온(on in two)'을 유도하는 짧은 파5 홀이다. 연못 너머 반도 모양으로 그린이 있기에, 두 번째 샷한 공을 그린에 세우려면 티 샷을 멀리 보낸 뒤 짧은 거리의 샷을 해야 한다. LPGA 대회 때 보니 제시카 코다 등 장타자들은 대개 아이언으로 두 번째 샷을 해서 그린에 올렸다. 아마추어들은 이 홀에서 '뜻밖의 참사'를 많이 겪는다고 캐디가 말해준다. 8번 홀은 그린의 굴곡이 심해서 퍼팅과 쇼트 게임을 잘 해야 하는 파3 홀이고 9번 홀은 그린 왼쪽의 연못과 오른편의 벙커를 피해 아이언 샷 어프로치를 해야 하는 민감한 홀이다. 쉬운 듯 어렵다가 까다롭게 마감되는 전반 마지막 3 홀의 리듬이 프로 대회 선수들에게는 물론 아마추어 플레이어들에게도 짜릿한 긴장감을 준다.

폴라크리머의 12번 홀

긴 오르막으로 어려운 10번 홀과, 그린 굴곡만 감안하면 어려움이 적은 11번 홀을 지나면, 이 코스에서 가장 아름다운 12번 홀에 이른다. 핸디캡 순위가 아홉 번째이니 중간 정도 난이도의 홀이지만 의외의 변수가 아주 많은 홀이기도 하다. 바람이 많이 부는 지형적 특성이 있고 굴곡이 많은 솟은 그린이라 프로선수들도 정확하게 공략하기 쉽지 않다고 한다. 그린 너머 보이는 애틋한 바다 풍경 때문에 착시가 빚어져 거리 가늠이 잘 되지 않을 수도 있다.

13번 파5 홀. 2011년 하나은행 챔피언십 대회에서 대만의 청야니 선수는 사진 왼쪽의 14번 홀로 티샷을 보내 '세컨드 온'에 성공했다.

나는 5월 초에 처음 보는 이들과 '조인골프'를 하면서 '블루 티'에서 라운드 하였는데, 그날따라 블루 티가 뒤쪽에 놓여 있어서 핀까지 220미터에 맞바람까지 불었다. (레귤러 티도 185미터로 긴 편이고, 레이디 티는 160미터에서 100미터 이내까지 변동 폭이 크다) 동반자 중에 드라이버 샷을 평균 250미터 정도 친다는 장타자도 드라이버를 잡아서 간신히 그린 에이프런에 떨어뜨렸고, 나도 역시 드라이버로 쳐서 그린에 못 미친 벙커에 공을 빠뜨렸다. 그린이 솟아 있기에 벙커도 깊고, 벙커 샷을 해서 공을 떨어뜨릴 그린 위 자리도 예민하다.

이렇듯 아름다우면서도 까다로운 이 홀은 미국의 미녀 프로골퍼 폴라 크리머에게 헌정되었다. LPGA 대회 등 여러 토너먼트를 치르면서, 참가한 국내외의 유명 프로골퍼 들에게 이 코스의 몇 개 홀들을 헌정하여 그들의 이름으로 부르고 있다.

13번 홀 '청야니 스토리'

13번 파5홀은 페어웨이 중간의 실개천 바로 앞 페어웨이 끝까지 티샷을 보내라고 설계자가 권하는 듯한 구성이다. 챔피언 티 기준으로 티잉 구역에서 실개천까지의 거리가 315미터 정도 되고 레귤러 티 기준으로도 270미터에 이르니, 장타자라도 티샷으로 이 실개천을 넘길 수는 없겠다. '투 온(on in two)'을 시도하려면 실개천 바로 앞까지 공을 최대한 보내서 210~220미터 정도 거리의 두 번째 샷을 하라는 설계 의도로 보인다. 남자 프로 선수들은 투 온을 시도하지만 여자들에게는 부담스러운 거리라 대개는 두 번째 샷을 핀에서 100미터 이내 거리에 보내 놓고 세 번째 샷을 정확하게 치는 전략을 선택한다.

그런데 2011년 'LPGA하나은행 챔피언십'에서 우승한 대만의 청야니 선수는 다른 방법으로 쳤다. 바로 오른 쪽 옆의 14번 홀 페어웨이로 티샷을 보내놓고 거기서 두 번째 샷으로 그린 공략을 시도하여 성공한 것이다. 이 코스에는 오비가 없어서 공이 다른 홀로 가도 놓인 대로 플레이할 수 있었으니 청야니는 기발한 방법을 선택한 것이다. (이런 공략은 그 이후로 금지되었다 한다) 이 홀에 딱 한번 새겨져 있으며 앞으로는 다시 나올 수 없는 기록이다.

16번, 17번, 18번 ··· 짜릿한 엔딩

16번 홀은 오르막인데다가 가장 길어서 멀리 치려다가 왼쪽 연못의 부담이 가중되기도 하는 '핸디캡 1번' 홀이다. 최경주 선수에게 헌정된 홀이기도 하며, 보통 이 16번 홀은 '지키는 전략'으로 넘어간다.

17번 홀은 12번 홀 못지않게 인상적인 파3 홀이다. 잭니클라우스에게 헌정되었으며, 그린이 웨이스트 벙커 가운데 섬처럼 떠 있어서 이색적인 홀이다. 위협적으로 보이는 벙커가 아름답지만 어렵지는 않아서 핀 위치를 쉽게 하면

16번 홀이 최경주 선수에게 헌정된 홀임을 알리는 표식

버디가 많이 나온다. (물론 바람이 불거나 티잉 구역을 뒤로 세팅하면 사정이 달라진다) 난이도의 조정으로 승부의 변수를 만들 수 있는 홀이라 하겠다.

18번 파5 홀은 대회 마지막 날에 TV 화면에 가장 많이 나오는 곳이다. 장타자들은 투 온을 시도하기도 하는데 연못 너머 그린이 가로로 긴 모양이고 대회 마지막 날의 핀 위치는 대개 연못 바로 너머에 있어서 그린 위에 공을 세우기가 쉽지 않다. 그래서 이 홀에서는, 핀을 향해 투 온을 시도하는 전략, 왼쪽 벙커 앞까지 공을 보내서 러닝 어프로치로 핀에 붙이는 전략, 핀에서 100미터 이내 지점까지 두 번째 샷을 쳐 보내서 세 번째 샷으로 정확하게 핀을 노리는 전략의

세 가지가 구사된다. 2016년 'LPGA하나은행 챔피언십' 연장전에서 전인지 선수가 세 번째 샷을 물에 빠뜨려서 많은 팬들이 안타까워했다.

16, 17, 18로 이어지는 이 세 홀은 쉽고 어려움의 강약 리듬과 전략에 따른 승부 변수가 매 홀마다 짜릿하게 전개되는 드라마틱한 토너먼트 구성으로 손색이 없다고 생각한다.

대개 다섯 타 정도 더 친다

전체적으로 보면 오션코스에서는, 평균적인 주말 골퍼가 다섯 타 정도 더 치게 된다고 한다. 코스 전장도 길고 바람이 많이 부는데다가 변별력과 난도가 높아서 까딱하면 많은 타수를 잃게 될 위협 요소들이 곳곳에 있다. 특히 그린을 놓치면 파를 지키기 어려운 요소가 많아 정교한 아이언 샷이 필요한 코스로 알려져 있다. 러프도 거칠고 바람 부는 곳이 많아 남성적인 느낌인데 남자 프로 대회가 다시 열리면 더욱 진가가 드러나지 않을까 생각한다. (이 코스에서 열리던 'SK텔레콤오픈'이 2017년부터 '하늘코스'에서 열리고 있다)

까다로운 관리 기준

웨이스트 벙커, 수많은 벙커들

오션코스에는 벙커가 119개 있다. (이 가운데 1번, 4번, 17번 홀 페어웨이를 따라 위치한 3개는 골프채를 땅에 댈 수 있는 '웨이스트 벙커'다. 모래 바닥이지만 그냥 땅이라 여겨서 관리를 하지 않는 '비관리지역'이다. 벙커 속에 풀이 난 곳은 웨이스트 벙커라고 보면 된다) 벙커 많기로 소문난 사우스스프링스CC 등 난도 높은 코스들보다 벙커가 많은 코스이다.

벙커들은 강에서 채취한 모래로 되어 있으며 모래의 굵기는 0.5~1.5mm로 균질하게 유지된다.

'토너먼트 코스 관리'의 까다로움 - 대회 한 번 치르면 코스는 '몸살을 앓는다'.

보통 때도 그렇지만 특히 토너먼트가 열릴 때면 러프는 세미러프, 러프, 헤비러프의 3단계로 명확히 나뉘어 관리된다. 세미러프는 페어웨이와 러프의 경계가 되는 지역으로, 아쉽게 페어웨이를 놓친 것에 대한 기분 좋은 보상을 제공하는 1.5미터 폭의 공간이다. 잔디 길이를 30밀리미터 정도로 관리하며, 러프는 대회 기간 동안 골프공이 빠지면 보이지 않을 정도의 60~100밀리미터 길이를 유지한다. 헤비러프는 100밀리미터 이상 길이로 관리한다.

18번 파5홀(위), 17번 파3홀 - 벙커에 풀이 있는 것은 '웨이스트 벙커다(아래)

그린 빠르기는 대회 기간 동안 스팀프 미터 계측 기준 3.6~3.8미터 정도로 맞춘다. (보통 때는 3.0미터 스피드를 목표로 관리한다는데 계절과 관리 시점에 따라 다르겠다) 대회 기간에는 아이언 샷과 웨지 샷의 스핀에도 그린에 공이 멈추지 않고 바운드 되도록 그린을 딱딱하게 만든다. 장기간에 걸쳐 잔디의 밀도를 높이고 수분을 줄이는 방식으로 경도를 높이는데, 수분이 적으면 그린 손상이 많이 되기에 대회를 한 번 치르고 나면 그린을 되살려 내기 위한 많은 노력이 필요하다고 한다.

대회 기간에는 페어웨이 잔디 길이도 더욱 짧게(10-12mm) 관리한다. 잔디에 물을 주는 것도 최소화 하여 땅의 표면을 단단하게 유지한다. 강하게 티샷 한 공이 땅 속에 박히는 일이 없도록 하는 대회 관리 기준이라 한다.

OB는 없음, 생태 보전 구역

이 코스에는 오비(Out of Bounds) 지역이 없다. 밖으로 나가면 전 홀 '벌칙 구역'으로 처리한다. 다만 녹색 띠가 박힌 구역은 '생태보전 구역'이라 하여 벌칙 구역과는 다르게 처리된다. 벌칙 구역에서는 놓인 그대로 상태에서 공을 칠 수 있으나, 생태보전 구역은 들어가지 말라는 지역이므로 공을 찾지도 말아야 하며 굳이 찾았다고 해도 칠 수 없으므로 '1벌타 후 드롭' 하고 쳐야 한다. (캐디의 말로는 아마추어 손님들 가운데는 "그런 게 어딨냐"며 막무가내로 들어가서 치는 이들도 있다 한다)

재미있는 마케팅 이야기

스카이72를 일러 '재미있는 골프장'이라고들 한다. 이 골프장이 생기기 전까지 한국 골프장들의 분위기는 획일적으로 근엄하고 딱딱한 느낌이었다. 예약 수요는 많고 공급이 적었던 시절이라 소수의 선택 받은 회원들의 경우를 제외하고는 골프장이 '갑'이고 손님은 '을'인 형편이었으므로 별다른 마케팅이 없어도 골프장 운영은 걱정이 없었다. 회원권 보증금 반환 요청을 걱정하는 골프장도 거의 없다시피 했다. 분양 영업은 있어도 운영 마케팅을 펼치는 골프장은 거의 없었다.

그런데 이 스카이72는 일정 기간 임대한 땅에 자기 돈으로 투자해서 골프장을 짓고 운영하다가 반환해야 하는 구조이기에 빠른 시간 안에 이익을 내야 하는 운명이었다. 생존을 위한 절실

한 마케팅이 전개되었고 그 방향은 '재미'와 '동심'이었다고 한다. 그리고 그 마케팅이 우리나라 골프장 문화를 알게 모르게 바꾸어 오고 있다.

스카이72 경영과 마케팅은 많은 골프장들의 벤치마킹 대상이 되어 왔다. 결과적으로 크게 성공하여 'FUN경영'과 '동심경영'이라는 이름이 붙여지고 많은 찬사를 받기도 했다.

이 글은 마케팅을 다루고자 하는 것은 아니지만 그 대표적인 것 세 가지만 요약해 적는다.

'FUN' - 유머 코드와 '동심'

클럽하우스에서 옷을 갈아입고 화장실에 들어가면 소변기 위에 서양미녀가 훔쳐보는 사진이 있고 거기에 이런 말들이 적혀 있다.

"한 걸음 가까이 오시면 제가 본 것을 비밀로 해드릴게요"

코스에 나가면 티잉 구역에 있는 홀 공략법 안내판에 이런 골프 우스개도 적혀 있다.

"왼쪽으로 가면 훅, 오른 쪽으로 가면 슬라이스, 그럼 가운데로 가면? 기적."
라운드를 마치고 사우나에 가면 '백돌이 전용' 샤워 부스, '한 번도 못 먹은 분 전용' 샤워 부스도 있다. 이런 유머들은 내용 자체로는 그다지 새로운 것은 아닐 수 있지만 골프장에서의 시도로는 혁신적인 것이었다. '품위 있는 손님'을 고집하는 기존의 골프장 관념에 '허를 찌르는 한수'였다 할까.

그리고 이 골프장에는 마치 소풍을 나온 듯 즐거운 분위기가 곳곳에 넘친다. 캐디들도 다른 골프장들과는 달리 손님과 함께 놀러 나온 것처럼 즐거운 안내자 같은 분위기를 낸다. '골프는 어

12번 파3홀의 붕어빵(왼쪽), 티잉 구역의 닻 모양 티 마커(오른쪽)

른들의 소풍'이라는 말이 있는데 그런 '동심'을 어루만지는 것을 '동심경영'이라 하는 듯하다. 나도 이곳에 가면 소풍 나온 것처럼 18홀 푸른 잔디를 즐기다 오게 된다.

"골프는 스포츠 경기다"
우리나라에서의 골프는(이 골프장 이전에는) '접대'와 '의전' 성격이 강했다. 골프라는 운동에 부정적인 사회적 인식이 덧씌워진 것에는 '접대'에 이은 '비리'의 사건들이 골프장과 연계되어 많이 발생했던 까닭도 한 몫 할 것이다.
그런데 이 골프장 경영진은 "골프는 스포츠 경기다"라는 근본 개념으로 접근했다. 스포츠로서의 운동하는 골프, 경기로서의 게임하는 골프에 중점을 둔 것이다. 음성적인 접대와 의전의 분위기를 벗어나서, 활발하게 운동하고 경쟁하는 젊은 느낌으로 골프를 정의하고 손님의 느낌,

골프장의 느낌을 바꾸었다.

고객이 원하는 건 무엇이든!

오션코스 12번 파3홀은 코스 구성상 구조적으로 진행이 지연되어 손님이 한 두 팀 밀릴 수밖에 없는 장소다. 어느 퍼블릭 코스나 이런 파3홀이 있기 마련인데, 이 홀 티잉 구역 옆에 겨울엔 붕어빵, 여름엔 아이스크림을 공짜로 주는 천막집이 있어 유명하다. 오래 밀리더라도 사람들은 붕어빵과 아이스크림을 먹으며 옛날 어린 시절 추억을 나누고 대화한다.

또한 이 골프장 그늘집 화장실에는 헤어스프레이를 비롯한 화장품들이 가득 준비되어 있다. 캐

화장실 내부(왼쪽), 골프 우스개가 적힌 티잉 구역 홀 안내판(오른쪽)

디들은 손톱깎이는 물론 생수, 핫팩, 물휴지도 준비하고 있고 카트에는 휴대전화 충전기도 달려있다. 손님들이 감동할 만한 일은 무엇이든 하겠다는 자세다. 홈페이지 회원에게는 할인을 비롯해서 의외의 감동을 주는 이벤트가 수시로 제공되기도 한다.

새로운 시대의 기대

스카이72가 이천 년대 들어 변화의 시기를 맞은 한국 골프의 역사와 문화 혁신에 큰 몫을 해온 골프장이고 앞으로도 역할이 기대된다는 마음에서 사족(蛇足) 하나 덧붙인다.

"한국 골프에 내린 벼락같은 축복"

이 골프장 경영진이 통찰한 것처럼 '골프는 스포츠 경기'다. 스포츠의 바탕에는 '정의의 실현'이라는 정신이 있다. 돈과 권력을 가진 이나 그렇지 않은 이나 같은 조건에서 경기한다는 것이다. 현실 세계에서는 서로 불공정하게 경쟁하는 것을 당연하게 여기면서도 스포츠에서는 줄기차게 정의로운 규칙(rule)이 모색되어 온다. 그 규칙의 가장 높은 지점에는 '정신적 가치의 적용'이 있다. 이를테면 속임수를 엄벌하는 조항 같은 것이다. 그런 면에서 골프는 세상에서 가장 정의로운 스포츠일 수도 있다. 플레이어가 스스로의 의도에도 룰을 적용하게 하는 자기 성찰적 경기이니까.

그런데 우리나라에서 골프는 정의롭지 않은 스포츠로 보여 오기도 했다. 본질과 다르게 불의의 수단이나 배경으로 자주 이용되었던 과거의 기억들 때문이겠다.

그런 어두운 느낌을 벗어나 발랄하고 즐거운 스포츠 경기로서의 골프를 일깨워 준 <스카이72>를 한국 골프 문화에 내린 '벼락같은 축복'이라 불러도 될 것이다.

'재미(FUN)' 너머의 '세계관'

그런 한편 새로운 것은 곧 낡은 것이 된다. '펀(FUN)경영'이라 호평 받는 재미 요소들은 처음엔 신선했고 지금도 처음 보는 이들에게는 새롭지만, 두세 번 보면 시들해진다. 자극은 늘 더 강한 자극을 부르게 마련이라 포복절도할 농담도 반복하여 들으면 '아재 개그'로 내몰리게 되는 것처럼, 아이디어는 새로운 자극과 함께하지 않으면 곧바로 시대에 뒤떨어진 것이 된다.

'FUN'은 누구나 좋아하는 것이지만 그 바탕과 젖줄이 되는 '세계관'을 이 골프장이 구축하여 전개하기를 기대한다.

우리나라의 모든 산업과 문화에서 이제 독자적인 세계관을 가진 상품들이 나올 때가 되지 않았나 싶다. 우리는 '마블'의 세계관 안에서 활약하는 '어벤저스 히어로'들에 열광하고, 스티브 잡스의 '애플 세계관' 속에서 살아온다. 골프에 있어서는 영국에서 비롯되어 미국에서 꽃을 피운 '젠틀맨' 세계관으로서의 골프를 일본 문화의 영향 속에서 받아들였다. 일본 골프문화의 영향에서는 (골프 용품을 제외하고는)점차 벗어나고 있는 듯하지만 우리의 골프는 '앵글로색슨의 세계관' 안에서 안주한다. 골프대회를 예로 들자면 '디오픈'은 그들의 '관용과 봉사'라는 전통 보수 젠틀맨의 세계관 안에서 치르는 것이고 '마스터즈'는 극단의 차별적 엘리티즘 세계관을 드러내기도 하는데 우리나라의 지성인 골퍼들도 그것들을 숭배하고 열광한다.

한국인은 이미 스크린골프 게임을 만들어 스스로 종주국이 되기도 할 만큼 창조적 변화를 이끌고 있는 반면, 정신적으로는 앵글로색슨이 쌓아온 이야기들을 신화처럼 받들어 숭고하게 보고, 정작 미국에서도 인기가 별로 없는 LPGA의 힘에 휘둘리기도 한다.

그런 한편에서 국내 남자프로골프투어는 존재감이 미약해져 간다.

한국 골퍼들의 기량 수준이 높아지고 골프 시장이 커진다 해도 자존감 있는 골프 문화의 세계관을 세워 퍼뜨리지 못하면 진정으로 튼튼한 골프 문화와 산업을 만들 수는 없겠다.

LPGA 대회가 열린 11년 간 18번 홀을 지켜온 하나은행의 스폰서 파빌리온. 지나간 역사 속 건물이지만 11년 업적의 기록으로 사진을 싣는다

공감할만한 세계관의 힘

이 코스에서 LPGA대회를 갈음하는 새로운 형태의 '아시안LPGA'대회가 열린다. 그 대회는 어떤 세계관을 펼칠지 기대하게 된다.

스포츠의 가치는 대회의 우승자를 가려내는 것 너머에 있다. 우리나라 여자프로 투어에는 세계 최고의 기량을 갖춘 선수들이 활동하고 있고 한국 여자 골퍼들이 입는 옷가지 패션은 세계에서 가장 진취적이고 화려하다. 세계 골프역사에서 유례없이 두드러진 문화 특성이 발현되고 있는 나라인데, 거의 매주 치러지는 프로 대회들은 매년 겉모습이 좀 더 화려해지는 듯하지만, 이 대회들이 꿈꾸는 새로운 세상의 통찰과 비전을 발견하기는 어렵다.

남자 프로대회가 인기가 상대적으로 낮은 이유도 본질적으로는 더 많은 사람들이 공감할만한 가치의 세계관을 빚어내지 못하기 때문일 것이다. 공감할 꿈과 가치가 없으면 골프는 특정한 계층의 놀이에 머물 뿐이며, 새로운 스타가 나오기 어려운 환경이 된다. 세계 골프 팬들이 타이거 우즈에 열광하는 것은 그의 실력뿐 아니라 앵글로색슨 골프문화의 틀을 깨고 하나하나 새로운 경지를 이룩해가는 '정의로운 도전'의 세계관 구도에 우리가 몰입하기 때문이다. 이런 구도 속에서 영웅은 더 강해지고 새로운 영웅을 꿈꾸는 이가 이어서 나오게 된다.

한국 골프 역사유적 같은 이 코스가 지켜지기를

'스카이72오션코스'는 우리나라가 골프가 세계의 변방에서 중심으로 가는 길을 함께 한 골프장이다. 그리고 우리나라 골프장 문화 변화에 큰 역할을 한 곳이기도 하다. '동심'이라는 '소박한 마을의 이야기'를 넘어 더 정교하고 진취적인 '세계관'으로 진화하기를 기대한다.

이 골프장 터는 본디 인천공항 제5 활주로 예정 부지였다고 하는데 이 땅이 어떻게 쓰이는 것이 세상에 더 이로울 지는 감히 판단하기 어렵다. 다만 이 골프장은 이미 대한민국 21세기 골프 역사의 문화유적으로 남은 곳이다. 이런 문화적 자산이 다시 새로 만들어지려면 앞으로 얼마나 많은 세월을 공들여 기다려야 할지 모른다
그런 가운데 땅 주인인 인천공항공사는 15년 임대 기간이 만료된 이 골프장의 운영권을 제3의 회사에게 넘기려 하는 중이고 기존 운영회사는 법에 호소하여 대항하고 있다. 옳고 그름, 법과 규정의 적용을 넘어 세상에서 가장 창조적으로 진화해오며 한국 골프장 문화의 흐름을 이끌어 온 이 골프장을 가장 구태의연한 방식으로 처분하려는 모양새가 아쉽고 안쓰럽다.

"훌륭한 골프코스는 한 나라의 위대한 유산입니다"

이 골프 명언을 이 코스의 앞날에 바친다. 전설적인 골프 코스 디자이너 알리스터 맥켄지 박사 (dr. Alister Mackenzie 1870~1934)의 말이다. (그는 오거스타 내셔널, 사이프러스 포인트, 로열 멜버른 등 세계 최고의 코스들을 설계하여 세계 골프 명예의 전당에 헌액된 이다)

글/ 류석무

사진은 주로 스카이72골프앤리조트에서 제공한 것을 사용했으며 일부는 글쓴이가 찍은 것입니다

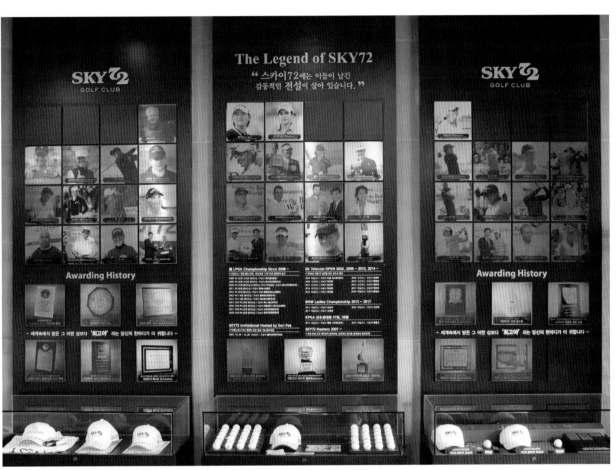

스카이72 클럽하우스에 새겨 남겨진 대회 및 선수 기록,기념패들

RAINBOW HILLS COUNTRY CLUB

로버트 트렌트 존스 주니어의 '필생 역작' - 레인보우힐스 컨트리클럽

글 / 류석무

레인보우힐스 컨트리클럽
로버트 트렌트 존스 주니어의 '필생 역작'

내가 아는 한 사람은 <레인보우힐스컨트리클럽> 코스에 삼십 번 넘게 도전 중이다.
그는 이 골프장에서 '진정한 70타 대 스코어를 내고 싶다'고 한다.
2015년 이곳에서 그는 나와 함께 라운드 한 적이 있다. 그에게도 나에게도 이 골프장에서의 첫
라운드였다. 그날 캐디는 그에게 78타 스코어를 적어 주었고 동반자들은 "이 어려운 골프장에
서 싱글 치셨네요" 하며 칭송했다. 그는 허탈하게 웃으며 대답했다.

"오늘 실제로는 82개 쳤습니다. 여기 정말 다시 도전하고 싶은 코스네요……"

그 뒤로 이곳이 대중제 골프장으로 전환하였고, 그는 이곳에서 자주 낯선 이들과 '조인 라운드'를 즐긴다 한다. 몇 번 70타 대 후반 스코어를 낸 적이 있지만 아직 이곳에서 '진정한 70타 대'는 못 쳐 봤다고 했다. 뭔가 부족해서 '다음에는 이렇게 쳐 봐야지' 하는 생각이 든다고 한다. 그는 다른 데서는 평균 75타 정도 성적으로 플레이 하는 '싱글 디지트 핸디캡퍼'이다.

레인보우힐스는 '골프 공을 잘 다룰 줄 아는 이들에게 아주 특별한' 골프장이다.
다만, "점수가 잘 나오는 곳이 좋은 코스"라 여기는 이에게는 어울리지 않을 수도 있다.

'금칠 두른 코스'가 나온 사연

클럽하우스의 로버트 트렌트 존스 주니어 부조

"최고 중의 최고를 만들어 주오!"
이 골프장은 2008년 '대한민국 최고 회원제 골프장'이라 자부하며 문을 열었다. 당시 동부그룹의 김준기 회장이 "최고 중의 하나(One of Best)가 아니라 최고 중 최고(The Best of the Best)를 만들고자 했다"고 소개한 이야기가 떠돌았다.

충북 진천과 음성에 걸친 '수레의산(679m)' 중턱, 해발 180미터에서 355미터에 이르는 등성이와 골짜기에 앉은 27홀 규모 골프장이다. 세계적인 골프코스 디자이너 '로버트 트렌트 존스 주니어(이하 'RTJ. Jr.')가 설계한 코스이다.
RTJ. Jr.는 산악지형 코스를 만들어 본 적이 드물다고 고사했으나 김회장이 "필요하면 계곡을 다 메워주겠다"고 했다는 이야기도 전해진다. "어떠한 간섭도 하지 않겠다, 돈이 얼마든 들어도 좋으니 직접 설계해 달라" 하며 세계적인 코스를 설계해 달라고 했다 한다.

로버트 트렌트 존스 주니어가 스스로 만족한 설계
당시 RTJ. Jr.는 일선에서 은퇴하여 UN 자선기금에서 활동하면서 어릴 때부터 꿈꾸어오던 시인(詩人)의 길을 걷고 있었다 한다. 그러나 김회장의 삼고초려에 마음을 다잡고 심혈을 기울여 설계했다는 것이다. 그는 "한 두 홀만 특징적인 것이 아니라 27홀 하나하나가 모두 골프장

클럽 명칭	레인보우힐스컨트리클럽 Rainbow Hills Country Club
한 줄 소개	로버트 트렌트 존스 주니어의 필생 역작 코스
개장 연도	2008년
규모, 제원	27홀 파108 , 전체길이 10,485.5yds(9,588m) 동코스 3,506yds, 남코스 3,700yds, 서코스 3,280yds (전체 면적 87만평)
골프장 구분	대중제(퍼블릭) 골프장
위치	충청북도 음성군 생극면 차생로 168
코스 설계자	로버트 트렌트 존스 주니어
소유 회사	주식회사디비월드 - 동부그룹 소유
잔디 종류	페어웨이 : 켄터키블루그래스 러프 : 켄터키블루그래스, 패스큐 그린 : 벤트그래스(Penn A1, PennA4혼합) 에이프런 : 켄터키블루그래스
티오프 간격	8분
휴장일	연중무휴
캐디, 카트	4백 1캐디, 승용전동카트(5인승)

을 대표할 수 있는 시그너처 홀로 만들겠다”고 장담했다.

결과에 스스로 만족했던 것인지 그는 2008년 3월 골프장 개장을 기념하여 이 코스를 칭송하는 시(詩)를 써 남긴다. 그는 “내 인생에서 내가 설계한 골프장에 시를 써서 헌정한 것은 처음이다. 레인보우힐스CC에 대한 내 사랑을 길이 남기고 싶다”고 말했다.

‘금칠 두른’ 코스… 퍼블릭 전환

이 골프장을 만드는 데는 2,700여억 원이 들었다고 알려진다. 클럽하우스에만 300억 원 정도 들었다 한다. 회원권의 초기 금액이 8억 원이었으니 첫 분양하는 금액으로는 최고 수준이었다. 그야말로 ‘금칠을 두른 골프장’으로 알려지던 때가 있었다. 그렇듯 ‘한국 골프 역사에 한 획을 그었다’고 평가 받았으나 경기 불황 속에서 구조조정 과정을 거치다가 입회금 반환 요청이 몰리면서 2015년 법정관리(기업회생절차)에 들었고, 여러 아픈 곡절과 노력 끝에 2017년 대중제(퍼블릭) 골프장으로 전환 승인을 받게 된다.

대중제 골프장이 된 뒤, 골프 코스의 관리와 서비스 등은 회원제 골프장이었을 때에 견주긴 어려우나, 경영에 있어서는 흑자를 기록하고 운영도 안정되어 가고 있다 한다.

골퍼의 모든 기량을 시험하는 코스

이곳은 다른 어디보다도 특히 ‘코스 디자인’ 중심으로 즐겨야 하는 골프장이다. 다른 골프장에서보다 ‘보통 7~8타는 더 친다’고 할 만큼 까다로운 코스이다.

존스 가문의 야심을 담은 '필생의 역작'

로버트 트렌트 존스(Robert Trent Jones)는 1930년대에서 1950년대까지의 골프장 건설 황금기를 이끈 전설적인 코스 설계가이며 RTJ. Jr.는 그의 큰아들이다. 오늘날 세계 100대 코스로 평가되는 것들 가운데 수십 개는, 늘 이 가문이 이룬 설계 작품들이 차지하고 있다.

'아버지 존스'는 "모든 홀은 파를 하기 어렵고 보기 하기는 쉬워야 한다", "위험을 동반한 샷에는 보상이 따라야 한다"는 골프 코스 설계 철학의 전설적인 경구들을 남겼다.

RTJ. Jr.는 이러한 가문의 후광을 업고 적통을 이어 세계 38개국에 200개 이상의 코스를 설계했다. 그 자신이 설계한 코스 중에도 13곳이 미국 100대 골프 코스로 이름을 올리고 있다. 특히 아시아 태평양 지역에 80개 이상의 코스를 설계하였으며 우리나라에서는 <용평CC>를 시작으로 <오크밸리CC> 설계, <안양CC> 재설계, <롯데스카이힐제주CC> 설계 등 최고급 코스들이 그의 손을 거쳤다. 그가 레인보우힐스CC에 각별한 의미를 두어 자작시(自作詩)까지 헌정했으니 이 코스는 RTJ. Jr. '필생의 역작 산중 코스'인 셈이다.

'모든 홀이 시그니처 홀'이라는 의미

세계적으로 이름 높은 설계가의 디자인이라 해서 지레 선입견을 갖고 칭송할 필요는 없지만, 좋은 점은 인정하고 살펴 볼 필요가 있겠다. 이 골프장에는, 한 마디로 '만만한 홀'이 하나도 없다시피 하다.

전체적으로 업다운(오르내림)이 심하고, 그리 긴 코스는 아니다.(특히 레귤러티 기준으로는 그렇다) 장타자의 경우에는 '투 온(on in two)'을 노려 볼만한 파5 홀, '원 온'이 될 듯한 파4 홀도 있다. 그러나 오르막과 내리막이 작용하면서 긴 홀은 분명히 길고 짧은 홀에는 여러 전략과 벌칙 요소들이 설치되어 있다.

거의 모든 홀은 '생각을 하면서 쳐야' 하고, '기술 샷을 칠 줄 알아야 유리' 하고, '심리적인 선택과 위협'이 따른다. 각 홀의 모양도 대개는 '시그니처 홀'이라는 말처럼 저마다 인상적이다.

골퍼의 모든 능력을 시험한다

골프 코스는 골퍼의 신체적 능력과 기술적 능력, 정신적 능력을 골고루 테스트하는 시험장이기

도 하다. 전체적인 전략적 게임 수행 능력이 필요하고, 티 샷에서는 주로 신체 능력을, 아이언 샷에서는 주로 기술적 능력을, 그린에서는 정신적 사고 능력을 주로 시험하기 마련이다.

RTJ.Jr.가 자신의 철학과 상상력을 원 없이 발휘하여 만든 '까다로운 시험장'답게 이 코스는 골퍼에게 14개의 모든 채를 사용하게 하면서 이 모든 능력들을 집요하게 테스트한다. 후반으로 갈수록 '인내력'까지 시험한다.

버디 찬스가 있는 홀, 도전할 수 있는 홀, 변수가 많은 홀 등이 섞여있으며, 영웅적인 접근, 벌칙을 피하는 접근, 전략적인 접근 등이 필요한 각각의 홀들이 리듬을 타고 18 홀 내내 긴장감 넘치게 전개된다.

어쩌다가 우연히 좋은 스코어를 받아 쥐기는 어려운 코스이다. 골퍼의 기량을 가늠하는 변별력이 아주 높은 코스인데, 전문가들 사이에서는 "지나치게 샷 변별력을 높이면 운에 좌우되는 경우가 오히려 발생하게 되므로 역설적으로 불공정할 소지가 있다"는 주장도 있다. 운이 안 좋으면 불과 몇 센티미터 차이로 공이 엉뚱하게 굴러가는 경우도 많아지게 된다는 것이다. 골프 코스가 한편으로는 편안한 면도 있어야 조화롭다는 의견도 있다.

이 코스의 변별력이 공정한 것인지 지나친 것인지에 대한 의견은 플레이 하는 사람에 따라서, 그날 라운드의 성적에 따라서 다를 수 있겠다. 코스를 평가하는 지표 가운데 하나인 샷 밸류는 이러한 변별성과 공정성을 포함한 개념인데, 이 코스는 '샷 밸류가 아주 높다'고 평가된다. (샷 밸류에 대해서는 앞의 '베어크리크GC 편 등에서 설명했다)

자연 지형을 그대로 살린 코스

로버트 트렌트 존스 주니어가 이 코스를 설계하는 데 있어서 한국 측 자문을 맡은 이는 '송호' 씨였다. 그는 <더스타휴>, <부산아시아드CC>, <거제드비치GC>, <킹스데일GC> 등 국내외 70여개 골프 코스를 설계한 국내 '스타급 설계가'이다. 로버트 트렌트 존스 주니어가 설계를 하면 '송호 골프디자인'에서는 국내 법규, 지형 특성, 문화 등에 적합하도록 조언하고 적용 시공이 가능하도록 컨설팅 하는 관계였는데, 이 두 설계가는 역할 범위 내에서 의견이 맞선 적도 있었다 한다.

"RTJ. Jr.의 설계에는 '성토'와 '절토' 같은 토목의 개념이 아예 없는 것 같아요. 한국 산악지형 코스는, 경우에 따라서는 지형을 최소한으로나마 깎아내서 메우고 하는 것도 필요한데 그 분은 그냥 있는 그대로의 지형대로 해야 한다는 신앙을 가진 것 같았습니다."

송호 씨의 말이다. 결과적으로 동코스는 지형을 그대로 살려 길을 내고, 남코스는 약간 깎고 쌓는 작업을 해서 조성했지만, 그는 되도록이면 RTJ. Jr.의 설계 의도가 온전히 반영되도록 도왔다고 회고한다.

이 코스가 들어선 '수레의산(679m)'은 정상 부근에 '전설의 못'이라는 샘이 있는 산이다. 라운드 하며 느끼는 풍광에서 신비로운 느낌이 들 때도 많다. 이 코스에서 플레이 한다는 것은, 구릉과 골짜기가 지닌 태고의 이야기를 그대로 느끼면서, RTJ. Jr.가 골퍼에게 내미는 시험지를 풀어내는 '판타스틱 게임'을 수행하는 셈이다.

성격이 서로 다른 동,남,서 코스 구성

개장 당시에는 동 코스와 남 코스가 회원제 정규 코스이고 서 코스는 부설 퍼블릭 코스로 운영되었다. 동, 남 코스는 각 홀이 '원 그린'이지만 서 코스는 '메인 그린'과 '서브 그린'이 있는 '투

그린'으로 조성되어 있다. 지금은 구분 없이 모든 코스가 대중제로 운영되며 동 – 남 – 서 순서로 라운드 하게 되니 동코스부터 시작해야 원래 정규코스를 돌게 되는 셈이다. 동, 남코스를 라운드 할 때 총 7,206야드 길이이고, 서코스는 3,208야드로 약간 짧은 편이다. 다만 서코스가 더 편안하다고 좋아하는 골퍼들도 많다.

동 코스는 산의 높은 쪽에 위치하여 전략적으로 쳐야 하는 홀이 많고, 남 코스는 숲 속의 정원처럼 특히 조경에 공을 들인 모습이다. 폭포와 계단식 호수가 자리하고 있는 홀, 정교한 연못을 돌아가는 홀 들이 있어서 아름답지만, 전반적으로 남 코스가 가장 어렵다고 평가된다.

특히 인상적인 홀들

RTJ. Jr.가 "한 두 홀만 특징적인 것이 아니라 27홀 하나하나가 모두 골프장을 대표할 수 있는 시그너처 홀로 만들겠다" 했지만, 그 중에서도 전문가와 상급자 골퍼들에게 특히 '재미난 홀'이라고 칭송 받는 몇 개 홀을 살펴본다.

동코스 3번 홀 - 자신 있으면 한반도 쪽으로

캐디가 '한반도 홀'이라고 부르던데, 그 표현대로라면 장타자는 티 샷을 '한반도' 쪽으로 보낼 수 있다. 자신이 없으면 '일본 땅' 쪽으로 쳐야 한다. 레귤러티 기준으로 체공 거리 190미터 이상을 쳐서 보내야 한반도 남단 '해남 땅끝마을' 쯤에 떨어뜨릴 수 있다. 자신의 능력에 따라 선택할 수 있도록 한 것이고 능력을 발휘해서 성공하면 100미터 안쪽의 짧은 어프로치 샷을 남기게 되므로 확실한 보상을 받게 된다. 생각하고 선택하고 도전하고 보상받도록 하는 RTJ. Jr.의 설계 개념이, 영웅적이고 아름다운 조망 속에서 한 눈에 보이는 홀이다.

동코스 5번 홀 - 티샷 능력에 따라 선택

이 홀 또한 자신의 신체 수행 능력에 따른 선택, 도전, 보상이 따르는 곳이다. 오른쪽으로 칠수록 홀과 가까워져 유리하지만 자신의 티샷 비거리 능력을 감안하고 쳐야 한다. 티샷이 짧으면 볼을 칠 수 없는 벌칙구역에 떨어지기에 거의 티샷 위치에서 세 번째 샷을 해야만 한다. 티잉 구역에서 페어웨이를 바라보고 티샷을 할 때면 마치 은하수나 구름 위에 공을 쳐서 올리는 느낌이 들기도 한다. 시각적으로 독특하고 플레이도 재미있는 홀이다.

동코스 3번 '한반도 홀'(위), 동코스 5번 홀(아래)

남코스 7번 홀

남코스 2번 홀 - 장타자는 도전!

인공 계단 폭포를 마주보며 티샷하는 아름다운 홀이다. 폭포를 마주보되 웬만하면(사실상 거의 모든 골퍼들이) 오른쪽 페어웨이로 티샷 한다. 레귤러티 기준으로 220미터는 체공거리로 보내야 왼쪽의 폭포수 너머 페어웨이로 보낼 수 있는데, 오르막이기 때문에 실제로는 240미터 이상 체공거리를 보내야 안전하게 넘어간다. 블루 티에서는 20미터 정도 더 쳐야 한다. 자신 있으면 도전해 보시길. 프로골퍼들에게는 도전의 홀이기도 할 것이다. 일단 넘어가면 충분한 보상이 따르겠다. 그린 앞에도 깊은 벙커가 있어서 오른 쪽 페어웨이를 선택한 이는 긴 클럽으로 벙커를 넘겨야 하는 부담을 갖게 된다.

플레이 할 때마다, '티잉 그라운드가 좀 더 앞에 있다면 왼쪽으로 한 번 넘겨보고 싶다'고 생각하게 되는 홀이다.

남코스 7번 홀 - 선택, 도전, 보상, 응징

가장 긴 파5홀이지만 장타자들은 '투 온(on in two)' 도전의 유혹을 느끼도록 배치한 홀이다. 티샷을 페어웨이 벙커 넘어 보내게 되면 오른 편 연못 너머 반도 형의 그린이 유혹하고, 그린 앞

에는 어느 정도의 공간이 있어서 잘 치면 연못을 넘길 수 있을 것 같은 생각이 든다. 왼쪽에서 오른 쪽으로 휘어지는 페어웨이 쪽으로 공을 보내면 대개는 짧은 아이언으로 세 번째 샷을 할 수 있어서 또 다른 버디 기회가 주어지기도 한다. 신체 능력과 기술 능력, 전략 능력을 고루 테스트하면서 선택, 도전, 보상, 응징을 두루 경험할 수 있는 조화로운 홀이다.

동코스 6번홀, 남코스 6번홀 - 엇갈린 견해

골프장 직원에게 '시그니처 홀'이 어디냐고 물으니 남코스 6번 홀을 추천했다. 아마도 클럽하우스를 바라보며 티샷 하는 파3홀이기에 그런 듯하다. 300억 원 들여 지었다는 클럽하우스의 외관은 '로버트태권V'의 기지처럼 비일상적인 느낌을 준다.

동 코스 6번 홀에 대해서는 국내 설계가 등 전문가들의 평가가 박하다. 오르막 경사가 너무 가팔라서 정상적인 플레이가 어렵고 공정성도 희박하다고 평한다. 나는 그게 맞는 것도 같고 그렇지 않은 것 같기도 하다. '설계가의 작품'이라는 측면에서 전문 기술적 안목으로 보면 맞는 의견이겠으나, 한 홀 정도 이런 것이 문제가 되는지 잘 모르겠다. 원래 버려진 땅에서 시작한 것이 골프인 것이고 보면 말이다…… 전문가들은 '경기성 (playability)' 면에서 보는 것이라 이해한다.

'회원제 급 관리'를 해야 하는 퍼블릭 코스

8분 간격 티오프와 '오비 프리'

레인보우힐스CC는 대중제 골프장으로 전환한 뒤에도 티오프 간격을 8분 이상으로 유지하고 있다. 많은 팀을 수용해 매출을 늘리기보다 여유로운 플레이를 즐길 수 있도록 하여 '고객 충성도'를 높이겠다는 의도라 한다.

또한 이 코스에는 인공물이 거의 없다. 티잉 그라운드에 홀 정보를 표시한 팻말조차 없다. 그리고 오비(Out of Bounds) 구역도 없다. 공을 찾을 수 없으면 벌칙구역으로 인정하여 1벌타 후 플레이 한다. 러프가 '톨 패스큐' 품종 잔디라 너무 우거져 자랄 때가 많아서 헤비러프 지역에 볼이 떨어지면 볼을 찾기 어렵다. 그래서 로스트볼로 처리하지 않고 '1벌타 후 드롭'하고 칠 수 있는 로컬 룰을 만들었다고 한다.

빼어난 조경과 조심스런 잔디 관리

페어웨이에는 '켄터키 블루그래스' 양잔디 종을 심어서 늦은 가을까지 푸른빛을 유지하기에 특히 늦가을 단풍 들 때 아름답다. 참나무가 많은 원시 숲에 소나무들을 보완하여 심었고, 코스를 따라 심은 노송들과 다박송 등 조경수들도 이따금 보인다. 그리고 영산홍, 철쭉, 말발도리 등 많은 관목을 심어 철마다 다른 꽃이 피고 진다. 인공 폭포 등 볼거리도 적지 않지만 코스 자체가 자연과 교감하는 풍광이 독특하여 인상적이다.

대중제 골프장으로 바뀐 뒤에 관리자가 바뀌고 관리 공백이 생기면서 2018년에는 잔디 상태가 급격히 나빠진 적이 있었다. 그런데 2019년 봄부터 잔디를 보식하여 다시 '회원제 시절' 버금가게 개선되었다. 퍼블릭 코스의 특성상 회원제 시절만큼 그린스피드를 높일 수는 없으나 전반적으로 '고급 퍼블릭' 수준을 지키고 있는 것으로 보인다. 그런 한편 내륙 지역인 이 코스에서 켄터키블루그래스 양잔디를 사용하는 데에는 적지 않은 어려움이 있을 것으로 예상하는 전문가들이 많다. 이 잔디는 본디 추운 지방이 고향인 '한지형' 품종이라 우리나라의 무더운 여름을 견디기 힘들어 한다. 손님을 적게 받는 회원제 골프장에서는 이 잔디의 건강을 유지하기가 비교적 용이하지만, 퍼블릭 코스에서는 손님을 많이 받을 수밖에 없으므로, 더운 여름날에 특히 각별한 노력이 필요할 것이다.

초호화 클럽하우스

클럽하우스는 미국에서 레저부문 건축상을 해마다 수상하는 MAI(March &Associates,inc)가 맡은 것으로 자랑거리가 되기도 했다. 외장 마감 재료는 퇴적 모래 암석 '샌드 스톤'인데 미국에서 배와 비행기로 공수했다고 한다. 클럽하우스는 VIP라운지와 여덟 개의 독립된 다이닝 룸(Private Dining Room)을 별도로 갖추고 있어서 '좋았던 옛 시절'을 엿보게 한다. 클럽하우스는 회원제 골프장일 때에 비해 서비스의 윤기가 다소 빠졌고 이용객이 많아졌을 뿐 옛 격조가 대체로 남아있다

남자 라커룸에는 피카소의 판화 '파블로 피카소', 여자 라커룸에는 샤갈의 판화 '로미오와 줄리엣'이 걸려 있다고 하는데 나는 미처 보지 못했다. 클럽하우스 레스토랑에도 피카소의 작품이 전시되어 있었다. 이 골프코스 설계자인 로버트 트렌트 존스 주니어의 부조와 그가 지은 시가 새겨진 동판도 갈 때마다 보게 된다.

'세계에서도 특별한 퍼블릭'

대중제 골프장으로 전환한 뒤, 이 코스는 누구나 찾을 수 있게 되었고 가격의 문턱도 낮아졌다. 당연히 손님도 많아 2018년 유난히 무더웠던 여름에는 잔디가 견디지 못하고 여기저기 상했던 적도 있다. 많은 노력 끝에 잔디를 회복시킨 뒤로는 27홀 기준 하루 최대 90팀의 손님을 받는다 한다. 18홀 기준 하루 60팀 플레이 하는 것이니 퍼블릭 골프장 중에서는 가장 조심스럽게 운영되는 셈이다.

비슷하게 회원제에서 퍼블릭 골프장으로 전환한 '사우스스프링스CC'가 18홀 기준 하루 70팀 정도 받고 있는 것에 견주면 내륙 지방에 있는 '양잔디 골프장'으로선 알맞은 수준이라고 본다. (사우스스프링스는 페어웨이 잔디가 안양중지라 상대적으로 관리가 손쉽다)

레인보우힐스CC의 골프코스는 골프 마니아들 사이에서는 '폐인'을 양산할 수 있을 정도로 '진품(珍品)'이랄 만 하다. 이 코스의 변별성과 난도가 워낙 높아서 선호하지 않는 이도 있지만 그래서 더욱 특별하다고 본다. 이런 특별함을 지닌 골프장이고 보면 좀더 자신감을 갖고 "코스의 스토리", "홀마다의 이야기"를 살려 가치 있게 알리고, 더욱 윤기 나게 관리하기를 기대해 본다. "모든 홀이 시그니처 홀"이라는 자산은 아직 한 홀의 이야기도 제대로 알려지지 않은 듯하다. 한국 지형의 매력을 살린 가운데 다이내믹하게 도전적인, '세계적으로도 특별한 퍼블릭 코스'로 알려질 만한 자산일 수 있겠다.

맨 앞에 이야기 했던 - 이 코스에 삼십 번 넘게 도전하고 있는 이의 이야기로 돌아간다.

그는 골프를 지극히 사랑하는 사람이다. "골프는 인생과 같다", "골프에는 영혼이 있다" 는 투의 말을 진지하게 하는 편이고, 그와 대화를 하다 보면 기어이 골프 이야기로 끝난다. 그가 레인보우힐스CC 코스를 너무나 좋아하기에 내가 물었다.

"거기서 골프하면 영혼이 맑아집니까. 좀 더 나은 인생이 되냐구요?"

그는 망설임 없이 정색하며 대답했다.

"물론입니다!"

남코스 6번 홀 그린

글/ 류석무

사진은 주로 레인보우힐스 컨트리클럽이 제공한 것을 사용했으며 일부는 글쓴이가 찍은 것입니다.

SOUTH SPRINGS
COUNTRY CLUB

진품 특급 퍼블릭 코스 – **사우스스프링스 컨트리클럽**

글 / 류석무

사우스스프링스 컨트리클럽
진품 특급 퍼블릭 코스

이 골프장을 좋아하는 '열성 팬'들이 많다.

그런 한편 "스코어가 잘 안 나와서 싫다"고 고개를 젓는 이들 또한 적지 않다. 심지어 딱 한 번 라운드 해보고 두려워서 다시는 안 가겠다 하는 이도 보았다.

<사우스스프링스 컨트리클럽>은 한국의 골프장들 가운데 가장 공들여 만든 것의 하나로 손 꼽힌다. 코스의 설계와 시공에서부터 잔디와 수목 등 조경의 공들임, 지원 시설의 세세한 갖 춤…… 국내의 다른 어느 골프장도 이보다 섬세하게 만들어졌다 하기 어렵다.

이만한 골프장이 퍼블릭 코스로 모든 이에게 열려 있음은, 골프의 본질적 즐거움을 찾는 이들 에게는 행운이다.

'명문 회원제'에서 '특급 퍼블릭'으로

'최고급 회원제 골프장'으로 시작

<사우스스프링스 컨트리클럽>은 2009년에 '휘닉스스프링스 컨트리클럽'이라는 이름으로 문을 열었다. 당시에는 '한국 최고의 프라이빗 클럽'을 지향하는 폐쇄적인 회원제 골프장이었고, 최고 수준의 가격으로 회원권을 분양했다. 이 골프장을 소유하던 보광그룹은 평창의 '휘닉스파크'와 제주의 '휘닉스아일랜드' 등을 운영하고 있던 터라, '휘닉스'라는 이름은 스포츠 레저 분야의 국내 최고급 브랜드이기도 했다. '휘닉스' 브랜드 뒤에 '스프링스'를 붙였던 것은 이곳에서 자연 온천수가 나오기 때문이라 한다. (지금도 클럽하우스 사우나에서는 온천수를 일부 사용한다)

세계적으로 유명한 골프 코스 디자이너 '짐 파지오'가 설계를 맡은 18홀(파72, 7,226야드) 국제 규모 코스이며, '보광'이라는 든든한 소유주, '휘닉스' 브랜드의 후광 등의 화려한 배경으로, 이곳은 단시간에 '초일류 멤버십 클럽'의 명성을 얻었다. '2011, 2013년 대한민국 베스트 코스(골프다이제스트 코리아)'로 선정되기도 했다.
그리고 2015년 2월 'BGF'가 인수하면서 그 해 5월 대중제 퍼블릭 골프장으로 전환하였다.

'프레스티지 퍼블릭' 지향으로

대중제 골프장으로 전환한 뒤 사우스스프링스CC는 "회원제의 품격을 갖춘 채 대중제의 개방성을 제공한다"는 생각으로 운영한다고 한다. 이른바 '프레스티지 퍼블릭'이다. "보다 많은 사람들이 골프의 묘미를 경험할 수 있게 한다"는 것이 이 골프장 경영의 '미션'이라 한다.

퍼블릭 코스 전환을 계획 할 때, 여러 전문가들이 코스의 난이도를 좀 더 쉽게 고치라고 권했다 한다. 그런데 이 골프장의 새 주인은 '도전과 성취'라는 골프 고유의 특성을 그대로 살리는 것이 옳다고 판단했다. 쉬운 코스가 되면 한동안 손님들이 많아질 수는 있겠지만 코스 고유의 매력은 사라지게 된다고 본 것이다.

사우스스프링스CC 코스에서 벙커가 없어진 모습을 상상하기는 쉽지 않다. 곳곳에 도사린 벙커와 벌칙 구역들이 이곳의 가장 큰 매력이자 상징일 것이다.

프로 대회 '토너먼트 코스'

대중제 골프장으로 전환한 뒤 이 코스에서는 한국여자프로골프협회(KLPGA)가 주관하는 정규 프로대회가 연이어 열리고 있다. 2013년부터 2018년까지 <E1채리티오픈> 대회가 이 코스에서 매년 열렸고, 2017년에는 <ADT캡스챔피언십> 대회가 열렸으며, 2019년에도 2개 대회, 코로나 전염병으로 투어가 위축되었던 2020년에도 <E1채리티오픈> 대회가 열렸다. 여자 프로골프의 정규 토너먼트 코스로 정착되어 가고 있는 듯하다.

한국 여자 프로골프 투어에 참가하는 선수들의 경기 수준이 세계 정상급으로 평가 받고 있는 가운데, KLPGA 정규대회가 매년 열리는 코스라는 것은 세계 정상급 선수들 실력의 우열을 가려낼 만한 변별성 있는 코스라는 뜻으로도 볼 수 있겠다.

골퍼 만족도 높은 골프장

대중제로 전환하여 개방한 뒤 더 많은 골퍼들로부터 높은 평가와 사랑을 받고 있는 것으로 보인다. 2016년과 2017년 동아일보, 스포츠동아, 엑스골프가 공동 주관한 '소비자만족 10대 골프장'에 선정된 것을 비롯해서 2017 서울경제 골프매거진 'TOP 10 PAR3 HOLES IN KOREA' 선정, 2017~2018 '골프다이제스트 대한민국 베스트 코스' 선정, 2019~2020 '골프다이제스트 대한민국 베스트코스' 12위, 2020년 골프매거진이 꼽은 '한국 10대 퍼블릭코스' 4위에 선정되는

코스 랭킹 선정 기관들이 사우스스프링스CC에 수여한 각종 상패들

레이크코스 9번 홀

등 꾸준히 호평 받고 있다. 언론사가 선정하는 순위 평가를 절대 객관적인 지표라 단언할 수는 없지만, 골퍼들로부터 특별히 높게 평가되는 골프장인 것은 분명하다.

특히 '로우 핸디캐퍼' 즉 상급자 골퍼들이 좋아하는 골프장으로 알려진다. 난도와 '샷 밸류'가 높은 코스 자체의 매력이 점점 두터운 '마니아 그룹'을 형성하고 있는 듯하다.(샷 밸류에 대해서는 앞의 베어크리크GC 편 등에서 설명되었다)

아름답고 예민하고 재미난 코스

'짐 파지오' 설계 작품

이 코스의 설계자인 짐 파지오는, 세계적인 골프잡지 골프다이제스트가 선정한 북미 100대 골프장 중 하나인 플로리다 트럼프 인터내셔널GC를 비롯하여 50여 개 골프장을 아들 짐 파지오 주니어와 함께 만들었다 한다. 세계에서 가장 어려운 코스를 만들기로 유명한 톰 파지오의 친형이기도 하며, 여주의 <트리니티클럽>을 설계한 톰 파지오 주니어의 가족이니, 파지오 가문

레이크코스 8번 홀에서 바라보는 9번 홀

은 골프코스 설계에서 세계적인 명문가라 하겠다.
(짐파지오가 이 골프장을 설계할 때 국내 설계 파트너를 맡은 김재열 씨는 라헨느, 히든밸리, 더
반 등의 코스를 설계한 이라 한다)

도전적이며 홀마다 강한 개성

"보기 좋고 공을 칠 만하고 또 어렵기도 하고, 가끔 만만하기도 한 코스가 될 것이다"

짐 파지오가 이 코스의 설계를 맡으며 했다는 말이다. 그러면서 그는 "보기 좋고, 도전적이며,
홀마다 특징을 가진 코스를 만들겠다"고 선언했다. 그는 코스 구성의 80%를 아마추어의 시

각으로 보고 '아마추어에게 쉽고 프로골퍼에게 어려운 코스'로 설계한다고 알려진다.

이 코스가 들어선 곳은 해발 100미터에서 185미터에 이르는 완만한 구릉 지형인데, 홀마다 변화가 다양하고 영웅적인 느낌의 내리막과 구름 위 능선을 걸어가는 느낌 등 다양한 시각 경험을 거치게 된다. 짐 파지오는 시각의 앵글을 중시하는 스타일이라 하니, 눈으로 느끼는 심리적 난이도를 계산하고 반영한 듯하다.

티잉 구역에서는 공의 낙하지점이 좁아 보여도 사실은 페어웨이가 넓은 곳이 많고, 영웅적인 모험 심리를 갖게 하는 홀, 전략적인 소극성을 유발하는 홀, 섬세한 아름다움을 느끼게 하는 홀들의 배합이 운율감 있게 전개된다.

골프장 명칭	사우스스프링스컨트리클럽 South Springs Country Club
클럽 한 줄 설명	명문 회원제 수준의 고급 퍼블릭코스
개장 연도	2009년
규모, 제원	18홀 파72 , 전체길이 7,226yds(6,607m) 마운틴코스 3,688yds, 레이크코스 3,538yds 면적 30만평
골프장 구분	대중제(퍼블릭) 골프장
위치	경기도 이천시 모가면 공원로 64 (소고리 640-6)
코스 설계자	짐파지오(Jim Fazio)
소유 회사	(주)사우스스프링스 - BGF 소유
잔디 종류	페어웨이 : 안양중지 러프 : 장성중지 그린 : T1 벤트그래스 에이프런 : 켄터키블루그래스
관리 특징	명문 회원제 코스와 수준을 같이 하는 관리
부대시설	파지오하우스 한옥, 연습장
티오프 간격	8분(7분, 8분 교차)
휴장일	연중무휴
캐디, 카트	4백 1캐디, 승용전동카트(5인승)

까다로운 108개 벙커

사우스스프링스CC에는 벙커가 108개나 있는데, 파지오 가문의 톰 파지오 주니어가 설계한 여주의 <트리니티클럽>에도 이에 못지않게 벙커가 많아, "이 집안은 벙커를 많이 파서 파지오"라는 우스개가 우리나라 골퍼들 사이에 떠돌기도 한다.

레이크코스 2번 홀의 벙커들

벙커가 많으므로 벙커 샷이 미숙한 아마추어 골퍼에게는 어려운 코스일 수 있다. 벙커 중에는 '타겟 벙커(목표 방향 쪽에 멀리 있는 벙커)', '세이빙 벙커(벌칙 구역에 빠지는 공을 잡아주는 벙커)' 기능을 하는 것도 있으나 대부분의 벙커는 공이 떨어질 만한 곳 또는 미스 샷이 나면 공이 찾아 갈만한 곳에 설치되어 있다.

가장 매혹적인 페어웨이는 매 홀마다 유

혹적인 벙커 너머에 있다. 벙커의 모양은 다양한 부정형이고 내리막 벙커 샷이나 높은 턱을 넘기는 벙커 샷을 해야 하는 경우가 적지 않다. 그러므로 골퍼는 티잉 구역에서 그린까지 자신의 실력에 맞추어, 도전적이거나 전략적인 선택의 기로에서, 좀 더 상상력 넘치는 경로를 찾아 플레이해야 한다.

이 코스에서 나쁜 성적표를 받고 나서 "다시는 안 와!" 하며 고개를 젓는다면 아마도 벙커 샷에 약점이 있는 골퍼이기 쉽다. 그래서 "사우스스프링스에서 좋은 성적을 내려면 벙커에 들어가지 말거나 들어가면 단번에 잘 나와야 한다"는 이야기도 있다.

그린은 분할해서 봐야

티잉 구역의 위치와 각도, 그리고 핀의 위치에 따라서 난이도가 크게 달라질 수 있다. 운 좋게도 어쩌다 쉽게 세팅된 날에 라운드 해서 좋은 스코어를 낸 골퍼가, 다음 번 라운드에서는 열 타 이상 더 친 스코어카드를 받아들 수 있다. 그만큼 난이도 조정의 폭이 매우 큰 코스이다. 특히 그린의 핀 위치에 따라 스코어는 많은 차이가 난다.

그린은 넓고 긴 것이 대부분인데 핀에서 먼 곳에 공을 올려놓으면 투 퍼트 마무리가 어렵다. 이 코스가 터프하다고 느낀다면 아마도 벙커와 그린의 난도 때문일 것이다. 그린이 다양한 단과 경사로 분할되어 있기 때문에 충분한 정보를 인지하고 정확하게 의도하여 쳐야 한다. 쇼트 게임이 완벽하지 않으면 전혀 다른 방향으로 공이 굴러갈 수도 있다. 그린이 빠른 편이라서 경사를 잘못 읽거나 다른 높이의 단으로 가면 다음 퍼팅이 상당히 어려워지거나 그린 밖으로 굴러 내려갈 수도 있다.

다이내믹한 마운틴코스와 온화한 레이크코스

상대적으로 온화한 분위기의 '레이크 코스'는 약간 짧은 편(3,583야드)으로, 이곳에서 좋은 스코어를 충분히 확보해 놓는 것이 좋다. 코스를 따라 7개의 호수가 넘나들어 아름다운 풍광이 연출되며, 그런 가운데 과감하게 도전하면 공을 치는 재미를 느끼며 좋은 스코어를 낼 수도 있는 코스이다.

'마운틴 코스'는 자연 지형을 살린 구릉을 오르내리며 라운드 한다. 구름 위를 산책하는 느낌의 홀, 영웅적인 도전을 부르는 홀, 치명적인 벌칙이 숨은 홀들이 골고루 있다. 시야가 탁 트이는

레이크코스 8번 홀 그린

조망의 홀들이 배치되어 있으며, 3번 파5 홀 그린 주변의 '사자바위' 등 신비로운 주황빛 바위들을 볼 수 있다. 그린이 하늘과 닿은 듯한 2번 홀이 인상적이라는 이들도 많다. 마운틴 코스는 '아마추어에게는 쉽고 프로에게는 까다롭게'라는 설계자의 철학을 느끼게 한다. 가지고 있는 클럽을 거의 모두 다양하게 사용해야 하며 도전적인 플레이를 부르는 코스이다.

레이크 코스보다 다소 길고(3,688야드) 어려우며 특히 후반 홀의 난도가 높은데, 6번부터 9번까지의 홀은 너무 어려워 머리에 열이 오른다 해서, '핫스프링스 존'이라 부른다.

배선우 선수 20언더파 우승

이 까다로운 사우스스프링스CC에서 열린 2016년 KLPGA <E1채리티오픈> 대회에서, 배선우 선수는 1라운드에 62타를 쳤고 3라운드 54홀 합계 20언더파 '노보기 플레이'로 우승한 바 있다. 2017년 KLPGA <ADT캡스챔피언쉽> 대회에서는 지한솔 선수가 3라운드 합계 18언더파로 우승했다.

세계 정상급 수준에 이른 우리나라 여자 프로 선수들의 능력에 거듭 감탄하게 된다. 선수들이 플레이 하는 것을 보니 정확하게 게임 플랜을 짜서 정해진 루트로만 공을 쳐 보냈다. 평탄한 곳에서 다음 샷을 하려고 활을 쏘듯 정확하게 공을 보내는 모습들과, 그린 공략을 정교하게 하는 선수가 우승하는 것이 눈에 두드러지게 보였다. (전체 길이가 길다고 할 수는 없기에) 간혹 벙커 장애물을 넘기는 장타자들이 공략법을 파악하여 좋은 점수를 내기도 한다.

프로 대회에서 좋은 스코어로 우승한 선수들도 이구동성으로 "이곳은 결코 쉬운 코스가 아니다"라고 했다.

섬세한 코스, 깔끔한 관리

'안양중지'와 '장성중지' 잔디

이 코스 페어웨이 잔디는 '안양중지', 러프는 '장성중지' 종이다. 골프와 잔디 산업의 역사가 짧은 우리나라에서 이 '중지' 잔디가 갖는 의미와 역할은 크다. <남서울CC>, <한양CC> 등 오래전에 만든 골프장들은 '들잔디'라고도 불리는 '야지'를 심었는데, 야지는 '양잔디'나 일본 '고라이 잔디(고려지)'에 비해 잎이 넓고 옆으로 퍼져 자란다. 앞의 안양CC 편에서 안양중지에 대해 설명하며 적은 것처럼, 공을 놓고 치기에는 잎이 좁고 짧게 깎을 수 있는 잔디가 좋다고 할 수

마운틴코스 1번 홀 그린

있는데, '고라이'나 '양잔디' 종은 우리나라의 덥고 추운 기후를 견디기 힘들어 한다. 그래서 안양CC에서 오랜 노력 끝에 한국 토종 잔디 중에서 선별해 보급한 품종이 중지이다. 잎이 넓은 야지와 잎이 좁은 고라이에 견주어 잎의 폭이 중간 정도 된다는 뜻이다.

안양CC에서 처음 적용된 안양중지는 삼성에버랜드가 시공하는 것이 '오리지널'이라 한다. 그런 한편 전남 장성 지역에서 나는 잔디 중에 중지 특성을 가지고 있는 것을 장성중지라 부르며 우리나라 잔디 생산의 7할 정도를 이 장성중지가 맡고 있다 한다.

안양중지는 가을이면 잎이 붉게 단풍 드는 것을 볼 수 있는데 장성중지는 잔디가 자라는 모양은 안양중지 같지만 가을에 붉게 물들지는 않는다. 일부는 안양중지 같이 보이는 것도 있어서 전문가들도 모양만 보고 구분하기는 쉽지 않다고 한다.

손님이 많아도 늘 단정한 잔디

유난히 무더웠던 2018년 여름에 이곳의 페어웨이 잔디가 '오리지널 안양중지'가 아니었다면, 아마도 '프레스티지 퍼블릭'이라고 내세우기 힘들었을 지도 모르겠다. 이곳의 페어웨이 잔디가

레이크코스 4번 홀의 연못

양잔디인 줄 아는 골퍼들이 의외로 많은데 잔디 관리가 대개는 단정하게 되어 있고 코스의 전체적인 분위기가 서구적인 느낌을 풍겨서 그런 듯하다.

양잔디 중 국내 골프장들이 가장 많이 쓰는 '켄터키블루그래스'나 '벤트그래스'는 모두 추운 지방이 고향인 '한지형 잔디' 품종이다. 우리나라 기후가 점점 아열대화 되어가고 있어서 한지형 잔디를 관리하는데 많은 어려움이 있으니, 특히 손님을 많이 받아야 하는 퍼블릭 골프장에서는 양잔디를 페어웨이에 사용하면 관리하기가 대단히 힘들다고 한다.

개장할 때 삼성에버랜드가 오리지널 안양중지를 시공했기에 퍼블릭 골프장으로 전환해서도 좋은 코스 품질을 유지할 수 있는 듯하다. 또한 이 골프장은 잔디가 자라는 토양을 잘 관리하는 데 코스관리의 중점을 두어 노하우를 쌓아 나가고 있다 한다. 해마다 미국의 전문 분석기관에 토양과 물(관수용수)을 보내 분석하고, 그 결과에 따라 개선점을 찾아 나간다는 것이다.

그림 같고 음악 같은 조경

짐 파지오는 일정한 설계 패턴을 고집하기 보다는 자연 그대로의 지형 특징을 살려 코스를 앉

마운틴코스 4번 홀

히는 디자인 철학을 갖고 있다 한다. 이 코스의 티잉 구역들에서 페어웨이를 바라볼 때 느끼는 관조의 심미성은 매우 독특하고 빼어나다. 암석이나 수목, 구릉, 연못 등 자연 그대로의 경관미는 살리면서 벙커와 페어웨이의 곡선 배치 등으로 조밀한 아름다움을 빚어낸 솜씨가 돋보인다. 철마다 꽃이 피고 다른 빛깔을 띠는 숲과 나무의 어울림도 어여쁘다. 소나무와 참나무, 산벚나무와 아카시아가 자생하던 자연 숲에 낙락장송 소나무 2,000여 그루와 팽나무, 때죽나무, 단풍나무, 층층나무, 메타세콰이어와 느티나무 등을 보완해서 심었다.

늘 푸른빛을 띠는 상록수 사이로, 철마다 다른 색을 내는 활엽수 7,600여 그루와, 영산홍, 황매화, 꽃댕강나무 등 꽃나무 8만여 그루를 심었으니, 곳곳의 야생화들과 어우러지면서 계절의 흐름에 따라 교향곡 악장이 바뀌듯 다양한 아름다움이 코스와 숲에서 저절로 변주된다.

하루 72팀, 팀간 간격 8분

이곳이 회원제 골프장일 때는 이용객이 많지 않았기에 연간 내장객 4만 명 정도를 최대치로 설정한 관리 기준이 적용되었는데, 퍼블릭코스가 되면서 내장객 6만 명을 전제로 관리 기준을 변경했다고 한다. 그래서 관리 인력과 장비를 많이 늘렸다는 것이다.

또한 '430-36-8'이라는 관리 매뉴얼을 도입하여, 라운드 시간은 4시간 30분에 마치도록 유도하며, 최성수기에도 오전 오후 각 36팀 이상을 들이지 않는다. 팀 간 티오프 간격은 8분 또는 7분, 8분 교차 적용을 지킨다.

기능과 미관이 뛰어난 시설

기능적인 클럽하우스

이곳의 클럽하우스는 '기능이 형태를 낳는다'는 디자인 명제를 단순 명료하게 드러내는 듯하다. '간삼건축'에서 설계했다는데, 사람의 동선에 대한 배려, 제공되는 서비스의 기능적인 배치를 시원시원하게 장식 요소 없이 풀어냈다

높은 층고를 확보하고 통유리 창을 통해 개방감과 웅장함을 표현하였는데, 넓은 로비와 레스토랑, 연회홀 들의 공간이 회원제 클럽하우스로 계획되었던 것 치고는 크고 넓어서, 퍼블릭 골프장으로 전환하여 손님이 많아졌어도 복잡한 느낌이 들지 않는다.

한옥 <파지오하우스>

클럽하우스 건축이 모던한 단순미를 띠는 반면에 그 옆에는 전통 한옥으로 지은 연회장이 있어 이 두 가지 상반된 이미지의 건축물이 동서양이 공존하는 조화와 낯섦의 아름다움을 빚어낸다. 한옥 연회장은 이 골프장 코스 설계자의 이름을 딴 '파지오하우스'이다.

이 건물은 한옥 모양을 딴 것이 아니라 진짜 한옥이다. 2011년 '경기도 건축가 협회장상'을 받은 건축물인데 '황두진 건축 사무소'에서 설계했고 한옥 건축 '대목'인 황해중 님이 시공했다 한다. 100평 넓이 60명 수용 규모의 '전각연회장'과 게스트하우스 기능의 '안채동', 입구 회랑으로 이루어져 있고 '솟을삼문'이 장식적으로 설치되어 있다. 특히 전각연회장은 한강 이남에서 사찰과 법당을 제외한 민간 한옥 건물로는 최대 규모라 한다. 소극적인 행사만 하기에는 아까운 건물이다.

아름다운 건축물이니 문화적으로 유용하게 활용되기를 바란다. (클럽하우스의 식당과는 별도로 '원테이블 레스토랑'이라는 맞춤형 고급 다이닝 서비스도 제공하고 있다. 근사한 서비스이긴 하지만 이 한옥 공간에서는 좀 더 규모가 큰 행사가 치러져야 걸맞겠다는 생각이 든다)

다만 건물의 완성도와 아름다움에 비해서, '파지오하우스'라고 적은 현판 글씨에서는 (어떤 사연으로 어느 분의 공력을 담아 쓴 것인지는 알지 못하나) 건축물에 어울리는 격을 발견하기 어려웠다. 내 안목이 낮아 헤아리지 못한 것이라면 어느 고인이 깨우쳐 주시기 바란다.

잘 갖춰진 연습장

이 골프장은 천연잔디에서 연습할 수 있는 드라이빙 레인지와 그린, 벙커, 어프로치 연습장을 갖추고 있다. <데이비드레드베터 아카데미>가 운영되는 등 여러 교습단체들이 사용하기도 했는데 지금은 <캘러웨이>사에서 골프 교습 시설로 활용하고 있다. 정규 토너먼트를 치르는 골프장들 가운데는 연습장을 갖추지 못한 곳도 많은데 이곳은 상대적으로 훌륭한 연습 시설을 갖추고 있다.

몇 가지 소소한 이야기들

핫스프링스존

KLPGA 토너먼트가 치러질 때, 마운틴 코스 6, 7, 8, 9번 홀은 선수들이 매우 어려워 하는 구간이다. 파5인 537야드의 6번 홀은 두 번째 샷이 떨어지는 지점 왼쪽에 연못이 있고 페어웨이가 개미허리처럼 좁아서 '세컨드 온'을 노리거나 '레이업(공을 다음 샷 하기 좋은 자리로 보냄)' 할 때 정확한 샷을 해야 한다. 7번 파4홀은 376야드로 길지 않으나 티샷을 평지에 올려놓아야 하며 오르막 그린 공략이 쉽지 않다. 8번 파3홀은 가장 긴 파3홀이며, 9번 383야드 파4홀은 그린이 너무 어려워 아이언 샷이 정확하지 않으면 파를 지키기 어렵다. 이 4개 홀 구간을 '핫스프링스 존'이라고 부른다. 망친 스코어 때문에 머리에 열이 오르는 상태를 뜨거운 온천에 비유한 것이다.

고졸한 느낌의 석물(石物)들

이 골프장 곳곳에는 오래된 유물 같은 느낌의 석물 조형작품들이 자리 잡고 있다. 이런 석물들은 옛날 누군가의 무덤에 있던 물건 같지만, 눈 여겨 보면 어디서 캐온 것이 아니라 조형 작품들이다. 서구적인 느낌의 코스에 전통미를 풍기는 문인석, 동자석 등 조형물들이 은근히 잘 어울린다. 이 조형물들은 이 골프장 첫 주인이 먼저 지었던 평창 '휘닉스CC'에서도 일부 보인다. 다른 골프장들에도 비슷한 조형물들을 놓은 곳이 적지 않은데, 이곳에 있는 석물들의 고졸한 느낌과 수준에 대개는 미치지 못한다.

펄럭이는 대형 태극기

클럽하우스 앞에는 대형 태극기가 게양되어 있다. 최근 들어 태극기가 정치적 느낌으로 비치는 경우와 상관없이, 이 태극기는 2009년 개장 때부터 줄곧 펄럭이고 있다. 미국에 있는 골프장들에 성조기가 게양되어 있는 것을 인상적으로 본 이 골프장 첫 소유주가 설계가와 협의하여 설치했다고 한다.

아름다운 8번 홀의 드라마

레이크 코스 8번 홀은 사우스스프링스CC의 아름다운 홀들 가운데서도 가장 예쁘다.
푸른 호수에 떠있는 아일랜드 그린 너머로 단풍나무와 폭포, 다음 홀의 벙커 군락까지 아름다운 것들이 한 눈에 들어온다. 140야드 정도로 짧게 세팅될 때는 홀인원도 불가능하지 않을 것 같은 홀이지만, 오른쪽 '뒷 핀'일 경우에는 180야드 이상으로 길어서 공략이 어려워진다.
사우스스프링스CC의 '시그니처 홀'인 만큼 빼어나게 아름답지만, 바람의 방향이 자주 바뀌고 핀의 위치에 따라 공략의 부담감이 커서 승부의 변수가 빚어지곤 한다. 프로 대회에서는 17번 홀로, 승패의 막판 분기점이 되는 홀이다. 그리고 이 홀을 배경으로, 대개의 골퍼들은 사진을 찍는다.

마운틴코스 7번 홀(위). 클럽하우스 앞 국기게양대(중간 왼쪽) 8번 홀(중간 오른쪽). 고졸한 느낌의 석물들(아래)

진품과 명품

사우스스프링스CC는 좋은 스코어를 얻기 위한 골프만 하기엔 아까운 골프장이다. 좋은 스코어를 가로막는 홀마다의 난관들이 오히려 아름다운 장점이랄 만큼 흥미로운 코스이다. 나무 한 그루 꽃 한 송이도 정교하게 골프장 전체의 조화에 제 몫을 하니, 이곳의 조경과 풍광은 골프 실력을 넘어 어느 골퍼에게나 지성과 안목에 비례한 즐거움을 준다.

흔히 '명품'이라는 말 붙이기를 좋아한다. 명품들은 대개 짧은 시간에 이루어진 것이 아니다. 기본적으로는 진정한 품질을 갖춘 진품(眞品)인 것이, 귀하게 가치 있는 진품(珍品)으로 받들어지고 세월과 함께 명품(名品)으로 통하게 되기도 하는 것이다. 명품이라 말하기보다 진품이 되는 것이 더 값진 일이겠다.

반드시 세계적 명품이 될 필요는 없으나 진정하게 사랑 받는 퍼블릭 코스로 스스로의 가치를 지키고 높여 나가길 기대한다.

글/ 류석무

사진은 주로 사우스스프링스CC에서 제공한 것을 사용했으며
일부는 글쓴이가 찍은 것입니다

HILL DE LOCI COUNTRY CLUB

판타지영화 미장센 같은 설계 미학 – **힐드로사이 컨트리클럽**

글 / 류석무

힐드로사이 컨트리클럽
판타지영화 미장센 같은 설계 미학

"이 골프장이 '초명문 코스'에 들지 못하는 이유가 도대체 뭐죠?"
동반 라운드 하던 후배가 마지막 홀 페어웨이에서, 서양 궁전 모양의 클럽하우스를 바라보며
문득 물었다.
"그렇게 좋았어?"
"네. 저도 웬만한 명문 골프장들 거의 다녀봤는데 여기 정말 멋진데요"
"여기 10대 뉴 코스……로 선정된 골프장이잖아"
"에이~, 그런 거 말고요. 진짜 명문들에 비해서 말예요"

"응…… 이 코스 좋네. 한두 번 더 쳐봐야 알 것 같아"

이런 대화를 나눈 적이 있는데 그 이듬해, 그 후배가 말했다.

"힐드로사이 참 마음에 들어요. 초일류 명문들보다 관리가 좀 덜하긴 한데…… 오히려 더 예쁘고 코스가 좋아요"

2015년쯤의 이야기이다.

2011년 '고품격 회원제 클럽'을 지향하며 문을 연 <힐드로사이CC>는 2016년 대중제 골프장으로 바뀌었다. '퍼블릭코스'가 되었으니 다소 달라졌을 것이라 생각하며 다시 그 후배와 라운드 하고 되새겨보며 쓴다.

'명작 회원제 코스'가 퍼블릭 코스로 변하기까지

'신성한 신의 땅'이라는 이름

홍천은 우리나라의 시, 군 가운데서 가장 넓은 땅으로 면적이 서울의 3배나 된다. 북쪽으로 춘천과 인제, 서쪽으로 경기도 가평과 양평, 남쪽으로 횡성, 동쪽으로 양양과 강릉에 접하고 있다. 산이 군 전체의 87%를 차지하는 홍천군의 남서쪽 맨 아래, '한강매봉단맥(강원도 오대산에서 뻗어 내려온 산줄기가 양평 용문산에 이르기 전 매봉산에서 백양치로 흐르는 산 갈래) 아래 낮은 기슭에 <힐드로사이CC>가 있다.

강원도 깊은 산 속 홍천이 아니라, 경기도 양평 옆 '낮은 홍천'이다.

'힐드로사이(Hill de Loci)'라는 이름은 라틴어로 '신이 내린 신성한 대지'라는 뜻이라고 골프장 홈페이지에 적혀 있는데, 나는 사전을 찾아보고도 그런 해석을 따라잡지 못한다.

'신이 내리지 않은 땅도 있는가' 하는 생각도 들지만, 몇 홀 라운드 하면서 그런 마음은 풀어진다. 코스는 자연스럽고 한 홀 한 홀의 아름다움은 무덤덤한 이의 마음도 설레게 한다.

탐미적인 스타일의 코스 설계자

이 골프코스의 설계와 시공은 '오렌지엔지니어링'이 했다. '블루원상주', '골든비치', '소노펠리체' 등 아름다운 코스들을 설계 또는 시공한 회사이다. 코스 설계 책임자는 미학적인 코스 디자인으로 잘 알려진 권동영 씨였다.

힐드로사이CC의 조성이 계획되던 이천 년대 중 후반 당시는 해외의 세계적인 골프코스 디자이

너들에게 설계를 맡기는 것이 유행처럼 번지던 때였다. 일본풍의 정원형 코스 스타일에서 벗어나서, 도전적인 서구형 코스가 본격적으로 도입되고 있었다. 이른바 '명문 골프장'들이 '로버트 트렌트존스 주니어', '파지오' 가문, '잭 니클라우스' 등 서구의 유명 설계가에게 앞 다투어 설계를 맡겼다. (일부에선 이름이 잘 알려지지 않은 해외 설계가들을 모셔오기도 했다)

그런 한편 해외 설계가들이 한국 코스의 실제 작업에 얼마나 관여하는가에 대한 뒷얘기는 자주 따라다녔다. 유명인의 이름을 내건 코스이면서도 사실은 설계 도면만 보낸 경우도 있다는 이야기가 떠돌기도 하고, '그이가 현장에 몇 번이나 와 봤느냐' 하는 뒷얘기도 있었다. 그런 즈음에, 오렌지엔지니어링은 우리나라 산중지형에서의 골프 코스 시공 경험이 풍부한 회사였으며, 설계자인 권동영 씨는 많은 현장 경험과 젊은 상상력이 극의에 이른 때였던 듯하다. 이 코스는 그가 자신의 설계 미학과 역량을 집대성하여 쏟아 부은 역작이랄 만하다.

'명작코스'를 '퍼블릭'으로 전환하다

"세계적인 명작 코스의 전설을 구현하겠다"

힐드로사이CC는 문을 열 때 자신 있게 장담했다. 시범 라운드에서 코스의 높은 완성도가 골프 전문가들 사이에 화제가 되었으며, 골프다이제스트 코리아로부터 '2012년 한국의 베스트 뉴코스 10'에 선정 되는 등 전문 기관들로부터 높은 평가를 받기도 했다. 당시 소유주가 서울 강남의 중견 특급 호텔과 대형 스포츠클럽을 운영하고 있었기에 그를 바탕으로 한 회원모집 마케팅은 성공할 가능성이 높아 보였다.

그러나 골프장 회원권 분양 호황이 이미 끝나버린 시대의 흐름을 뒤집지는 못한다. 골프코스에 대한 호평에도 불구하고 회원 모집은 계획만큼의 성과를 내지 못하다가, 회원 보증금 반환과 이용권 전환 동의 등의 과정을 거쳐 퍼블릭 골프장으로 전환하게 된다.

그런 가운데서도 이 골프장은 코스의 품질 면에서 호평을 받아온다. '골프매거진'으로부터 '2018 한국의 10대 퍼블릭 코스'에 선정되었으며, '골프다이제스트 코리아'의 '2019~2020년 대한민국 50대 코스' 평가에서는 한국 36위 코스로 순위가 매겨졌다. 남성적인 광활함과 여성적인 섬세함이 함께 살아있고, 도전적이면서도 서정적이며, 평화로우면서도 위협적인 매력을 갖고 있기에, 여느 명문 코스들에 견주어도 손색없다는 평가를 받곤 한다.(글머리에서 말한 내

후배는 "코스 자체로는 '톱 텐' 못지않다"며 이 코스를 좋아한다)

정규 프로 토너먼트 개최 코스

한국여자프로골프협회(KLPGA) 정규 토너먼트와 한국프로골프협회(KPGA) 정규대회가 이 골프장에서 열리기도 했다. 여자 프로대회인 <KLPGA넵스마스터피스> 대회가 2012년부터 3년간 열렸고, 남자 프로대회인 <KPGA넵스헤리티지> 대회와 KPGA <동아제약 동아ST 챔피언십>이 2016년에 열린 바 있다.

이들 대회를 통해서 이 골프장이 일반 대중에게 공개되었을 때, TV 중계 화면을 통해 비쳐진 코스의 화려함이 화제가 되었다. '넵스마스터피스' 대회에서는 조형예술 작가들의 설치 예술품들이 골프장 곳곳에 전시되어, 코스 자체의 유려한 조경과 선명하게 조화되는 아름다움이 조명되기도 했다.

토종 설계자의 탐미적이고 까다로운 코스

골프장 명칭	힐드로사이 컨트리클럽 HILL de ROCI Country Club
한 줄 소개	미학적인 설계의 산중 퍼블릭 코스
개장 연도	2011년 7월
규모, 제원	18홀, 파72 ,6,787m (7,423yds) 총68만평
골프장 구분	대중제 퍼블릭 골프장(회원제에서 변경)
위치	강원도 홍천군 남면 한서로 2840
코스 설계자	오렌지엔지니어링(설계 책임자: 권동영)
운영, 소유	힐드로사이 주식회사, 엔지니어링공제조합
잔디 종류 (북코스)	페어웨이 : 켄터키블루그래스 혼합종 러프 및 헤비러프 : 켄터키블루그래스 혼합종 그린 : 벤트그래스(007) 티잉구역 : 켄터키블루그래스
티오프 간격	7분, 8분 교차
휴장일	겨울철 강설시 일시 휴장
캐디, 카트	4백 1캐디, 승용전동카트(5인승)

'신선의 꽃밭'이라는 화전리

이 골프장이 앉은 자리는 홍천군 남면 화전리이다. '화전(花田)'이라는 이름은 옛날 신선들의 꽃밭이었다는 전설에서 나온 것이라 한다. 이렇게 고운 사연을 버리고 모호한 외국어로 골프장 이름을 단 까닭은 알 수 없지만, 코스를 앉힌 생각과 기법은 '화전'이라는 이름에 어울리게 섬세하다.

힐드로사이CC는 "자연을 덜 훼손하고 코스를 만들었다"고 한다. 산을 깎아내는 작업을 되도록 덜하고, 깎아내기보다는 '메워서 높이는' 방법을 되도록 더 많이 했다는 것이다. 63빌딩 9배 분량의 토목공사를 통해 많게는 50미터나 지면을 높였다.

한국 지형 공사 경험이 많은 '토종 설계가'의 솜씨

골프코스를 만든다는 것 자체가 자연의 훼손에서 완전히 벗어날 수는 없는 일이기는 하지만, 원래의 자연 못지않은 아름다움을 되살려내려 노력한 것으로 보인다. 골프장 부지 중심부에 있던 작은 봉우리들을 없애면서 그 흙으로 골짜기를 메워 넓은 평지를 만들었다. 그래서 산중 코스이면서도 넓은 평원에 들어온 듯 탁 트인 느낌이 든다.

이런 방법은 산악지형 코스에 경험이 많은 국내 설계가가 맡았기에 추진 가능했던 것으로 보인다. 서양 코스 디자이너들이 설계한 국내 골프장들은 원래 지형을 거의 그대로 살려서 코스를 앉힌 경우가 대부분이다. 예를 들어 세계에서 유명한 골프코스 디자이너 로버트 트렌트존스 주니어가 스스로 필생 역작이라고 꼽은 충북 음성의 레인보우힐스CC를 보면, 산과 골짜기를 깎고 메운(성토와 절토) 흔적이 거의 드물다.

이런 설계 경향에 대해서는 '자연 존중'의 설계 철학 때문이라는 해석이 우선하는 한편, 우리나라 땅의 현실을 잘 모르고 현장 진행에는 별로 관여를 하지 않기에 나온 결과라는 얘기도 떠돈다. (예로 든 레인보우힐스CC의 경우에는 로버트 트렌트존스 주니어가 현장에 자주 와서 적극적으로 참여했다 한다)

어느 방법이 좋은 것인지는 사람마다 판단이 다르겠지만 어쨌든, 힐드로사이CC는 한국 산중 지형에서의 실무 경험을 통해 실력이 무르익은 '거장 급' 토종 설계가가 '새로운 자연 흐름을 빚어 낸' 경우라 하겠다.

자연보다 더 자연 같은 '산중 평원'

산을 깎았다고 하면 경사면의 절개 흔적이 완연한 '법면 계단식' 코스를 생각하기 쉽지만 이 코스에서 그런 불편한 모습은 보이지 않는다. 원래 이런 '신성한 대지'가 있었던 듯 자연스러워 보인다.

깃털 모양 낮은 구릉들에 안긴 너른 분지의 모습이다. 구릉들은 해발 310~370미터 정도로 나지막하다. 계곡 입구 310미터 높이 땅을 평평히 다져 클럽하우스를 짓고 그 앞 골짜기를 메워 넓고 완만한 분지를 조성했다.

보통 36홀은 넣을 수 있는 226만㎡(약 68만평)의 땅에 18개의 홀만 앉혀서 부자연스러운 홀을 없애고 자연 지형이 살아나도록 했다 한다. 코스에서 가장 낮은 곳이 해발 260미터, 높은 곳이 330미터 정도 되니 산중 지형 코스로서는 높낮이가 적은 편인데, 이 높낮이도 카트 이동로에 주로 배분하였으며, 티잉 구역의 위치를 단계적으로 조금씩 높은 곳에 놓는 방법으로, 페어웨이의 오르내림은 적도록 했다.

북쪽으로 금학산(654.1m), 동쪽으로 갈기산(658.4m), 서쪽으로는 중원산(800.4m)이 있지만 산들은 멀고 아스라이 보일 뿐이며, 골프장은 낮은 구릉들에 둘러싸인 분지로 느껴진다.

'함정'들의 기묘한 아름다움

골짜기를 메워 만든 평원 가운데에 8개의 호수를 만들어 서로 이어지게 하고, 그것이 자연스럽게 벌칙 구역이 되도록 하였다. 주변을 감싸는 구릉들은 살려 놓았으며, 그 구릉을 타고 구름 위를 걷는 듯한 페어웨이를 냈으니 산중 코스와 평지 코스를 함께 라운드 하는 기분을 느끼게 된다. 페어웨이는 평균 75미터 폭으로 넓은 편인데, 링크스 코스처럼 자연스러운 언듈레이션(파도 모양의 기복, 굴곡)이 물결치고 있어서 단조로운 느낌이 들지 않는다.

공이 가는 길목에 도사리고 있는 90개의 새하얀 벙커는 위협과 도전 사이에서 기묘한 모습으로 아름답다.(들어가면 지옥 같은 경험을 하기 쉽지만 보기에는 그림 같다)

골프에서 아름다운 것은 흔히 위험하고, 위험한 것은 드물게 아름답다.

점,선,면… '와호장룡' 영화 한 장면 같은……

이 코스는 '점(點)으로 플레이'하고 '선(線)으로 걸어가'며 '면(面)으로 감상'해야 옳다. (최악의 경우는 '선으로 플레이하고 면으로 걸어가며 점으로 감상'하는 것이다)

우선 정확한 '점'으로 공을 보내야 한다. 7,423야드나 되는 긴 코스이므로 당연히 티샷을 먼 지점까지 보내야 유리하다. 그런 한편 티샷 한 공이 떨어지는 평균 낙하지점 근처의 한 편에는 대개 장애물이 있으며, 그린은 넓고 굴곡이 많으므로 핀 공략이 유리한 지점을 선택해서 공을 보내야 한다. 정확한 '점(點)'을 향해 치라고 주문하는 코스이다.

페어웨이의 중심선(線)을 따라 천천히 걸어가며 플레이 할 수 있다면, 이 코스의 아름다운 조경을 훨씬 더 많이 보게 될 것이다. 소나무와 자작나무, 메타세콰이어와 미루나무 등은 깊은 자연림과 페어웨이 사이의 경계에서 리듬감 있게 도열해 있고, 단풍나무와 느티나무, 형형색색의 관목들이 계절에 따라 다른 표정을 짓는다. 코스 중심을 곡선으로 넘나들며 하늘과 산을 비추는 호수는 또 다른 세상을 품고 있는 것 같기도 하다.

걷다 보면 세밀하게 배치해 놓은 액자 속 그림들을 한 면(面) 씩 감상하며 나가는 느낌이 든다. (페어웨이 뿐 아니라 코스의 몇 군데 높은 자리에서도 그런 배치들이 많이 보인다)

나만의 감상일지 모르겠지만 이 코스에서의 라운드는, '이안' 감독의 '라이프오브파이'나 '와호장룡' 영화 속 같은 분위기의 이미지로 기억된다.

골프 기술을 시험하는 한편으로, 아름다움을 관조하는 여유를 일깨우는 코스 아닐까 싶다.

열여덟 편의 판타지 게임 같은 구성

"실력이 뛰어난 골퍼에게는 어렵고, 평범한 골퍼에게는 쉽게 느껴지는, 영원히 풀리지 않을 것 같은 코스를 늘 꿈꾸어 왔고 그것을 힐드로사이에 구현했다"

설계가 권동영 씨의 말이다. 이 코스는 (버치코스 1번홀과 파인코스 1번홀이 대칭으로 비슷한 것 말고는) 모든 홀이 개성적이다. 저마다 다른 정원을 만들어 놓은 것 같기도 하고, 다른 함정이 있는 미션 게임 같기도 하다. (18편 판타지 드라마나 게임 배경 같다고 할까. 마지막 홀에서 동화 속 궁전 같은 클럽하우스를 바라보자니, 8개의 호수와 산을 넘나드는 모험 끝에 마법에 걸린 공주를 구하러 가는 주인공이 된 것 같기도 하다)

이런 코스에서는 머리와 힘을 다 써야 설계자의 '마법'을 풀어낼 수 있다. 18개 홀 중 11개가 연못과 실개천에 연결돼 있으며, 전체적으로 페어웨이가 넓지만 세 홀 정도 빼고는 모두 아슬아슬한 위험이 도사린다. 클럽 14개를 골고루 사용하여, 설계자가 원하는 높은 샷 밸류(앞의 베이크리크 편 등에서 설명함)를 체험하도록 주문한다.

'힘들어사이~' 라고도 부른다

골프관련 IT 솔루션 업체 <스마트스코어>가 2018년 골퍼들의 1,520만 건의 실제 라운드 기록을 분석한 자료에서, 힐드로사이CC는 강원도에서 가장 어려운 골프장으로 나타났다.

어려움의 가장 큰 요소는 코스가 길다는 것이다. 파72 18홀의 전장이 7,423야드나 되니 샷의 비거리가 짧은 골퍼에게는 어려울 수밖에 없다. 오비(Out of Bounds)구역은 딱 한군데 밖에 없지만 그린에 다가갈수록 위험요소가 산재해 있으니, 스코어가 잘 나오는 코스를 선호하는 이들은 두려워하는 코스일 수 있다. 그래서 '힐드로사이' 이름을 빗대어 '힘들어사이'라는 별명도 붙었다 한다.

그런 한편, 남성적인 웅장함을 풍기면서도 여성적인 섬세함이 흐르는 느낌이고, 쉬운 홀과 어려운 홀이 강중약으로 교차하는 매력이 있어서, 전체적인 코스 만족도는 높게 나타난다.

대체적으로, '어렵지만 좋다', '좋은데 스코어가 잘 안 나온다'는 반응으로 요약된다.

5번 파3 홀(왼쪽), 12번 홀(오른쪽)

'아는 만큼 보이는' 인상적인 홀들

저마다 다른 개성이 있는 이 코스의 홀들 가운데서도 몇몇 특징적인 홀들을 짚어 본다.

심미적인 홀들

5번 홀(버치5번 파3 홀)은 내리막 경사면에 장식된 관목 꽃나무 조경이 섬세하며, 티잉 구역에서 보면 주변 3개 홀이 커다란 호수와 만나는 곡면이 테마정원처럼 정교하다. 작은 인공폭포도 흘러놓았다. 경사면에 심은 꽃나무 조경은 골프장 소유주의 아이디어로 설치했다고 하는데, KLPGA 투어 <넵스마스터피스>대회가 이곳에서 열렸을 때 TV 화면에 비친 모습이 매우 화려해서 화제가 되기도 했다.

아름다움이 몸을 붙잡기 때문인지, '한 클럽 길게 잡아야 한다'고 캐디가 일러준다.

12번 홀(파인코스 3번 파4 홀)은 어느 골프 잡지로부터 '우리나라에서 가장 아름다운 홀'로 선정되기도 했다. 368미터 길이(레귤러 티 315미터)의 평범한 홀처럼 보이지만, 그린 앞에 작은 실개천이 흐르고 그 옆으로 미루나무 세 그루가 바람에 흔들리고 있다. (아마도 평가위원들이 어릴 적 신작로에 있던 미루나무를 추억하는 50대 이상 세대로 구성되어 있지 않았을까 생각도 든다. 미루나무는 언제부터인가 찾아보기 힘들다. 젊은 골퍼들은 이 홀보다 15번 홀을 더 아름답다고 보는 듯하다) 아름다운 홀임은 분명하고, 페어웨이 모양이 한반도를 닮았다는 이야기도 있다. 이 홀 왼쪽이 이 코스에서 유일한 오비 구역이다.

11번 파5 홀(왼쪽), 18번 파4 홀(오른쪽)

15번 홀(파인코스 6번 파3 홀)은 5미터 높이의 티잉 구역에서 내려치는 173미터(레귤러 티 150미터, 레이디 티 128미터) 파3홀이다. 내려가는 경사면에 나무와 꽃, 조형물들이 배치된 정원 조경이 예뻐서, 많은 이들이 가장 인상적인 홀로 꼽는다. (이 정원은 골프장 소유주의 주장으로 조성되었다 한다. 코스 설계자는 '골프 코스에 불필요하게 작위적인 조경 요소'라며 의견이 달랐다는데, 골퍼들은 이곳에서 사진을 많이 찍는다)

가을에는 맞은편 숲의 메타세콰이어 나무들이 노랗게 물들어 더 아름다워진다. 설계자가 추구한 자연스러운 조경이란 이런 것인 듯하다.

'샷 밸류' 높은 도전 홀

11번 홀(파인코스 2번 파5 홀)은 장타자가 '투 온 이글'도 노릴 수 있는 기회와 위험이 도사린다. 페어웨이 오른쪽 벙커를 넘기는 티샷을 하면 200미터 안쪽의 두 번째 샷으로 그린을 바로 노릴 수 있다. 그린 앞에는 당연히 6개의 험상궂은 벙커가 입을 벌리고 있다. 잘 친 샷에 대한 보상과 만용에 대한 응징이 안배된 홀이다.

14번 홀(파인5번 파5 홀)은 이 코스에서 가장 어려운 홀이고 티샷에서부터 두 번째, 세 번째 샷과 퍼팅에 이르기까지 모두 전략적 선택을 해야 한다. 남자 프로 장타자들은 티샷으로 페어웨이 오른 쪽의 벙커를 넘기고 나서 두 번째 샷에서 드로우 샷으로 그린을 노리던데, 아마추어들은 두 번째 샷으로 그린 100미터 앞의 골짜기를 넘기기도 쉽지 않다. 그린 모양 또한 어려워서 '대형 참사'가 흔히 일어나는 홀이다.

설계자가 마음먹고 어렵게 만든 홀이라 하며 '강원도에서 가장 어려운 홀' 중 하나로 평가되기도 한다.

마음을 흔드는 홀

7번 홀(버치코스 7번 파3 홀)은 '남자의 향기'가 나는 홀이다. 219미터(레귤러티 187미터)나 되는 파 3홀로, 그린이 구름 위에 있는 듯 아스라히 보인다. 그린 너머에는 수려한 산줄기들이 겹능선을 이루며 펼쳐지고 그린 위에 올라가면 세상이 발아래 있는 듯 영웅심이 일어난다. (레드티에서는 이 느낌이 없다) 그린의 굴곡이 많고 커서 먼 퍼팅은 두 번에 마무리하기 쉽지 않다. 바람이 부는 것까지도 감안하여 설계된 홀 아닐까 싶다. 구름과 바람의 홀…… 버디는 물론 파를 하기도 쉽지 않은데 남자들은 대개 좋아한다.

변곡점과 결말의 홀들

9번 홀(버치9코스 9번 파5 홀)은 620미터(레귤러티 564미터)나 되는 최장 홀이다. 두 번째 샷에서 긴 클럽을 잡아야 하지만 오른쪽 낭떠러지와 왼쪽 절벽을 조심해야 한다. 그린 왼편으로 연못이 있어서 마지막까지 집중해야 한다. 그린 왼쪽 바위 절벽 아래 연못과 비치벙커로 이루어진 조경이 섬세한데, 그린으로 다가갈수록 이 정교한 조경과 클럽하우스가 어울린 모습이 사진엽서처럼 눈에 들어온다. 전반의 마지막인 이 홀은 티샷과 두 번째 샷, 마지막 어프로치를 모두 정확한 점에 떨어뜨려야 하므로 승부의 변수가 양산된다.

16번 홀(파인코스 7번 파4 홀)은 가장 쉬우므로 버디를 노려야 한다는 점에서 게임의 변수가 만들어지는 홀이다. 이 홀에서는 반드시 좋은 점수를 내야 한다.

18번 홀(파인코스 9번 파4 홀)은 클럽하우스로 돌아오며 치게 된다. 가장 긴 432미터(레귤러 티 369미터) 파 4홀인데다가 그린 앞에 큰 비치벙커가 있어서, 티샷이 짧게 떨어지면 긴 채로 두 번 째 샷을 쳐야 하므로 그린에 공을 세우기가 쉽지 않다. 동화 속 성채 같은 클럽하우스를 마주 보며 플레이 하다가 집중력이 풀어져 자칫 실수가 나올 수도 있다.

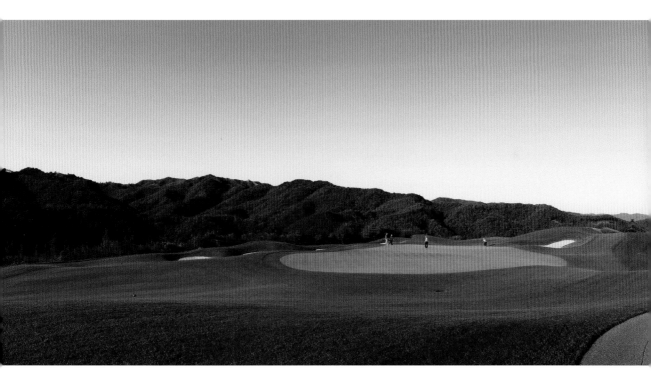

7번 파3 홀(버치코스)

잔디와 생태 관리, 클럽하우스

밀도 높고 고운 양잔디

이 골프장의 페어웨이와 러프, 티잉 구역 잔디는 흔히 '양잔디'라고 부르는 켄터키블루그래스 종이다. 에버랜드 잔디연구소에서 이 골프장을 위해 개발한 '힐드로사이 초종'이라 하는데, 신 품종이라기 보다는 여러 종의 켄터키블루그래스를 혼합한 것으로 보인다. 켄터키블루그래스 양잔디가 추운 고장이 고향인 '한지형 초종'이라 한여름 더위에 약하니 몇 가지 종을 섞어서 파 종함으로써 기후 변화에 좀 더 잘 견디도록 한 것이라 한다.

양잔디의 밀도가 높고 잘 관리되어 있어서 아이언 샷을 할 때 느낌이 좋다. 이른 봄부터 늦가을까지 선명한 녹색을 띠고 있어서 보기에 좋고, 특히 가을철 단풍들 때 더 좋다. 한국잔디들은 가을이면 누렇게 변하지만 이 양잔디는 파란 빛으로 빛나며 자작나무의 흰 빛, 울긋불긋한 단풍과 어울려 이국적인 아름다움을 빚어낸다. 특히 이곳에는 메타세콰이어와 느티나무 등 단풍이 곱게 드는 나무들이 많아서 더욱 환상적인 풍치를 이룬다.

그린 잔디는 벤트그래스 007품종이다. 2007년에 개발되어 그런 이름이 붙었다. 내가 라운드한 날의 그린 스피드는 스팀프미터 계측 기준 2.7미터였는데 그보다는 빠르게 관리된다 한다. (잔디의 관리 상태는 내가 갈 때마다 좋았다. 다만 양잔디의 상태는 날씨 환경에 따라 어제와 오늘이 다르니 늘 세심하게 관리해주는 방법 밖에는 없겠다)

'봉건 영주의 장원' 같고 수목원 같은 조경

"유럽의 봉건영주가 다스리는 장원(莊園) 같아요"

이곳을 각별히 좋아하는 내 후배의 말이다. 클럽하우스에 사는 영주(領主)가 다스리는 독립 영지 같은 느낌이 들기도 한다. 이 영지는 차경(먼 산 등의 경치를 끌어들여 조경의 일부로 사용하는 조경)보다는 분지 안쪽의 조경에 더 많은 공을 들인 것으로 보인다. 두세 홀 빼놓고는 모두 분지를 둘러싼 구릉들에 안겨있어서 시야가 넓지 않은데, 연못과 나무, 꽃밭 같은 조경 요소들이 수목 정원처럼 정교하게 펼쳐져 있어서 시선을 안쪽으로 모은다.

코스를 조성할 때 자연림을 유지하면서 2,000여주의 소나무와 구상나무, 느티나무, 단풍나무 등 8,000여주의 여러 수종들을 재배치해서 심었다 한다. 수목을 옮겨 심는 것은 법령에 따른 것이기도 하지만, 돈을 많이 들이지 않으면서 자연 숲을 아름답게 재구성한 것이다. 그 위에 자작나무, 메타세콰이어 등을 추가로 보완했다는데 하얗게 뻗은 자작나무들이 자연 숲과 대비되는 색상 조화 위에 알록달록한 야생화들이 피고 지는 모습이 신비로운 느낌을 빚는다.

생태 호수와 '둑종개'를 위한 실개천

그런 한편 코스의 중심을 관통하는 8개의 호수는 이 골프장의 가장 큰 장점이자 예민한 부분으로 보인다. 자연계곡수를 담수하여 물을 확보하고 아름답게 조경한 것은 미관과 실용을 겸한

호수와 그린 사이에 만들어 놓은 실개천은 천연기념물 '둑종개'의 생태 이동 통로이다

절묘한 선택이었는데, 이곳으로 흘러 들어오는 계류가 많지 않고 지하수도 풍부하지 않아서 호수에 물이 꽉 차 있을 때가 많지 않은 듯하다. 양잔디를 관리하는 데는 물이 많이 필요하고 자작나무와 메타세콰이어 등 교목들도 충분한 물이 필요한 수종이라서 비가 오지 않으면 호수의 물을 사용해야 하니 바닥을 드러내는 경우도 종종 생기게 된다.

실제로 이 골프장이 일시적으로 어려움을 겪을 때 코스가 덜 세심하게 관리되기도 했었는데, 갈수기에 가뭄이 들면 어느 골프장이나 코스의 미관을 어느 정도는 양보할 수밖에 없는 것이다. 이 호수들에 물이 가득 차 있을 때 가장 아름답다.

이 코스의 페어웨이와 호수가 만나는 면을 따라 만들어진 실개천을 발견했다면, 시각적으로 예민한 사람이거나 그런 것들이 눈에 들어올 만큼 구력도 무르익은 골퍼이기 쉽다. 기능적으로는 필요 없어 보이는 이 실개천은 이 부근 하천 상류에 서식하는 민물어류인 '둑종개'를 보호하기 위한 생태 이동로라 한다. 물이 맑은 곳에서만 서식하는 희귀종이니 이곳 호수의 물이 깨끗하다는 방증이기도 하겠다.

'사진빨 나는' 클럽하우스

인터넷에 올라온 이 골프장 후기에는 "클럽하우스가 동화 속 궁전 같다"는 표현이 많이 나온다. '유럽의 고성 분위기에 모던함을 접목시킨 오페라 하우스 양식' 이라 하는데, 일정한 건축 양식이라기보다는 여러 동화적인 건축물들 모습을 조합한 형태로 보인다. 춘천에 있는 제이드 팰리스GC 클럽하우스와 비슷하다는 후기들도 많지만, 알고 보면 많이 다르고 디테일에서는 차이가 더 크다.

'셀피' 사진 배경 역할을 많이 하는 클럽하우스이기도 하다. 시설 배치가 편리하게 되어있고 규모도 넉넉해서 손님을 많이 받는 퍼블릭 코스의 클럽하우스로도 기능이 족해 보인다.

그런 한편 건축 전문가들의 안목으로는 좀 다른 평가를 내리기도 한다. 얼마 전에 함께 라운드한 동반자 중에는 건축사 있었는데 그가 말했다.

"로비에 기둥은 왜 이렇게 맥락 없이 많이 세워놨는지 모르겠네요. 옛날에는 하중을 견디는 기술이 없어서 기둥을 많이 세운 건데 지금은 기술이 좋아져서 이런 거 안 세워도 됩니다."

"웅장한 분위기를 내려 한 인테리어 장식 요소 아닐까요"

"여기 격자 창틀도 기능은 없는 장식이네요. 촬영 세트장처럼……"

그러자 이곳을 좋아하는 내 후배가 말했다.

"제 눈엔 마냥 좋아 보이는데요…… 호그와트 마법학교 같잖아요. 요샌 스마트폰 사진 잘 나오면 좋은 데죠 ~"

글/ 류석무

사진은 주로 힐드로사이 컨트리클럽이 제공한 것을 사용했으며 일부는 글쓴이가 찍은 것입니다.

클럽하우스 내외부

TRINITY CLUB

'오직 회원만을 위한 클럽' - **트리니티클럽**

글. 사진 / 류석무

트리니티클럽
'오직 회원만을 위한 클럽'

<트리니티클럽>은 우리나라에서 가장 조용한 골프장이다.

골프장을 비롯한 모든 영업 시설은 스스로의 장점을 자랑하기 좋아하기 마련이지만 '트리니티 클럽'은 예외인 듯하다.

접객 비즈니스로는 우리나라에서 가장 유서 깊은 신세계그룹이 '최고의 고객을, 최고의 공간에서, 최고의 서비스로 모신다'는 '삼위일체(Trinity)'의 접객철학으로 완성한 골프장이다.

"절대적 멤버스 온리"

완성도 높은 '회원제 클럽'을 추구

오랫동안 <안양CC>가 가장 예절바른 서비스와 시설의 빼어남으로 유명했다면, 지금은 <트리니티클럽>을 높이 치는 이들이 적지 않다. 이곳은 회원제 골프장이므로 모든 골퍼들이 이용할 수 있는 곳은 아니지만, 이 클럽의 완성도는 입소문으로 퍼져 우리나라 골퍼들이 가장 라운드하고 싶은 골프장 중에서도 으뜸가는 곳으로 꼽히고 있다.

'트리니티(Trinity)'는 '삼위일체'라는 종교적 신성 개념을 갖는 말이지만, 세속적으로는 영원함에 가까운 완벽함을 말하는 브랜드 마케팅 용어로 쓰이기도 한다. 신세계그룹이 표방하는 삼위일체의 덕목이 '고객, 공간, 서비스'의 세 가지라는 것을 알기 전까지, 나는 이 골프장이 추구하는 '삼위일체'를 다르게 추측하고 있었다.

'골프코스 자체의 완성도', '회원의 명예에 걸맞는 서비스의 완성도', 그리고 '골프장 전체에 흐르는 아름다움의 완성도'라는 세 가지로 생각한 것이다.

회사의 의도와는 다르겠지만 내 생각도 크게 틀리지는 않을 듯하다.

이 골프장 회원자격은 단순히 돈으로 얻을 수 있는 것은 아니며, 기존 회원들의 동의와 클럽의 심사를 거쳐 신규 회원 자격을 부여하는데, 정신적인 가치와 명예가 중요한 바탕 요건이라고 한다. 여느 클럽들이 '최고급 회원제'를 표방하면서도 은연중에 공개적으로 회원을 확보하는 영업에 애쓰고 있는 것과는 달리, 트리니티클럽은 보수적이고 폐쇄적인 회원정책을 운용하는 것으로 알려진다.

'골프장 랭킹'은 신경도 쓰지 않는다

골프 코스의 순위를 매기는 국내외 기관들이 매년 '코스 랭킹'을 발표할 때 이곳 트리니티클럽을 포함시키기도 한다. 대개는 국내 10위 안으로 이곳의 순위가 매겨져 발표되지만, 사실 트리니티클럽이 그런 세간의 순위 평가의 대상이 되기를 원하거나 신경 쓰는 것 같지는 않다.

대부분의 고급 골프장들은 알게 모르게 '코스 랭킹'에 신경을 많이 쓴다. 클럽의 가치를 높이기 위해서나 소유주와 모기업의 명예를 걸고, 또는 클럽 자체의 마케팅을 위해서 코스 랭킹 상승을 위해 노력하는 골프장들이 의외로 많다. 그러나 트리니티클럽은 코스 평가단을 골프장에 받아들이지 않는 것으로 안다. 회원을 통한 정상적 예약이 아니라면.

"오로지 최고의 완성도를!"

트리니티클럽이 문을 연 해가 2012년이니 역사가 깊지는 않지만 코스 경관은 마치 십 수 년 이상 된 듯 무르익어 보인다. 개장을 준비하느라 "2,000일의 시간을 노력했다"고 스스로 밝히고 있는데, 장쾌한 도전과 치밀한 전략성이 공존하는 플레이 루트에서 풀 한포기 깎은 디테일에 이르기까지 빈틈없이 우아하고 일관된 완성도를 보여준다.

클럽 명칭	트리니티클럽 Trinity Club
클럽 한 줄 설명	한국에서 가장 폐쇄적인 멤버십 클럽
개장 연도	2012년
규모, 제원	18홀 파 72 최대길이 7,373야드(6742미터)
클럽 구분	회원제 (정회원 및 연회원 100여명)
설계자	톰 파지오 주니어(Tom Fazio II)
소유 회사	신세계건설㈜
위치	경기 여주시 가남읍 가남로 320-21
잔디 종류	벤트그래스(페어웨이,그린,티잉구역) 패스큐(러프)
관리 특징	자연형 골프장 조성 전홀 그린 하부에 서브에어 시스템
티오프 간격	10분
캐디, 카트	4백 1캐디, 승용카트(5인승)

삼성그룹을 창업한 고 이병철 회장이 우리나라 명문 회원제 골프장의 아버지 격이라 할 <안양컨트리클럽>을 만들었고 그 자녀들이 이 <트리니티클럽>을 비롯해서 <나인브리지>, <오크밸리> 등 국내의 기념비적인 골프장들을 만든 것이니, 이 가문이 한국 골프장 역사를 이끌어가고 있는 셈이다. 그 가운데 역사성과 조경 관리에서는 <안양컨트리클럽>이, 세계적 이벤트 개최를 통한 국제 지명도에서는 <나인브릿지>가 각각 으뜸으로 평가 받는다면, <트리니티클럽>은 '명품성 완성도'에서 나름의 경지를 열어가는 듯하다.

최상위 너머의 멤버십 서비스

이곳의 시설과 서비스는 회원제 골프장의 새로운 기준을 제시하는 것으로 보인다. 차량이 골프장 진입로 입구에 닿을 때부터 예약 회원을 확인하여 준비하는 서비스가 시작된다. 클럽하우스에서 주차를 맡기고 나면 깔끔한 정복을 입은 직원들이 조용히 나타나 가방을 들어다 주며 안내하고는 금방 사라지는데 다른 초명문 클럽들에 견주어도 서비스가 섬세하고 종업원들의 복장, 몸가짐, 매너 등이 은근하고 정제되어 있다.

이곳의 서비스는 신세계 그룹 계열사인 조선호텔의 최상위 이상 접객 수준이 적용된 것으로 알

4번 파4 홀 두 번째 샷 지점(위), 골프코스 쪽에서 본 클럽하우스(아래)

클럽하우스 로비

려진다. 신세계백화점 멤버십 등급 중에서 최상위층이 같은 이름의 '트리니티클럽'인데, 이 골프장 트리니티클럽은 '그 너머' 개념의 멤버십인 듯하다.

신전 같은 클럽하우스와 비밀 보장 동선

클럽하우스는 신전(神殿)처럼 장중하다. 회원들을 신처럼 모시겠다는 건축 개념일 것으로 짐작한다. 미국에서 고급 클럽하우스 설계로 유명한 로버트 알트버스라는 이가 설계했다고 한다. '영원불멸의 피라미드를 형상화한 아르데코 스타일'을 추구했다는데 고대 메소포타미아 문명의 신전인 지구라트(Zigurat) 형상을 떠올리게 하는 모습이다. 외형은 주변의 낮은 능선과 어울리는 가로 형의 안정적인 모습이면서도, 하늘을 떠받드는 듯한 신전 특유의 웅장함이 느껴진다. 외장재가 강한 직선미를 풍기는 자연암석이고 내부에는 수직적인 위계감을 주는 원목 나무 기둥이 신전 같은 열주(列柱) 모양으로 서 있어서, 자주 와서 익숙한 사람 아니면 들어서자마자 신성한 권위가 내리 누르는 듯한 느낌을 받게 되기 쉽다.

클럽하우스 내 시설 배치는 개인의 독립성을 예민하게 배려한 듯하다. 레스토랑 좌석과 연회실의 손님 동선, 라커룸 구조 등에서 다른 사람과 되도록 마주치는 일이 없도록 안배되어 있고,

안내 서비스에도 도저한 세심함이 배어있다.

인테리어와 가구는 프랑스 디자이너 크리스티앙 리에그르(Christian Liaigre)의 작품이 적용된 것이라 한다. 리에그르의 가구는 단순미가 극의에 이른 오브제 같은 작품이라서 '외관의 광채가 주는 럭셔리한 느낌에 치중하는' 여타 명문 골프장들의 클럽하우스와는 다른 관점과 미감이 이 클럽에 감돌고 있음을 말한다. 클럽하우스에 절제 있게 배치된 예술 작품들은 한편으로는 장중하고 어떤 것은 개성적인 향기로 클럽의 분위기를 리드미컬하게 살려낸다.

현대 작가들의 실험적인 가구(Art Furniture), 사진, 회화, 조형 작품들을 선별한 안목과 취향이 클럽하우스의 차분한 분위기와 대비 속에서 묘한 균형을 잡으며 어울린다.

비단결 같고 상상력 넘치는 코스

톰 파지오(Tom Fazio) 2세의 코스 설계

이 코스의 설계는 미국의 골프 코스 디자이너 톰 파지오 2세가 맡아 했다. 파지오 집안은 세계적으로 유명한 골프코스 설계자 가문으로, 톰 파지오는 골프다이제스트 선정 미국 100대 코스에 가장 많은 이름을 올리고 있는 골프코스 설계가이다. 난이도와 샷 밸류, 아름다움과 재미가 균형 잡힌 코스를 만드는 것으로 유명해서 미국의 골프장 소유주들이 그에게 전권을 부여하고 코스 디자인을 의뢰했다고 한다. 그는 자녀들과 함께 전 세계에서 120개가 넘는 골프장을 설계했는데 그 중 10여 곳이 세계 100대 골프장에 오르내리고 있다. 마스터스 대회가 열리는 '오거스타 내셔널GC'도 그가 2001년 리노베이션 했다 한다.

톰 파지오는 "골프코스는 그 환경이 가진 자연의 아름다움을 반영해야 한다"는 설계철학으로, 특별한 설계 스타일을 고집하기보다는 주어진 지형 조건 속에서 도전과 전략을 즐길 수 있는 골프코스를 만드는 것으로 알려진다. 그런 가운데서도 프로 골퍼 등 상급자에겐 어렵지만 평범한 골퍼들은 평화롭게 플레이할 수 있는 코스를 만드는 데 능란하며, "현대 골프코스 설계가들이 가장 닮고 싶어 하는 설계가"로 불리기도 한다.

톰 파지오의 형 짐 파지오는 이천의 휘닉스스프링스CC(현 사우스 스프링스CC)를 설계했다. 파지오 가문이 설계한 코스에는 까다로운 벙커를 많이 설치해서 시각적 경외감을 주는 것이 많다. 톰 파지오의 설계철학을 계승한 톰 파지오 2세가 설계한 트리니티클럽에도 벙커가 88개로 많은 편인데, "벙커를 많이 파서 파지오"라는 우스개도 들린다.

벤트그래스 페어웨이와 초 스피드 그린

이 코스는 설계를 파지오 가문에 맡긴 것을 비롯해서 많은 정성을 들여 만들었다. 코스는 비단결처럼 관리되는데 페어웨이 잔디는 보통 골프장의 그린용으로 쓰는 벤트그래스이다. <잭니클라우스GC>, <나인브릿지> 등 최고급 회원제 클럽에서는 벤트그래스 사용이 대세가 되어가는 듯하다. 벤트그래스는 골프장에 사용하는 잔디 가운데 가장 짧게 깎을 수 있는 품종이다. 따라서 잔디 위에 공을 놓고 칠 때 골프채와 공이 만나는 면에 잔디 잎이 끼이지 않으므로 아이언 샷의 타격감이 가장 좋다. 눈으로 보기에도 곱고 선명한 녹색이 겨울에도 가장 오래 유지된다. 벤트그래스가 다른 잔디에 비해 꼭 상위의 품종이라 단정할 수는 없지만, 보기에 유려하고 샷 할 때의 느낌이 좋은 것은 사실이다. 다만 조성과 관리가 어렵고 비용이 많이 든다. 기온이 서늘할 때 생육이 왕성한 한지형 잔디이므로 우리나라의 여름 기후를 견디기 어려워서 섬세하게 관리해야 하는 품종이다.

이 까다로운 잔디를 트리니티클럽은 디봇 자국을 보기 힘들게 세심하게 가꾸고 있다. 벤트그래스를 사용하는 국내 코스 중에서 가장 밀도 높고 균질한 상태를 유지하는 것으로 보인다.

8번 홀의 거리 표지석(위), 7번 파5 홀(아래)

17번 파4 홀

그린스피드는 대개 스팀프미터 계측 기준 3미터가 넘도록 빠르게 관리된다. 3.3미터 이상일 때도 있는데 정규 프로대회 버금가는 관리 기준이다. 웬만한 고급 회원제 골프장에서보다 3분의 2 정도 힘으로 스트로크 해도 멈출 듯 멈출 듯 굴러 지나쳐 버리는 경우가 많다. ('그린 스피드'에 대해서는 앞의 '화산CC'편에서 설명했다) 18개 홀 그린 하부에는 통기와 온습도, 배수를 조절하여 악천후에도 정상적인 그린 플레이를 할 수 있도록 하는 '서브에어 시스템'이 설치되어 있다.

6단계 티잉 그라운드, OB 없는 코스

챔피언십 티에서부터 프론트 티까지, 6단계(챔피언십, 토너먼트, 프로, 멤버, 포워드, 프론트)의 티잉 구역을 매 홀 갖추어 골퍼들은 자신의 기량과 선호 취향에 맞추어 선택 플레이 할 수 있다. 챔피언십 티 기준으로 보면 길이가 400야드보다 짧은 파4 홀은 딱 하나, 16번 홀(380야드 오르막) 밖에 없다. 길이가 짧지 않은 코스이며, 라운드 진행은 1번 홀부터 한쪽 방향으로만 운영한다. 18홀 플레이 하는 동안 오비(Out of Bounds) 말뚝은 볼 수 없다. (우리나라 골프장에 유난히 오비 구역이 많은 이유는 대개의 골프장이 산 속에 있고 많은 손님을 시간에 꽉 차게 받

다 보니 진행을 빠르게 하기 위한 데 있다) 이곳은 팀 사이 플레이 간격이 멀고 받는 손님이 많지 않으니 오비 구역이 아예 없다.

러프에서 볼을 찾지 못할 경우에는 로컬 룰로 1벌타를 매긴다. 원래는 로스트볼 처리를 해서 2벌타가 주어져야 하는 것이지만, 러프가 '귀신풀'이라 불리는 패스큐 품종으로 우거져 있어서 볼이 빠지면 찾기가 어렵기에 그런 로컬룰을 적용하는 듯하다.

자연의 길을 따라 안배한 샷 밸류

이곳에서 처음 라운드 하면, 전반에 블라인드 홀이 몇 개 이어져서 당황할 수도 있다. 설계자들 가운데는 티잉 구역에 섰을 때 그린이 잘 보여서 플레이어가 스스로 홀마다의 전략을 세워가며 플레이 할 수 있도록 하는 것을 주요 덕목으로 지키는 이들도 있다. 나도 그런 코스를 선호하는 편이지만. 자연지형을 되도록 훼손하지 않고 그대로 길을 낸다는 설계철학이 그보다 우선해야 한다는 의견에도 공감한다.

서양 설계가들이 국내에 설계한 코스들을 가운데는 자연 지형을 그대로 살려서 블라인드 홀이 거듭되는 것이 많다. 그들에게 자연 지형을 살린다는 명제는 거의 신앙에 가까운 것 아닐까 싶다. 다른 한편으로는 산중 지형에서 코스를 만들 기회가 드물다 보니 과감한 절토와 성토에 익숙하지 않은 것일 수도 있다고 짐작한다. 또한 이곳은 어쩌다 한 번 오는 사람을 위한 곳이 아니라 소수 회원들의 반복적 라운드를 감안한 코스이므로, 라운드 할 때마다의 다양한 경험을 제공하는 것을 설계자는 더 중요하게 본 것이라는 해석도 할 수 있겠다. 이른바 '회원 어드밴티지'를 준다 할까.

그런 한편 몇몇 의도적인 블라인드 홀을 제외하고는, 티잉 구역에서 선명하게 그린을 조망하며 전략을 구사하여 플레이할 수 있는 홀들로 구성되어 균형감이 느껴진다.

여주의 구릉은 낮고 완만하므로 조금만 깎고 메우면 눈이 탁 트이게 평평한 코스를 만들기 어렵지 않았을 것이다. 그런데 이 코스를 걷다 보면, 원래 땅 모양을 거의 그대로 이용한 듯한 모습을 많이 보게 된다. 자연의 모양대로 최소한의 개발로 길을 내면서, 골퍼의 스타일과 상상력의 수준에 따라 다양한 샷 밸류를 경험하며 도전적 공략이 가능한 코스를 만들어 냈던 것이겠다. ('샷 밸류'에 대해서는 앞의 '베어크리크GC'편 등에서 몇 번 설명했다)

도전에는 보상, 만용에는 응징이 분명한 코스

보기에는 크게 위협적인 것 같지 않지만 이 코스는 쉽지 않다. 우선 그린의 절반 정도는 솟아오른 엘리베이티드 그린이다. 그린 주변의 잔디도 짧고 매끈해서 예민한 어프로치를 해야 하고 자칫하면 공이 다시 굴러 내려오는 경우도 많다.

티샷 낙하지점을 잘 선택해야 하고, 그린을 공략할 때 벙커 등 위협 요소가 있는 쪽을 피할 때와 공격적인 방법을 선택하는 경우의 과정과 결과에 극명한 차이가 난다. 실수했을 때 만회하는 길은 너그럽게 남겨둔 편이지만 무모한 도전의 실패를 만회하기는 쉽지 않으니 도전 성공에 대한 보상과 만용에 대한 응징이 분명하다.

홀마다 특징이 선명하여 한 홀 한 홀을 기억하기 쉬우나, 한 번 쳐 보고 공략법을 파악하거나 제 점수를 내기는 어렵다.

전략적이고 상상력 넘치는 난코스

종합해서 보아 흥미진진하고 상상력이 넘치는 코스라 느낀다. 다음 번 칠 때는 잘 칠 것 같으면서도 잘 되지 않고, 또 다시 부끄러운 스코어를 받아들고서도 다시 도전하고 싶은 코스랄까. 자주 오는 회원을 위한 숨은 배려가 적지 않은 구성이니 어쩌다 한 번 라운드 해 본 것으로는

무어라 말하기 어려운 코스이겠다. 도전을 부르는 홀들이 이어지지만 산중지형의 특성을 살린 코스인데다가 그린에 가까워질수록 위험이 도사리고 있어서 정교한 샷을 구사하는 전략적인 골퍼에게 오히려 유리할 수 있다. 그린의 굴곡도 많은 편이라 브레이크 읽는데 공을 들여야 한다. 미국 PGA투어에서 우승한 유명 프로가 이곳 개장 시점에 와서 80대 중반 스코어를 냈다는 얘기도 떠돈다. 특히 가장 길고 오르막인 18번 파4 홀은 프로골퍼도 레귤러 온 하기가 쉽지 않을 만큼 난도가 높다.

독특한 풍광의 '귀족적 러스틱'

남성적 풍광, '서양 귀족의 러스틱' 느낌

이 골프장은 코스 자체가 자아내는 격조와 개성이 뚜렷하다. <안양CC>가 나무와 꽃이 빚어내

11번 파5 홀(위), 3번 파3 홀(아래)

는 조경이 정교하고, <잭니클라우스GC>가 챔피언십 대회를 감안한 평지 위 조화의 코스이며, <제이드팰리스GC>가 가평의 수려한 풍수를 끌어안고 있다면, 트리니티클럽은 여주의 완만한 능선을 끌어안고 올라가다가 산마루에서 호연지기를 내뿜는 남성적 풍광을 보여준다.

모기업이 같은 <자유CC>가 바로 옆에 있는데, 그 코스가 엄마 품처럼 너그럽고 부드러운 반면 트리니티클럽은 성깔 있는 귀족 남성처럼 고고한…… 그렇게 전혀 다른 느낌이다. 분위기가 동양과 서양의 차이처럼 상반된 느낌으로 다르다.

트리니티클럽 스스로 '파지오 가문의 혼이 깃든, 잘 관리된 러스틱(Rustic) 코스'라 소개하고 있는데, '소박하고 시골스러운'이라는 의미의 '러스틱'이란 말에 '잘 관리된'이라는 수식어를 단 것이 이 코스의 특징을 말해주는 듯하다. 서민의 시골이 아니라 동서양을 다 경험한 '노블리스'의 추억 속 시골 느낌…… 어찌 보면 만화 속 '테리우스' 같은 느낌의 코스라는 생각이 든다. 이를테면 '메디치 가문에서 자란 테리우스' 라고 할까.

멋스럽다. 조경을 특별히 하지 않은 것처럼 자연스러우나 가만히 보면 상당히 세심하게 안배된 조경임을 알 수 있다.

'자연의 흐름을 거스르지 말라'

"자연의 흐름을 거스르지 않는, 자연 그대로의 골프장이어야 한다는 철학으로 2,000일의 시간을 쏟았다"고 트리니티클럽은 소개하고 있다.

이곳 여주 땅에는 원래 높은 산들이 없고 이 주변의 산들도 해발 200미터 정도 높이의 낮은 구릉들이다. 이 코스가 들어선 곳도 자유CC와 바로 붙은 완만한 구릉과 골짜기인데 이곳 숲에 자생하는 식물들을 거의 그대로 살리고 조경수를 일부 보완 식재하여 자연스러운 흐름을 살렸다.

6번 홀 티잉 구역에 있는 청단풍나무와 14번, 15번 홀의 노송들이 특별히 심은 조경 수목으로 보이고 그 밖의 다른 곳들은 특별히 멋 낸 느낌이 나지 않는데도 수려하다. 굴참나무가 많았던 숲에 이팝나무, 벚나무, 단풍나무, 대왕참나무, 팽나무 등을 부분적으로 보완 식재해서 원래보다 더 미려한 숲을 만들어 놓은 것이라 한다.

이렇듯 자연스러운 조경의 노력이 골프코스를 만들면서 불가피하게 사라진 자연에게 조금이라도 위로가 되었기를 바란다.

클럽하우스 라커룸

몇 가지 소소한 이야기들

벤트그래스 천연잔디 연습장과 '피라미드 연습 공'

클럽하우스 앞, 1번 홀 이동하기 전에 벤트그래스 잔디 연습장에서 연습할 수 있다. 맨 뒤에서 치면 300야드 정도 거리이고 공을 놓은 바닥에서부터 공이 떨어지는 곳까지 모두 벤트그래스 잔디밭이다. 연습장 안에도 벙커와 러프들을 실제 홀과 똑같이 조성해 놓았다. 좌우와 끝에 그물망도 없다. 티오프 전에 마음껏 연습할 수 있고 '디봇을 팍팍 뜨며' 연습해도 된다.

피라미드 모양으로 쌓여 무료로 제공되는 연습용 공은 '타이틀리스트 Pro V1' 제품이다. 또한 연습장 옆에는 티펙과 볼 마커를 쌓아놓았다. 플레이어에게 넉넉히 담아가게 한다.

6번 홀 티잉 그라운드의 청단풍나무

이곳의 조경은 무심한 듯 치밀하다. 이 트리니티 편 마지막 페이지 사진 6번 홀 티잉 구역 왼편의 청단풍나무를 어떻게 느끼시는지…… 안양CC의 반송들처럼 잘 가꿔진 느낌이 아니고 약간은 거칠어 보이지만 뭔가 멋진 고독감이 배어나는 느낌이다. 신경 쓰지 않은 듯 슬쩍 심어놓은 나무가 주는 서늘한 미감이다.

15번 홀 옆 수상 티하우스

12번 홀 '포토존'

12번 홀 티잉 구역에 이르면 대부분의 방문자들은 사진을 찍는다. 조망이 넓게 트인 곳이다.(이 트리니티 편 시작 페이지 펼침 사진 참조) 이 사진에서 보듯이 코스 전체에 인위적인 조경수들은 많이 보이지 않는다. 참나무와 소나무가 있던 자연수림에 벚나무와 단풍나무, 대왕참나무 등을 약간 심어 미관을 보완했다. 자연 그대로의 참나무 숲이 각 홀들을 은은하게 감싸고 있는 모습에서 절제된 아름다움이 배어난다.

15번 홀 수상 그늘집과 수제맥주

키 큰 노송과 연못, 석조 그늘집이 조화를 이룬 14번 홀과 15번 홀. 이 두 홀의 조경이 가장 인공미를 보인다. 인공미라기보다는 조형미라고 해야 옳을 듯하며 다른 홀들의 경관이 러스틱(Rustic)한 것에 견주어 이곳에서는 정원 조경 느낌이 드는 편이다. 15번 홀은 연못을 건너 치는 파3 홀인데, 연못 위 수상 그늘집에서 이 골프장이 자랑하는 수제 맥주 한 잔 씩 마시고 치기도 한다. 이 맥주 맛을 상찬하는 이들이 많다. 이곳 식음 서비스는 조선호텔에서 맡는다. 개인 취향에 따라 다르겠으나 '소바'와 '교자' 등 클럽하우스 식당에서 몇 가지 경험한 메뉴의 맛과 모양이 특별했다.

또한 클럽하우스에서는 '트리니티' 브랜드를 단 모자, 셔츠 등의 기념품을 팔고 있다. 품질이 유명품에 견주어 뒤지지 않고 색상이나 디자인에 단순함 속의 격조가 있다.

독립적인 라커와 개인별 샤워룸

클럽하우스 내 동선은 이용객의 프라이버시를 최대한 존중하도록 디자인 되었다. 레스토랑의 레이아웃은 물론 라커룸 배치와 배정 등에서 다른 사람과 마주치는 일이 없도록 고객별 독립성이 안배되어 있다. 사우나 시설에는 일반 욕탕 외에 개별 샤워룸이 있으며 라커에서 사우나로 갈 때 입는 가운에서 파우더룸에 비치된 몸단장 용품에 이르기까지 하나하나의 디테일이 '초대받은 사람'을 위한 공간임을 느끼게 한다.

'의도적으로 값비싸게 보이려는 번쩍거림' 같은 것은 없으니 '럭셔리함을 넘어선 기품'이라 할까. 신세계 그룹이 오랜 역사 속에서 쌓아온 접객 역량과 안목의 정수가 바탕에 흐르는 것이라 짐작한다.

'명품'과 '럭셔리'

'럭셔리'라는 것에 흔히 열광한다. '명품'이라는 것에도 관심들이 많다. '명품'들 가운데 '럭셔리'라는 말을 내세우는 것들도 많다. '명품'과 '럭셔리'에 열광하는 마음에는 '열등감'이 숨어 있을 수도 있겠다.

그런데 명품은 대개 하루아침에 이루어진 것이 아니고 타인의 열등감을 딛고 만들어진 것도 아니다. 우선 진정한 품질을 갖춘 진품(眞品)이어야 하고, 그 다음에는 귀하게 가치 있는 진품(珍品)이어야 하며 그 가치가 공감을 얻으면서 세월의 발효를 겪어 명품(名品)이 된 것들이다. 그러므로 명품은 당연히 고유하게 무르익은 기질과 향기, 그리고 가치관을 담은 세계관이 있기 마련이다.

골프장을 말할 때 설계 철학이니 클럽의 철학이니 하는 것은 부질없는 설명일 수 있다. 만든 이에게는 자신의 고유한 기질과 관점에서 우러난 자연스러운 소산일 지도 모른다. 트리니티클럽은 '명품'의 가치와 속성을 뼛속까지 체험하여 아는 이의 취향과 세계관으로 만든 것이겠다.

흔히 '럭셔리하다'는 것들과는 다른 질감을 느낀다. 이렇듯 취향과 기질이 선명한 회원제 클럽이 있는 것도 한국 골프 문화의 무르익은 한 단면일 것이다.

'트리니티'라는 이름이 잘 어울린다.

청단풍나무가 멋스러운 6번 홀 티잉 구역

글과 사진 / 류석무

KINGSDALE GOLF CLUB

'코스 품질' 좋은 퍼블릭 골프장 - 킹스데일 골프클럽

글 / 류석무

킹스데일 골프클럽
'코스 품질' 좋은 퍼블릭 코스

이 책에 싣기 위해 찾아다니는 곳들은 모두 '좋은 골프장'이다. 그 중에는 <골프다이제스트>나 <골프매거진> 또는 <YTN> 등 언론매체들이 선정하는 국내 코스 랭킹에서 상위권 순위에 선정된 골프장들이 대부분이고, 그렇지 않더라도 전통적으로 '명문'에 드는 곳들이 많다.

그런데 '좋은 골프장'이란 무엇을 말하는 걸까. '랭킹'에 들지 않는 골프장 가운데서도 오히려 좋은 코스로 이루어진 곳이 적지 않다. 이른바 '명문'에 들지 않지만 명문 코스 이상의 가치를 가진 곳도 자주 만나게 되는 것이다.

모두들 가보고 싶어 하지만 아무나 갈 수 없는 명문 회원제 클럽들도 물론 좋은 골프장이겠지만, 누구든 갈 수 있으면서도 골프 코스의 품질 덕목을 알차게 갖춘 곳이 오히려 '진정 좋은 골프장'일 수 있다.

그런 관점에서 <킹스데일골프클럽>은 눈여겨볼 만하다.

이 골프장에서 라운드하며 나는 이렇게 혼잣말 했다.

"이렇게 괜찮은 코스인데 참 이상하네……"

왜 저평가되고 있는지 궁금한 것이다.

국토의 한가운데, 코스 품질이 알찬 퍼블릭 골프장

충주에 있는 킹스데일GC는 여러모로 알찬 퍼블릭 골프장이다. '명문 회원제'라는 허울이 화려한 골프장들, 또는 퍼블릭 코스이면서도 '프리미엄'이라는 수식어를 달고 비싼 이용료를 받는 곳들에 견주어 코스의 품질이 뒤지지 않을뿐더러 오히려 더 나은 점도 있는 골프장이다.

가 보면 가까운 충주 땅

충주에 있다 하면 서울에서 먼 것 같지만 이곳은 여주 남쪽에 바로 붙은 땅이라 실제로 차를 타고 가 보면 여주 소재 골프장들에 비해 거리 차이가 별로 나지 않는다. 중부내륙고속도로 나들목(IC)에 인접하여 더 가깝게 느껴지는 곳이다.

충주는 옛날 고구려와 백제, 신라 사이에 쟁탈전이 벌어졌던 한반도의 한가운데 자리라 한다. 강원도 황지에서 발원한 남한강 물이 충주호에서 머물다가 여주 신륵사 앞으로 흘러 들어가는 물길 목에 통일신라 때 세워진 칠층석탑이 있다. 충주 사람들은 '중앙탑'이라 부르며 국토의 중앙 기운이 서려있다고 자부심을 갖는다. 그 중앙탑에서 멀지 않은 곳에 고속도로 나들목과 '충주기업도시'가 있고 거기서 작은 언덕 하나를 넘으면 바로 <킹스데일GC>가 있다.
이 근처 골프장들 중에서 고속도로 나들목에 가장 가까운 자리다.

'산수 좋고 족보 있는' 자리

이곳은 산과 평야가 만나 구릉과 계곡이 빚어지는 곳이다. 백두대간으로 치면 속리산 천왕봉에서 갈라져 나온 '한남금북정맥'의 보현산(764m)에서 다시 갈라진 '부용지맥'의 평풍산(395m) 기슭, 해발고도 150m~230m를 오르내리는 자리다.

이 뒷산 골짜기들에서 흘러내린 물이 골프장 터 앞에 커다란 '화곡저수지'를 만들고 이 물은 가까운 남한강으로 흘러 들어간다. 산과 물의 조화가 잘 갖추어져서, 흔히 말하는 '산수 좋고 족보 있는 땅자리'다.

송호 / 골프코스 설계자

'디자이너 캐릭터'가 강한 코스

2012년 문을 연 이 골프장은 처음부터 퍼블릭 코스로 계획되고 조성되었다. 코스를 설계한 사람은 우리나라에서 가장 많은 골프 코스를 디자인한 송호 씨이며, 골프장을 지어 운영하고 있는 <킹스데일주식회사>는 '솔브레인'이라는 반도체, 디스플레이 기업의 계열사라 한다.

송호 씨는 <더스타휴>, <부산아시아드CC>, <드비치GC>, <제주 세인트포GC> 등 국내외 60여 개 유명 코스들을 디자인한 '거장급 스타 설계가'이다. 우리나라에서 구력이 어느 정도 쌓인 골퍼들은 그가 설계한 골프장에서 라운드 해본 경험이 적지 않을 것이다.

송호 씨는 골퍼의 기술과 지능을 테스트하는 도전적이고 전략적인 요소들을 코스에 조화롭게 도입하는 설계 스타일로 많은 실적을 쌓아왔다. 우리나라 골프 코스 설계가 가운데서는 가장 잘 알려진 아티스트이고, 그가 설계한 코스를 일부러 찾아다니는 '팬'들도 있다 한다.

<킹스데일GC>는 그의 골프코스 디자인에 대한 생각과 역량이 집대성 된 곳 아닐까 싶을 만큼 설계자의 생각과 특색이 강하게 엿보이는 골프장이다. 이 골프 코스는 설계자의 개성과 설계 의도 중심으로 이해해야 하는 곳이라 생각한다.

레이크코스8번 홀(위), 레이크코스 2번 홀(아래).

골프코스를 찬찬히 살펴보니

좋은 코스의 기본 조건이란

좋은 골프 코스가 어떤 것인가에 대한 의견은 골퍼들마다 다를 것이다. 대부분의 골퍼는 미국 PGA 투어 대회가 열리는 수준의 난도 높은 골프장들을 좋은 코스의 기준으로 말하면서도, 자기가 플레이 할 때는 점수가 잘 나오는 코스를 좋다고 생각한다.

심지어 골프 전문가들의 의견들도 취향과 상황에 따라 주관적이다.

전문가들의 의견을 종합해 보면 골프 코스는, 우선 골퍼의 기량을 공정하게 시험할 수 있어야 하고, 골퍼가 재미와 성취감을 느낄 수 있어야 하고, 자연의 아름다움과 교감할 수 있어야 한다는 것으로 요약되는 듯하다. 지금까지 나온 전문가들의 의견들을 합치고 좀 더 나누어서 보면,

- 자연 지형과 환경을 최대한 살려,

- 골퍼가 자연의 위대함에 감응하면서,

- 한 홀 한 홀 마다 다른 난관이 걸어오는 도전을,

- 재미와 긴장감이 들고나는 드라마 속에서,

- 신체적 능력과 기술 능력, 공간 감응력과 지적 능력을 골고루 이용하면서

- 골퍼 실력의 차등에 따라 14개 클럽을 모두 사용하는 가운데

- 적절히 안배된 난이도와 모험 유도 장치 속에서 성취와 실패를 겪으며 플레이 함으로써

- 골퍼의 실력이 공정한 스코어로 나타나도록 하며

- 전체 코스와 각 홀이 특별한 기억으로 남도록 개성 있는 경험을 제공하고,

- 특색 있는 아름다움을 갖추어야 한다……

이러한 것들이 좋은 코스를 이루는 중요 덕목들이라고 요약할 수 있겠다. 설계가들은 "상급자에게는 어려운 코스이되, 평범한 골퍼에게는 편안한 코스", 또는 "파를 지키기는 어렵고 보기를 하기는 쉬운 코스", "티잉 구역에서 그린을 조망하면서 전략을 세워서 공략할 수 있도록 한 코스" 등의 이야기도 하는데 그것은 좀 더 세부적인 설계의 덕목일 것이다.

코스 랭킹을 선정하는 기관들의 골프장 평가항목은 ▶샷밸류, ▶난이도, ▶디자인 다양성, ▶기억성, ▶심미성, ▶코스관리, ▶기여도, ▶서비스 등이며, 중 샷 밸류가 가장 배점이 높고 기여도와 서비스는 배점이 낮다고 한다.

이런 우선 조건을 두루 충족시키는 일은 평평한 땅에서도 쉽지는 않겠지만 거의 대부분의 골프 코스를 산중에 조성해야 하는 우리나라에서는 더욱 어려울 듯하다.

그런 어려움 가운데서도, 우리나라에서 '명문 코스'라고 일컬어지는 골프장들은 이런 조건들을 일정 수준 이상으로 충족하고 있는 곳이 대부분이다. 나는 이 <킹스데일GC> 또한 웬만한 '명문'들 못지않게 좋은 코스의 세세한 요건들을 알차게 갖춘 곳이라고 여긴다.

레이크코스 5번 홀

자연 흐름과의 조화와 감응

이 골프장은 오밀조밀한 산기슭과 골짜기를 따라 조성되었다.

이런 산중에 자연 지형을 살려서 골프코스를 만드는 일은 쉽지 않겠다. 골프장을 조성하려면 한 홀마다 축구장이 몇 개씩은 들어갈 만한 운동장을 만들어 내야 하는데 산골에 그런 자리가 있을 리는 없다. 특히나 킹스데일GC가 들어선 산기슭은 품은 분지가 그리 크지 않고 협소한 골짜기들로 좁게 주름져 있다.

그래서 더 많은 고민을 했을 듯하다. 구릉과 골짜기의 원래 모양에 되도록 상처를 덜 내고 새로운 생태의 흐름을 주면서 사람의 놀이 길을 허락 받는 작업이 쉽지 않았을 터이다. 그런데 이 코스가 완성된 산과 골에는 깎아낸 상처와 덮고 메운 자국이 두드러지지 않아서 자연스러운 흐름에 끊김이 없어 보인다.

골프 코스를 만들어 내려는 욕심과 공사 편의 위주의 이기심에 빠져 자연에 아픈 생채기를 낸 골프장들을 우리는 너무 많이 본다. 그런 면에서 킹스데일은 사려 깊어 보인다.

전략적 시험지와 창의적 답안지

골프는 자연과 감응하며 도전하는 싸움이고 스스로를 이겨내는 과정이라고 한다. 자신의 신체 능력과 지적 전략 역량, 인내심과 실천력, 마무리 감각과 예의, 교만을 떨쳐내는 도덕적 수양 등을 다 갖추어야 잘 할 수 있는 스포츠라고 하니, 좋은 코스란 그런 모든 요소들을 두루 테스트할 수 있는 시험지 같은 것 아닐까 싶다.

나는 이 코스에서 여러 차례 라운드를 했는데, 동반자가 남자 프로선수, 보기 플레이어, 사십대 나이의 여자 등 다양했다. 실력과 샷의 비거리가 저마다 다른 이들이라 각각 다른 티잉 구역에서 다른 공략법으로 플레이 했었다.

그런 경험을 통해 보건대, 이 코스는 생각을 깊이 해서 전략을 세워가며 플레이해야 하는 편이고 샷 마다 선택할 수 있는 공략법이 골퍼의 상상력과 기술에 따라 다양하다. 위협과 기회를 선택해야 하는 몇 개 홀에서는 보상과 징벌이 유혹적으로 배치되어 있다. 코스의 전체 길이도 7,332야드가 되니 다양한 실력의 골퍼가 코스 세팅의 변화에 따라 자신의 모든 클럽을 사용하면서, 그 모든 답안지를 매번 다채롭고 창의적으

레이크코스 6번 홀

로 적어낼 수 있을 것이다.

설계자가 골프장 홈페이지에 각 홀마다의 '코스 레이팅'을 계산해서 공개해 놓은 것을 참고하면, 설계자의 분명한 지향 의도를 느끼며 자기 실력에 맞게 플레이 할 수 있다고 본다.

클럽 명칭	킹스데일 골프클럽 KingsDale Golf Club
클럽 한 줄 설명	오밀조밀 다이나믹한 산중 코스
개장 연도	2012년
규모, 제원	18홀 파 72 최대길이 7,332야드(6705미터)
골프장 구분	대중제 퍼블릭 코스
위치	충청북도 충주시 주덕읍 기업도시 3로, 2
코스 설계자	송호(송호골프디자인그룹)
건축 설계자	이상현(필 종합건축)
소유 회사	킹스데일주식회사
잔디 종류	중지(페어웨이), 롱러프 크리핑 벤트그라스(그린) 켄터키블루그라스(티잉 구역)
관리 특징	자연형 골프장 조성 (자연산림의 특성을 살린 코스 조성)
티오프 간격	7분
캐디, 카트	4백 1캐디, 승용카트(5인승)

명문 골프장 급 '샷 밸류'

티샷을 잘 쳐서 원하는 곳에 보냈다 싶었는데 그곳이 예상하지 못한 불편함이 있는 자리인 경우, 티샷을 명백히 잘못 친 사람의 공이 레귤러 온을 시키기에 어렵지 않은 곳에 있는 경우, 도전적인 공략의 샷을 성공시켰는데 평범한 샷으로 공략한 이보다 이득이 없는 경우…… 이런 '불공정'한 경우가 많은 코스를 좋다고 할 수는 없겠다.

<킹스데일GC>는 잘 친 샷의 가치가 분명하게 드러나 명확한 보상이 따르는, 이른바 '샷 밸류'가 높은 코스이며 공정한 코스라고 할 만하다.

이 코스에는 여러 가지 위협과 함정이 많다. 대표적인 것이 벙커들이다. 특히 인, 아웃코스 각 7번 홀의 군집 벙커들은 코스 설계자가 "절대로 들어가면 안될 곳"이라고 하는 경고인 동시에 한편으로는 "이곳을 넘어가면 천국이 있다"고 하는 유혹이기도 하다.

이렇듯 크고 작은 경고와 유혹의 요소들이 리드미컬하게 배치되어 있다. 자연과 설계자, 그리고 골퍼가 함께 감응하고 즐기는 게임으로서의 골프의 매력이 흥미진진하게 발휘되는 코스라 생각한다.

18홀 게임의 리드미컬한 드라마

플레이를 시작하는 홀에서부터 기승전결의 드라마 또한 완성도 높은 음악처럼 짜임새 있게 변주된다. 홀마다 생김새가 달라 시각적인 변화의 맛이 있고, 긴 홀과 짧은 홀, 어려운 홀과 쉬운 홀이 리듬감 있게 배치되어 플레이어의 심리가 이완과 수축을 반복하게 된다. 평지와 오르막,

내리막의 배치가 적절하고, 드로우 스타일과 페이드 스타일 골퍼 어느 한 쪽에게 일방적으로 유리하지 않게 안배되어 있다.

레이크 코스와 힐 코스의 분위기 흐름이 극명하게 다르지 않아서 일관성 있는 호흡으로 플레이 할 수 있는 반면, 또 적당하게 다른 면도 있어서 한 교향곡 안에서 다음 악장으로 넘어가듯 자연스럽게 느껴진다. 이런 조화와 조합은 이용료가 비교적 저렴한 퍼블릭 골프장에서는 쉽게 경험할 수 없던 수준이랄 만하다. 값비싼 명문 골프장들에서도 그리 흔하게 볼 수 있는 짜임새는 아니다.

우아하고 정직한 그린

그린은 크고 입체적인 모양이다. 최근에 조성한 골프장들이 코스의 전장은 짧은 반면 그린의 난도를 지나치게 높인 곳이 많은데, 이곳은 코스 길이도 충분하고 그린의 경사와 난이도의 안배도 조화롭다. 그린을 공략하는 데 있어서도 한쪽에 위협요소가 있다면 반대편 한쪽으로는 그린 주변 어프로치가 쉽도록 배려해 놓았으며, 잘 쳐서 올린 공이 우연한 불행으로 밖으로 나가지 않도록 받아 세워 주는 모양새다.

또한 숨어있거나 안 보이는 경사가 거의 없이 눈에 보이는 대로 굴러가는 '정직한 그린'인 것도 마음에 든다. 그린의 관리 상태는 날씨에 따라 때마다 다소 다르겠으나 이용객을 많이 받는 퍼블릭 코스임을 감안하면 전반적으로 양호한 편이다. (한동안 그린 관리상태에 대한 원성도 들렸는데 정상으로 돌아왔다고 한다. 잔디 상태는 날씨 환경에 따라 변수가 많다)

힐코스 9번 홀. 두 개 코스의 마지막 홀이 모두 오르막이다.

모든 홀의 기억이 선명히 남는다

매 홀들의 느낌이 각각 다르다는 점도 눈여겨 볼만하다. 레이크와 힐코스 각 7번 홀의 군집 벙커 모양이 서로 비슷한 것은 코스의 개성을 거듭 강조해 드러내기 위한 의도적인 설계 기술로 보이니 오히려 인상적이라 할 수 있고, 나머지 홀들은 각각의 개성이 뚜렷해서 선명한 기억으로 남는다.

다만 레이크, 힐코스 각 9번 홀이 둘 다 오르막이라서 각각의 코스를 마무리하는 기분의 음양 조화가 덜한 느낌이다. 힐 코스 9번 홀은 왼쪽으로 휘어지며 올라가는 페어웨이에서 은근한 드라마를 느낄 수 있는 편인데 레이크코스 9번 홀은 마지막 홀로서의 서사성과 심미성이 약간 덜한 느낌으로 남는다. 물론 이것은 개인 취향의 소견이다.

담백한 조경과 시설, 운영

인위적인 조경보다는 코스 자체의 완결성

이 코스에는 특별히 비싼 나무를 심었다거나 하는 인위적 조경의 노력은 많이 보이지 않는다. 골짜기에 코스를 내며 원거리의 자연 조망을 시각 안으로 끌어들인 차경(借景)이 주로 도입되었다 할까. 특히 레이크코스 3번 홀은 그러한 조경 방식의 심미적 특성이 잘 드러난다. 깊이 파인 말발굽 모양의 아늑한 골짜기에 들어선 파3 홀 티잉 구역에 서면, 그린 뒤의 그윽한 스카이

레이크코스 3번 홀. 그린 뒤의 숲이 이루는 스카이라인을 감상하며 플레이 한다. 자연을 끌어들인 차경(借景)기법이 적용되었다

라인과 그 아래 서늘한 숲에서 신화 속의 요정이 걸어 나올 듯한 느낌이 찾아온다. 그런 기묘한 아름다움은 자연을 끌어들이지 않으면 만들 수 없는 것이다.(이 홀은 세 면이 숲에 둘러싸인 특성 때문에 응달이 오래 질 수밖에 없을 것 같은데, 그린 관리에 각별히 더 노력하는 수고를 감수하고 이렇게 설계한 것으로 이해한다)

퍼블릭 코스의 '은혜로움'

잘 짜인 코스임에도 이곳은 이용료가 상대적으로 저렴하고 예약하기도 어렵지 않다. 그런데도 이렇게 설계자의 개성과 매력이 잘 드러나는 코스를 누릴 수 있게 해준 골프장 소유주에게 감사하고픈 마음이 든다. 설계자와 의뢰자의 안목과 비전이 상당 부분 일치한 결과물이 아닐까 짐작해 본다.

최근에 새로 개장한 골프장들 가운데 '프리미엄 퍼블릭'이라 해서 회원제 명문 골프장 버금가는 수준으로 조성해 놓고 이용료를 비싸게 받는 곳이 제법 있는데, 이곳은 그런 편도 아니다. 이 골프장 바로 이웃에 있는 <금강센테리움CC>가 대중제 퍼블릭 골프장으로 전환하고도 충주라는 지역적 핸디캡을 극복하고 상대적으로 부가가치를 높여서 마케팅하고 있는 것에 견주면 이곳은 상당히 소비자 친화적이고 '가성비'와 만족도가 높은 코스임이 분명하다.

간소한 클럽하우스와 식음 등……

이곳 클럽하우스는 퍼블릭 코스답게 간소하다. 디자인도 실용적이고 깔끔하며 군더더기를 모두 덜어낸 느낌으로 흠잡을 데 없어 보이는 건물이다. 코스는 시원치 않으면서 '벼락부자 형'으로 지어놓은 몇몇 회원제 골프장 클럽하우스보다 나은 건축물이라 느낀다. 클럽하우스 음식 값도 상대적으로 저렴한 편이라 실속 있는 골프를 즐기려는 이용자들이 좋아할 듯하다.

그런 한편 이 클럽하우스에서 좀 더 부드럽고 정겨운 느낌이 나면 좋겠다는 생각도 하게 된다. 왠지 건조하고 차가운 느낌이 드는 것이다. 어차피 간소한 개념으로 지은 퍼블릭 코스 클럽하우스라면 지금처럼 가장 높은 곳에 군림하는 모습으로 짓는 것보다는 좀 더 낮은 곳에서 받드는 느낌이 더 어울리지 않았을까 하는 생각도 들고…… 기왕에 지금 위치에 지었다면 클럽하우스에서 마지막 홀을 잘 조망할 수 있도록 설계되었다면 더 좋았을 듯하다. 전반 끝나고 2층으로 올라가서 간식을 먹어야 하는 것도 골프라운드의 여유로운 낭만을 덜게 하는 구조이다. 좀 '닫혀있는' 느낌이라 할까.
클럽하우스 음식에 있어서도 가격이 저렴한 장점에 더하여 좀 더 지역 특성이나 특색과 사연이 있는 먹을거리를 내면 골퍼들이 좋아하겠다 싶다.

코스가 주는 다채로운 만족감에 비해서 클럽하우스의 문화는 상대적으로 약간 무미(無味)한 느낌이다. 골프를 한다는 것은 골퍼들에게 작은 축제인데 이곳에 오는 이들은 대개 골프만 하고 바로 고속도로에 올라 귀가하는 듯하다. 물론 그런 양상이 요즘 골퍼들에게 일반적이라 할 수 있고 이곳은 코스 자체로 승부하는 골프장이라고 할 수도 있겠다. 그래도 이곳 클럽하우스에서 좀 더 향기로운 문화가 있다면 찾아가고 싶은 마음이 더 많이 들 것 같다.

클럽하우스는 퍼블릭 코스답게 간소하고 특별히 흠잡을 데 없는 건물이다. 약간 무미건조한 느낌도 든다

몇 가지 인상적인 이야기들

7번 홀들의 '아름다운 지옥'

레이크코스 7번홀, 힐코스 7번 홀은 모양이 비슷하게 보인다. 오르막 어프로치 샷을 해야 하는 곳으로 그린 앞 경사지에는 크고 깊은 여러 개의 벙커들이 위협적으로 입을 벌리고 있다. 아마도 각 코스의 7번 홀에 일부러 이렇게 비슷한 벙커를 조성해서 인상적인 기억으로 남기려 한 설계 의도인 것 같다. 어쨌든 이곳에 빠지면 반드시 단 한 번의 샷으로 빠져 나와야 한다. 아니면 벙커에서 벙커로 여러 번 헤맬 수도 있다. 특히 힐코스 7번 홀은 전체에서 두 번째로 어려운 홀이므로 주의해야 한다. 빠지면 악마 같고 지옥 같은 벙커이지만 멀리서 보기에는 참 아름답다. 코스 장애물 자체로 조경 하는 설계 기법인데 이 골프장은 특히 벙커들이 아름다운 조경 장애물의 역할을 많이 맡으면서 게임의 흥미와 도전 욕구를 북돋는다.

멋지면서 아쉬운 힐코스 5번 홀

힐코스 5번 홀은 높은 언덕 위의 티잉 구역에서 커다란 워터 해저드를 건너 넓은 페어웨이로 내려치는 티샷을 하는 홀이다. 레귤러 티 기준으로 340미터 정도 길이이고 심한 내리막이라 장타자들은 그린으로 직접 공략하고 싶은 욕망을 감추기 어려운 곳이다. 워터 해저드가 비스듬한 사선으로 놓여 있어 골퍼가 자신의 비거리를 감안하여 티샷 방향을 선택해야 한다. 영웅적인 도전과 전략이 교차하는 홀이며 매우 인상적인 '시그니처 홀'이라 하겠는데……

아쉬운 점은 그린 너머로 커다란 변전소가 한눈에 보인다는 것이다. 이런 기능 시설이 있으니 우리가 문명 생활을 하는 것이지만 골프 코스의 심미성과 낭만을 탐하는 입장에서는 안타깝다. 이 홀에서 골퍼들의 시선이 변전소 쪽을 향하지 않도록 하는 방법을 무언가 찾아낸다면 이 골프장 전체의 가치가 훨씬 높아지리라 생각한다.

레이크코스 6번 홀의 '비치벙커'

레이크코스 6번 홀은 오른쪽으로 휘어지는 도그렉(Dog leg) 파5 홀이다. 장타자들은 세컨 샷에서 투 온(on in two)의 유혹을 느낄 수 있지만 오른쪽 숲은 그린 옆 끝까지 오비(Out of Bounds) 구역이고 왼쪽은 길다란 해저드 연못이다. 그린으로 향하는 길목이 좁아 위협적인데 왼쪽 워터해저드 라인을 따라 긴 모래사장 형태의 벙커를 '비치벙커' 느낌으로 만들어 놓았다. 오비를 피해 약간 왼쪽으로 쳐도 해저드에 공이 굴러들어가 빠지지 않도록 잡아주는 '세이빙 벙커' 기능을 준 것이다. 지형의 핸디캡을 오히려 이용해서 기능성과 심미성을 부여한 모습이 우아해 보인다.

7번 홀들의 벙커 군락(위). 힐코스 5번 홀. 변전소가 눈에 들어오는 것이 아쉽다(중간). 레이크코스 6번 홀 비치벙커(아래)

저평가와 가성비 사이

코스가 잘 빚어진 것에 견주어 이 골프장은 많이 저평가된 느
낌이다. 개장 시점에 즈음해서 '신설 골프장 중 10대 코스' 등
의 상을 받은 적도 있다지만 그 뒤로는 마땅한 평가를 받지 못
하는 듯하다. 인근의 골프장들에 비해 이용료(그린피)도 저렴
한 편이다.

이용 요금이 저렴한 것이야 골퍼들에게는 고마운 일이지만 이
코스에는 지금보다 더 높은 가치가 매겨질 만하다. 수수하게 운
영되는 퍼블릭 코스라서 낮추 보는듯한데 코스 품질은 여느 명
문 골프장 부럽지 않아 보인다.

그런 한편 코스 자체의 완결성에 기댄 나머지 골프장에 문화를
불어넣은 데는 아쉬움이 있는 것도 사실이겠다. 골프장에서 정
규 프로대회를 치르는 것이 코스에 스토리 가치를 부여하는 가
장 일반적인 방법이겠으나 꼭 그런 게 아니더라도, 레이크 코
스 3번 홀, 힐 코스 5번 홀과 8번 홀, 각 코스 7번 홀 등 곳곳에
서 흥미롭고 풍성한 이야기가 피어나고 기억될 수 있는 코스라
본다. 코스의 유지 보수 관리 수준을 조금만 높이면 몇 배 더 좋
게 느껴질 것이다.

그리고 한 가지만 더…… 왜 '킹스데일'인지 궁금하다. '왕의 계
곡'이라는 뜻으로 이해하지만 킹, 로얄…… 보다 좀 더 쉽고 소
박한 이름이 붙으면 훨씬 정감 넘칠 듯하다. 물론 개인의 취향
이며, 이 코스를 사랑하는 마음에 덧붙이는, 사족(蛇足)이다.

글/ 류석무

사진은 주로 킹스데일 골프클럽이 제공한 것을 사용했으며
일부는 글쓴이가 찍은 것입니다.

SAGEWOOD
HONGCHEON

도전과 힐링 - **세이지우드 홍천**

글 / 류석무

세이지우드 홍천
'도전과 힐링'

푸른 산과 하늘만 보이는 곳이라 처음엔 '블루마운틴'이라 이름 지었다 한다.
아마도 한국에서 가장 깊은 산 속 골프장일 것이다. 양떼들만 다니던 목장 터였다.
밤에는 외로운 늑대가 달빛에 겨워 울 듯한 첩첩산중 고원이다.
블루마운틴이라는 이름이 이곳의 느낌을 담아내지 못한다고 이 책 초판에 썼는데,
'세이지우드 홍천'으로 이름이 바뀌었다. '홍천 깊은 산 속 현자(賢者)의 숲' 쯤으로 이해한다.
그 이름이 아니더라도 골프만 하기에는 아까운 곳이다.
어느 그믐밤, 폭포수처럼 쏟아 내리는 별빛의 은하수를 바라보며,
술 한 잔 마시지 못하는 여자가 이곳에서 문득 말했다.

"영혼이라는 게 정말로 있다는 생각이 들어요."

한낮의 푸른 산 빛이 심신을 어루만져 주었다면, 밤에는 가슴 밑바닥까지 와 닿는 어둠과 빛을 만나게 될지도 모른다. 강원도 홍천의 동북쪽 맨 끝 산중, 인제(麟蹄) 깊은 골짜기와 경계를 짓는 '소뿔산(1,108m)' 760 미터 중턱의 '골프 샹그릴라'이다.

모험과 도전의 영혼을 일깨운다

"나는 왜 골프를 하는가" 생각하게 하는 코스

평화롭지만 짜릿하지 않은 골프도 있고, 지혜로울지언정 '영혼이 없는 골프' 도 있다. 그리고 그에 어울리는 골프장들은 세상에 많다.

그런 한편 거친 듯 부정형이면서도 장엄하고, 짜릿하게 모험적이면서 때로 원통하며, 치명적인 유혹 속에서도 평화롭고, 호쾌한 상상력이 가득한 골프 코스가 있다.

그런 코스는 이런 질문을 던지고 스스로 답하는 곳이다.

"당신은 왜 골프를 하는가, 왜 모험의 길을 선택하는가……"

그런 코스를 모든 이가 좋아하는지는 알 수 없고, 이 골프장이 모든 이에게 그런 느낌을 주는지는 더욱 모르겠다.

그러나 이 골프장은 누구든 경험해 보기 전에는 알 수 없는 이끌림이 있는 곳이다.

골프의 전설 '잭 니클라우스 디자인' 코스라 한다.

영웅적인 TV광고를 찍은 그 장소

2018년 쯤 골프용품 <타이틀리스트>의 텔레비전 광고에서, 길고 넓은 연못 너머 그린을 향해 장쾌하게 드라이버 티샷 하는 영웅적인 장면은 이 골프장 '비전코스 5번 홀'에서 찍은 것이다. 챔피언 티 기준 313미터 짧은 파4인 이 홀에서, 긴 연못 너머 왼쪽 끝에 있는 그린을 향해 직접 도전할 수도 있고, 안전한 쪽 페어웨이로 짧은 티샷을 한 뒤 어프로치 공략을 할 수도 있다. 자신의 실력과 전략에 따라 상상하고 선택하고 도전해야 하는, 그러나 모험을 유혹하는…… 이 홀이 이 코스 전체의 특징과 성격을 말해준다.

이곳은 '상상하고 도전하는 골프 코스'이다.

"가치를 아는 사람만 오시오"

이 골프장에 처음 온 사람은 우선, 우아한 날갯짓 같은 클럽하우스의 곡선미에 감응하곤 한다. (옛 그리스 산악지방에서 모티브를 딴 '아카디안 스타일'이라 한다) 그 다음엔 스타트 광장 연습 그린에서 '참 곱다'는 말을 되뇌며, 멀리 보이는 구름과 산맥의 겹능선을 바라보다가 넋을 잃을 수도 있다. 공기는 투명하고 코스 잔디는 비단 같이 고우며, 구름 없는 날에도 구름 위에 떠 있는 듯 아스라한 풍광이다.

이곳은 누구나 플레이 할 수 있는 퍼블릭 코스이지만 이용료가 가장 비싼 골프장 중 하나다. 주말 이용료(그린피)가 30만원이 넘고 평일에도 싸게 받지 않는다.

서울에서 먼 깊은 산중에, 구름 같은 시설과 비단 같은 골프코스를 갖추고 높은 값을 받는 것은…… "이 골프장의 가치를 느낄 수 있고 좋아하는 사람만 오시오." 라는 말로 이해된다.

미녀의 피부, 야수의 핏줄

팔등신 미녀처럼 고와 보이지만, 한편으론 야수같이 거칠고 판타지 게임 속 영웅 스토리처럼 모험적인 코스이다. 지상에서 가장 쾌적하다는 해발 고도 765미터 산중에, 양떼를 방목하던 척박한 목장 터를 중심으로 이 골프장은 조성되었다. 목장 자리의 넓고 장쾌한 드림코스 9홀(파36), 연못과 계류의 유혹을 넘나드는 비전코스 9홀(파36), 높은 곳에서 영웅적으로 조망하며 도전해야 하는 챌린지코스 9홀(파36)로 구성되어 있다.

어느 홀은 유장하고 어느 홀들은 신선이 놀 듯 오묘한 분위기를 내는데, 플레이 하기는 까탈스럽다. 잭 니클라우스의 이름을 단 골프장은 세계 도처에 많지만, 이 코스를 라운드 하다 보면 그 설계의 모험적인 상상력에 대한 평가를 섣불리 마감하기 어렵다는 생각이 든다.

개성이 뚜렷한 코스 설계

잭 니클라우스의 '시그니처'를 받은 코스

골프에서 '위대한 창조자'로 불리는 잭 니클라우스는 골프코스 설계에 있어서도 자기만의 세계를 펼쳤다. 프로골퍼로서 실제 경기에서 터득한 미묘한 핸디캡 요소들을 그는 골프코스 설계를 지휘하면서 창조적으로 펼쳐낸다. 잘 알려졌듯이 국내에 잭 니클라우스의 이름이 붙은 코스가 여럿 있지만, 그것들 모두가 그가 직접 설계한 곳은 아니다.

'니클라우스 디자인' 팀이 설계한 코스가 있고, 잭 니클라우 스의 아들이 설계한 코스가 있으며,

비전코스 8번 홀(위), 드림코스 3번 홀(아래)

잭 니클라우스와 그의 아들이 함께 설계에 관여한 코스, 그리고 잭 니클라우스가 직접 설계하고 서명한 '시그니처 코스'가 있다. ('시그니처 코스'는 잭니클라우스가 설계 업무에서 은퇴한 뒤로 '헤리티지 코스'라 부른다. 그가 직접 설계한 것이 니클라우스 디자인 팀이 설계한 것보다 반드시 좋은 코스라 할 수는 없다. 니클라우스 디자인 팀의 작품이 훌륭하게 평가되는 것도 많다) 우리나라에서 잭 니클라우스 설계 '시그니처'가 있는 코스는 인천 송도의 <잭니클라우스GC>, <가평베네스트GC>, 평창의 <휘닉스CC>, 인천의 <베어즈베스트청라GC>인 것으로 알았는데 이곳 클럽하우스에서도 잭 니클라우스의 시그니처를 발견하게 된다. 이 코스는 '니클라우스 디자인팀'이 설계했지만, "잭 니클라우스가 인정하여 시그니처를 남긴 것"이라 한다. 당시 니클라우스디자인사의 한국 책임자였던 박현준 씨는 이렇게 말한다.

골프장 명칭	세이지우드 홍천 Sagewood Hongcheon
한 줄 설명	765미터 청정 산중의 힐링 골프리조트
개장 연도	2013년
규모, 제원	27홀 파 108 , 전체길이 10,805yds(9,880m) 드림코스 3527m, 비전코스 3122m, 챌린지코스 3172m
골프장 구분	퍼블릭 골프장
위치	강원도 홍천군 두촌면 광석로 898-160번지
코스 설계	잭 니클라우스 디자인
소유 회사	와이케이디벨로프먼트(주)
잔디 종류	켄터키블루그라스(페어웨이) 파인패스큐(러프) 벤트그래스(그린)
관리 특징	자연 보존, 빠른 그린
부대시설	골프리조트, 글램핑시설(하계)
티오프 간격	평일 10분, 주말 8분
휴무일	동계 휴장(1~2월)
캐디, 카트	4백 1캐디, 승용전동카트(5인승)

"블루마운틴(현 세이지우드)은 잭 니클라우가 직접 설계 방향을 제시하고 지휘하였으나 현장 감리만 직접 하지 못한 설계 작업이었습니다. 그러나 실시간 보고체계를 통해 감리가 원격으로 이루어졌으며 니클라우스디자인사의 설계자가 현장 상주하여 완성했습니다. 그래서 잭 니클라우스의 명패를 수여한 것입니다."

니클라우스 디자인의 높은 '샷밸류'

잭 니클라우스는 코스를 설계할 때 '티잉 구역에서 그린이 보여 그 홀의 전략을 미리 짤 수 있도록' 하는 원칙을 되도록 지킨다고 한다. 그것을 '설계철학'의 한 덕목이라고도 하던데 그렇게 철학적 원칙 을 두고 모든 홀에서 다 지킨 것은 아니겠다. '자연 지형을 최대한 살린다'는 것 또한 그의 설계철학 항목 가운데 하나이니까.

이 코스는 산악 지형을 그대로 살려서 길을 냈으면서도, 지형 상 부득이하지 않으면 되도록 그린이 훤히 보이도록 만든 홀들이 많다. 그런 한편 목표지점이 뻔히 보이면서도 거기까지 가는 과정에는 다양한 테스트를 거쳐야 하는 까다로운 시험지가 펼쳐져 있다. 플레이어의 실력을 공정하게 가늠하는 '샷 밸류'가 높은 코스. 즉, 잘 친 샷과 못 친 샷의 가치가 정직하게 드러나서 운보다는 실력이 그대로 스코어로 매겨지는 골프 코스의 제 맛을 볼 수 있는 곳이다.

비전코스 3번 홀

'상상하고 모험하는' 코스

잭 니클라우스가 시그니처를 주었다는 것은, 그가 자신의 설계철학이 잘 반영된 골프코스임을 인정했다는 의미로 보인다. 그의 시그니처가 있는 코스는 그가 지구상 최고 골프 기술을 발휘한 선수 출신이라는 것을 일깨우기라도 하듯 난도와 샷 밸류가 높기 마련이다.

이곳 역시 ▶'생각하며 쳐야 하는 코스'이며, ▶'멀리 칠 줄 알아야 하는 코스'이고, ▶'기술적인 샷을 정확하게 쳐야 하는 코스'이며, ▶'무모한 샷과 미스 샷에 가혹한 코스'라 할 수 있다. 그리고 무엇보다 ▶'모험을 해야만 하는 코스'이다.

자연의 흐름을 살려 연못과 벌칙 구역을 만들고, 건너치는 곳과 넘겨 치는 곳, 과녁처럼 맞추어야 하는 곳을 곳곳에 펼쳐 놓았다. 자신이 없을 때는 전략적으로 돌아가야 스코어를 지킬 수 있고 성공률이 높을 때는 도전해야 확실한 보상을 받아낼 수 있다.

단언컨대, 상상력과 모험심이 없는 사람은 이곳에서 적당한 스코어를 낼 수는 있을지라도 골프의 온전한 쾌감을 얻기 어렵다.

게임 승부의 짜릿한 쾌감

켄터키블루그래스 양잔디를 심은 페어웨이는 비단결처럼 잘 관리되어 있어서 '손맛'이 짜릿한 샷을 즐길 수 있지만, 페어웨이를 조금만 벗어나면 패스큐 잔디를 심은 깊은 러프 '귀신풀'에 묻혀 탈출이 어려운 경우도 많다.

티잉 구역에서 보이는 조망이 영웅적인 홀이 많고 코스를 통틀어 OB구역은 거의 없다. 그러나 티샷을 보내야 할 곳과 보내지 말아야 할 곳의 구분이 극명하다. 페어웨이에 놓인 위치가 언뜻 어렵지 않아 보이더라도 그린 주변의 한쪽에는 반드시 위험요소가 있으므로 마지막까지 정확한 샷을 해야 한다. 그린은 굴곡이 크고 빨라 변별력이 뚜렷하다. 게임의 승부를 가르는 재미를 최대치로 끌어올린 코스라고 할까.

두려움과 모험심, 전략과 현명함, 상상력과 도전이 거듭된 게임의 결과…… 형편없는 스코어를 받아 쥐고서도 기어코 다시 도전하고픈 마음이 들게 하는 짜릿한 골프 코스다.

비전코스 전경

드림코스 1번 홀

27홀 모두 다른 개성의 조화

<세이지우드 홍천>에서는 27홀을 다 경험해 보기를 권한다.

드림코스와 비전코스가 메인 코스라고 할 수는 있으나 각 코스마다 성격이 다르고 챌린지코스 또한 매력이 넘치기에, 3개 코스가 서로 조화되었을 때의 완결성이 더욱 크다. 27홀 모두가 비슷한 홀 하나도 없이 개성적이다.

▶**드림코스**는 3개 코스 중에서 가장 넓고 편안하다고 소개되고 있으나 2번, 3번 홀은 길고 난도가 높아서 편안하게만 플레이 할 수 없다. 이 코스에서는 이름 그대로 몽환적으로 아스라한 풍광을 느낄 수 있어서 남녀 모두 좋아하지만 몇몇 홀에서는 볼의 탄도가 낮은 여성들에게 그린 주변의 플레이가 가혹할 수 있다.

▶**비전코스**는 '생각하며 치는' 코스다. 상상력과 전략이 많이 필요하다는 것이다. 이 코스에서는 계곡과 연못의 아름다움을 플레이 중의 전략적 요소로 담아낸 설계의 묘미가 돋보인다. 즉, 아름다운 연못을 건너 치거나 피해서 치는 심리적인 게임의 묘미와 기술적인 샷 완성도가 필요한 코스이다. 연못의 도전을 기꺼이 받아들여 성공했을 때의 쾌감까지 설계에 반영한 듯하다.

▶**챌린지코스**는 시작과 끝이 극적인 파5 홀이고 이 두 홀 모두 기회와 위협이 함께 한다는 점이 게임의 흥미 요소이다. 또한 4번 홀은 가장 높은 곳에 있어서 골프장과 주변 경치를 한 눈에 조망할 수 있어서 매력적이다. '챌린지'라는 이름대로 곳곳에서 쉽지 않은 도전을 유혹하여, 승부와 반전의 묘미가 넘치는 코스라고 생각한다.

"이 코스 싱글이 진짜 싱글이다"

나 혼자 생각으로는, 드림코스와 비전코스 둘 가운데 하나의 마지막 홀이 좀 더 드라마틱하게 조성되었다면 게임의 완결성이 좀 더 높았겠다 싶다. 그런 한편 이 골프장 한 홀 한 홀은 저마다 개성이 넘치고 코스의 절반 이상 홀들이 극적인 요소를 품고 있어서, 그런 바람은 지나 친 것일 수도 있다.

연못과 계곡 등 자연을 그대로 이용하여 다이내믹한 코스 배치 위에 99개의 크고 깊은 벙커와 질긴 러프를 설치하고, 페어웨이와 그린의 언듈레이션 또한 물결치는 듯하니 핸디캡 요소들은 넘쳐난다. 그러나 모험의 유혹이 있는 곳에는 안전한 경로 또한 마련되어 있으니 욕심을 부리지 않으면 평범하게 갈 수 있다. 그리고 모험에 성공하면 반드시 보상이 따른다.

골프를 잘 치는 사람일록 어려운 코스로 느낀다는 평가도 있다.

잭 니클라우스의 코스 설계 철학대로, '파를 지키기는 어렵고 보기를 하기는 쉬운' 코스다. ('보기 이상'을 하기도 쉽다) 이 코스에서 잘 칠 수 있는 사람은 진짜 실력자라 하겠다.

섬세한 관리, 아름다움에 대한 평가

'10분 간격', '3.0m 이상'

이곳은 퍼블릭 골프장이지만 관리와 운영의 수준은 국내 특급 명문 회원제 골프장에 견주어 뒤지지 않는다. 팀 사이의 티오프 시간 간격은 10분이며 그린 스피드는 스팀프 미터 계측 기준으로 3.0미터 이상을 유지한다.

켄터키블루그래스 양잔디에 패스큐 품종을 살짝 섞은 페어웨이 잔디는 디봇 자국을 찾아보기 힘들게 잘 관리되어 있다. (물론 양잔디의 상태는 조금만 소홀해도 순식간에 나빠질 수 있으므로 이런 표현이 조심스럽다) 러프는 3종류의 패스큐와 켄터키블루그래스를 혼합 파종하여 기른 것이라는데 기능과 미관이 좋다. 이곳의 서늘한 기후와 한지형 양잔디들의 특성을 잘 어울리게 하면서, 적은 손님만을 받아 코스의 품질을 높게 유지하고 있는 듯하다. (켄터키블루그래스 양잔디는 추운 지방이 고향이라 우리나라의 여름 무더위를 견디기 어려워 하지만, 이곳의 여름기후가 비교적 선선하기에 좀 더 잘 관리할 수 있다고 한다. 패스큐 품종은 더위에도 강하기에 패스큐와 켄터키브루그래스를 '혼파'하여 관리 효율을 높인다 한다)

가치에 비해 저평가된 코스랭킹

'블루마운틴(현 세이지우드 홍천)GC'는 2013년 문을 열었다. 그 이듬해인 2014년 '골프다이제스트'로부터 한국의 10대 뉴코스에 선정되었고 2018년 '서울경제골프매거진'으로부터 '한국 10대 퍼블릭코스'에 선정되었다. 또한 2018년, 영국 유력 사이트 '톱100골프코스 (top100golfcourses. com)'가 게시한 '한국 톱40 골프코스'에서, 이 골프장은 2017년 한국 내 랭킹 15위, 2018년 25위(드림, 비전) 코스로 선정되었다. 골프다이제스트 '2019~2020 대한민국 50대 코스'에서는 11위에 선정되었다. 2020년 골프매거진의 '한국 10대 퍼블릭코스' 3위가 되어 순위가 꽤 올랐다.

이 골프장은 오직 자연과 코스의 조화로 묵직하게 승부하는 듯하다. 특별한 조경이나 조형물에 신경 쓰기보다는 코스의 앉힘과 그를 품은 대자연의 감응만으로도 아름다움은 넘쳐난다. 물론 클럽하우스도 우아하고 이 지역 천연 재료를 사용한 레스토랑의 메뉴도 돋보인다. 하지만 그런 것들은 이 자연 공간에 '자연스럽게 어울리는' 것일 뿐이다. (코스 평가기관들의 순위 선정에서 다른 신설 코스들이 높은 순위에 오른 것에 비해 이 코스는 상대적으로 저평가된 느낌이 들기도 한다. 난도와 샷 밸류 등 '플레이 하는 코스'로서의 가치는 최상위 순위에 든 코스에 비해 결코 덜하지 않다고 본다)

청정 자연의 아름다움과 '힐링'

골프 코스의 예민한 특성을 이야기하다 보니 골프 실력이 뛰어난 사람들이나 좋아할 골프장이라고 이해될 수도 있지만, 대부분의 골퍼들이 두루 좋아한다. 특히 여성용 티잉 구역이 합리적으로 안배되어 있어서 남녀가 함께 평등하게 라운드 할 수 있다.

무엇보다 자연의 아름다움 앞에서 고개를 숙이게 된다. 소나무와 참나무가 울창한 숲에 느티나무, 이팝나무, 산벚나무, 단풍나무, 산목련, 매화나무, 보리수 나무들을 더 심었다 한다. 그래서 원래의 자연에 못지않게 아름다운 숲 생태계를 조성하고, 영산홍, 흰말채, 조팝나무 등 꽃이 피는 관목들을 심었으니, 철따라 꽃이 피고 다채로운 풍경이 펼쳐진다. 가을에는 온 산이 황금빛으로 변하고 먼 산 구름 능선이 불타오른다.

이렇듯 숙연하도록 아름다운 곳에서 골프와 '힐링'을 하고 나면, 무언가 '세상에 보탬이 되는 일'을 해야 할 것 같다는 생각도 든다.

몇 가지 소소한 이야기들

날아오르는 클럽하우스
이곳 클럽하우스는 돌과 나무를 주 건축재로 사용해서 자연과의 조화를 꾀하면서도 하늘을 향해 열려있는 조형으로 스스로의 존재감을 뚜렷하게 드러낸다. 하늘로 날아오르는 처마의 곡선과 산의 풍광들을 모두 받아들이는 전면 유리창이 '블루마운틴의 세이지우드' 전체를 끌어안고 있는 듯하다. 옛 그리스 산악지방에서 모티브를 딴 아카디안 스타일이라 하는데 굳이 외국의 모티브가 아니더라도 우리나라의 이곳 산중 풍광과 어울린다.

챌린지 코스 전망대
챌린지코스 4번 홀은 이 골프장에서 가장 높은 곳으로, 코스 전체를 한 눈에 볼 수 있는 전망대가 있다. 전망대에는 꽃도 심어 놓고 사진 찍는 자리도 마련해 놓았다. '셀피'를 찍어보니 인물 모델이 좋지 않아도 배경이 수려해서 사진이 근사하게 나왔다.

드림코스 2번 홀 "긴 꿈길"
이 골프장에서 가장 인상적인 홀이 드림코스 2번 파5 홀 아닐까 싶다. 최대 길이 541미터, 레귤러 티 기준 516미터의 긴 홀인데, 티샷과 세컨 샷까지는 호쾌하게 날릴 수 있으나 깊은 벌칙 구역과 개울을 넘어 오르막 언덕 위의 그린은 작고 굴곡져 있어 위협적이다. 장쾌함과 정밀함이 고루 필요한 홀이고, 시각적으로도 꿈길처럼 아름다운 홀이다. 이 홀에서 '투 온(on in two)'에 성공할 수 있는 사람을 만나고 싶다.

스타트 가든의 낭만
우리나라 골프장 가운데서 클럽하우스 앞 스타트 광장이 가장 인상적인 곳의 하나 아닐까 생각한다. 클럽하우스의 아름다운 건축물을 배경으로 곱게 관리된 연습그린이 넓게 펼쳐져 있고 먼 곳으로는 구름 같은 산맥들이 겹능선을 이루며 아스라이 펼쳐진다. 연습 그린을 둘러싸고 단풍나무와 버드나무, 팥배나무가 수려한 자태로 늘어선 가운데, 모던한 취향의 테이블들이 보기 좋은 구도로 자리 잡았다. 그리고 스타트하우스와 동선이 연결되어 있어서 한낮에도 가든파티 분위기가 나는 낭만적인 장소이다.

고급 리조트
드림코스 옆으로 대형 리조트가 오랜 공사 끝에 완공되었다. 경험해보니 시설이 고급한 가운데 단아했다. 나는 호텔형에 묵었는데 별장형도 있다고 한다.
이곳에서 묵으며 골프와 휴식을 즐길 수 있다면 드물게 선택 받은 사람이겠다.

클럽하우스(위 왼쪽), 챌린지코스 전망대(위 오른쪽), 드림코스 2번 홀(가운데), 스타트 가든(아래 왼쪽), 리조트 객실 내부(아래 오른쪽)

왜 골프를 하는가, 왜 모험하는가.

이 골프장과 리조트의 콘셉트가 '힐링'이라고 하는데, 이런 좋은 풍광에서 심신의 치유는 저절로 되는 것이라 여기기에, 나는 코스 자체의 매력에 중점을 두어 보게 된다.

외국의 유명 골프 코스 설계자가 우리나라 산중 지형에 만든 코스들에는 대개 블라인드 홀이 많다. 좋게 보면 "자연지형을 그대로 살리는 설계 철학의 원칙을 반영했다"고 할 수 있는 반면, "한국 산중 지형에 대한 경험과 이해가 부족해서 그렇다"고 보는 이들도 있다.

이 세이지우드 홍천 골프 코스는 산중 지형을 자연스럽게 살렸으면서도 티잉 구역에서부터 그린을 보며 홀마다 전략을 미리 세워서 공략할 수 있는 홀이 대부분이다. 그만큼 산중 지형에 대하여 많이 연구하여 조성한 것으로 보인다.

이 골프장은 <미래에셋> 대주주가 투자한 것이라 한다. 미래에셋은 세계 최대 골프용품 회사인 <아쿠쉬네트>사에 투자한 회사이기도 하다. 아쿠쉬네트의 대표 브랜드가 <타이틀리스트>이고 타이틀리스트는 도전적인 골프를 즐기는 세계의 골퍼들이 가장 선호하는 브랜드이니, 이 골프장의 도전적인 성격과 맥락이 닿는 것으로 보인다.

또한 이 골프장은 (3개 코스의 이름이 말하는 대로) "꿈꾸고, 멀리 보고, 도전하라"고 이야기 한다. 기업 정신을 골프 코스에 담은 듯하고, 코스 설계자의 이야기인 것 같기도 하다. 이 코스 구석구석에는 그런 영혼 어린 이야기들이 꽃 몽우리처럼 웅성거린다.

깊은 산 속에 있기 때문에 오히려, 서울에 가까운 골프장들이 못 가진 귀한 자산을 무한하게 품고 있는 곳이라 본다.

앞에서 적은 대로, 이렇듯 아름답고 모험적이며 상상력이 가득한 골프 코스는, 이런 질문을 던지고 스스로 대답한다.

"당신은 왜 골프를 하는가, 왜 이 깊은 산중 까다로운 코스에 와서 모험을 선택하는가."

글/ 류석무

사진은 주로 세이지우드 홍천이 제공한 것을 사용했으며 일부는 글쓴이가 찍은 것입니다.

SOUTH CAPE

'궁극의 힐링' - 사우스케이프

글 / 남화영

사우스케이프
'궁극의 힐링(Ultimate Healing)'

코발트빛 바다와 드나듦이 심한 리아스식 해안선을 따라 펼쳐진 한려해상국립공원 남해 끝자락을 따라 사우스케이프(South Cape)가 놓여있다. 천혜의 입지에 앉혀진 골프장이다.
해외 미디어들의 평가는 이 골프장을 한국 최고로 꼽았다. 세계 최고의 코스정보 사이트 톱100 골프코스(top100golfcourses.com)의 2019년 '세계 100대 코스' 중에 87위이자 '아시아 100 대 코스' 중 3위, '한국 50대 코스'에서 1위에 올라 있다. <골프다이제스트>는 2020년 '미국 제외 세계 100대 코스'에서 9위에 올려놓기도 했다.

서울에서 길을 나서면 대전-통영고속도로를 타고 4시간 반 정도면 골프장에 도착한다(2팀 이상이면 골프장이 잠실운동장에서 1박2일 셔틀서비스를 운영한다). 사천공항을 지나 삼천포대교, 늑도대교와 창선삼천포대교 3개 다리를 지나는 길은 '한국의 드라이브 하기 좋은 길'로 첫손 꼽히는 명소이기도 하다. 그 길을 따라 해안 도로를 따라 가다 어느새 골프장에 도착하게 된다.

골프장의 주변을 먼저 살펴보면 '한산도와 여수 인근 도서(島嶼)를 이었다'고 이름 붙여진 한려해상국립공원은 바다와 육지의 풍광이 세계 어느 곳과 견주어도 빠지지 않을 절경이다. 한반도 중에서도 얕은 갯벌이 길게 펼쳐진 서해나 바다로 조금만 나가도 심해와 만나는 동해와는 달리, 이곳은 다도해의 아기자기함이 공존한다. 통영, 여수, 남해가 모두 우리나라 대표 미항(美港)이다. 창선 삼천포 대교에 들어서 보이는 땅끝과 바다가 마주한 어느 지점에 골프장이 들어서 있다.

전해지는 얘기로는 애초에 CJ그룹에서 헬기를 타고 돌면서 하늘에서 이 코스 부지를 정했다고 한다. 골프장을 앉히기에는 한국 최고의 입지였다는 것이다. 하지만 골프장이 들어선다는 소문에 땅값이 천정부지로 뛰었고, CJ그룹에서는 땅값이 다시 내리기를 숨죽여 기다리던 중에 한섬의 정재봉 회장이 덜컥 계약을 해서 CJ의 계획은 물거품이 됐다고 한다.

패션 거장의 또 다른 열정

이 골프장을 알려면 우선 정재봉 사장부터 이해해야 한다. 시간을 거슬러 골프장이 개장하던 2013년 11월1일로 거슬러 올라가본다.

'바닷가 언덕이지만 바람 한 점 없이 고요했고 달이 두둥실 떠올랐다. 클럽하우스 중정(中庭)에 사람들 가운데 개장 기념문을 읽는, 고희(古稀)를 넘긴 정재봉 회장의 목소리엔 떨림이 있었다. "산과 바다가 어울린 이곳의 자연 환경을 보고는 마치 물속에 비친 달의 모습에 반해 그 물로 뛰어들었다는 이태백 시인의 심정으로 골프 리조트를 만들기로 결심했습니다."

<골프다이제스트>한국판에 소개된 당시 개장 기념사의 한 부분이다. 그의 비유는 두 가지를 내포하고 있었다. 극한의 아름다움을 추구하기 위해 온몸을 바치는 예술가의 심미성, 그리고 목표를 위해 과감하게 투자한 자수성가한 사업가의 열정이었다. 클럽하우스를 짓는 데만 700억

원, 골프장과 호텔 등 숙박시설을 합쳐 총 4천여억 원의 사재를 털었다고 하니 이 리조트를 위해 그는 확실하게 '올인'한 것이다.

정재봉 사장은 국내 패션업계에서는 입지전적인 인물이다. 타임(TIME), 시스템(SYSTEM), 마인 (MINE), 랑방(LANVIN), 발렌시아(BALENCIA) 등 숱한 국산 '패션(fashion)' 브랜드를 키워냈다. 그에게 남해 장천의 골프장 부지는 또 다른 '열정(Passion)'을 자극했는지 모른다. 그는 개장일 다음날 필자와 가진 인터뷰에서 털어놨다.

"이 정도 자연 환경이면 세계적인 골프 리조트를 만들 수 있을 것 같았다. 경치 좋은 곳에 리조트를 만들어 여생을 보내고 싶었다."

그렇다고 정 회장이 골프 라운드에 목매는 골프광은 아니다. 구력은 35년이 넘지만, 보기 플레이어이고 골프 스코어보다는 자연과 어울린 좋은 풍경과 경치에 반하는 골프 애호가에 가깝다. 남해에 힐튼리조트가 생기자 가장 먼저 회원권을 구입할 정도로 바다를 낀 리조트를 특히 선호했다고 한다.

그는 뉴질랜드 네이피어의 해안 절벽에 조성된 세계 100대 코스 케이프키드내퍼스(Cape Kidnappers), 뉴질랜드 북섬의 카우리클리프스(Kauri Cliffs)를 체험하고 국내에도 이같은 골프 리조트를 짓고 싶었다고 한다. 천혜의 자연에 인생의 골프장을 공들여 만드는 것도 패션업에 평생을 바친 이의 열정이었을지 모른다.

정 사장은 최고의 자연이란 소재에 최고의 코스 설계가와 건축가를 불러모아 온 정열을 쏟아부어 사우스케이프를 엮어냈다. 시인 같은 감수성과 사업가의 투지가 어울린 결과라고 볼 수 있을 것이다. 그리고 2020년 봄에 사우스케이프라는 이름의 골프장 이름을 본딴 의류를 새롭게 내놓고 청담동에 매장도 열었다. 성공 신화를 일궜던 패션업에 자신의 골프장 이름으로 다시 도전하는 것이다.

링크스와 마운틴 스타일의 혼합

코스 설계가인 카일 필립스는 스코틀랜드의 킹스반스, 아랍에미리트(UAE) 아부다비의 야스링크스 등을 설계한 링크스 스타일 코스의 권위자다. 드물게 골프장 개장식에 초대된 그는 한국에서 사우스케이프를 만든 것을 자랑스러워했다. 또한 설계 과정에서 정 회장의 아낌없는 후원과 지원, 그리고 개장식까지 초청한 배려에 감사를 표했다.

16번 홀 선라이즈 포인트 티하우스

"골프장 부지는 세계에서 좀처럼 보기 힘든 절경이었다. 링크스 지형이라고 정의하기는 어렵다. 마운틴과 링크스, 그리고 시사이드가 합쳐진 코스다."

2008년 부지를 살펴본 뒤로 루트플랜을 고민한 끝에 그는 '환상(Illusion)'의 개념을 코스에 적용했다고 한다. 특히 후반 11번 홀부터 16번 홀까지 바다를 향해 파도가 여러 겹 물결치듯 내닫는 느낌이 들도록 했다. 그러면서 '다음 홀은 어떻게 펼쳐질까?'가 궁금해지는 환상의 요소를 홀마다 적용했다.

설계가 필립스는 다음과 같이 코스를 설명한다.

"아웃코스는 마운틴 스타일, 바다를 면하는 인코스는 링크스 느낌을 최대한 시도했고, 암반이 있는 시사이드 홀(5번)에서는 암반의 특징을 살리는 홀 레이아웃이 나왔다. 골프장이 리조트인 만큼 어려운 챔피언십 세팅보다는 곳곳에 스코어를 지키는 요소를 넣었다. 따라서 다양한 전략이 필요하다. 티 샷 후에 짧은 범프앤런 샷을 할 때(13번)도 있고, 계곡을 넘기는 과감한 공격이 필요할 때(15번)도 있다. 14번 홀은 페블비치 7번 홀처럼 짧지만 만만찮은 파3 홀이다. 16번 홀에선 사이프러스포인트의 16번 홀이 떠오를 것이다.”

사우스케이프의 지형은 독특하다. 특히 남해 리아스식 해안은 유럽의 링크스 지형과도 많이 다르다. 원형보존지로 남겨진 장군산은 절벽 위로 솟아 있다. 링크스 설계 전문가가 링크스를 고집하지 않은 점, 그리고 한국적 토양을 활용한 점이 절묘하게 조응해 바다와 산이 어울린, 사우스케이프만의 탁월함이 탄생했다. 카일 필립스는 각 홀마다 주어진 환경을 이용한 걸작을 만들어냈다. 18홀 중에 바다가 조망되는 홀이 11개이고, 바다를 따라 흐르는 홀이 6개에, 바다를 건너 쳐야 하는 홀이 4개다. 바다가 아름답기로 이름난 한려해상공원의 중심이니 그 풍광이 얼마나 찬란할까.

국내 설계가 송호 씨는 다른 시각도 제시한다. “한국 최고의 풍광과 부지는 맞다. 하지만 루트 플랜이 아쉽다. 6번, 16번 등 바다에 면한 홀들에서 티샷할 때 모두 바다를 등지고 있다. 하지만 페블비치나 사이프러스포인트와 비교하자면 이들은 바다를 향해 서는 모습이다. 현재의 반대 방향으로 홀이 흘렀으면 그보다 더 좋은 흐름이었을 것이다.”

석양의14번 홀

이 코스를 여행했던 세계 100대 여행가 데이비드 데이비스는 "페블비치와 사이프러스 포인트를 합쳐놓은 것 같은 코스"라고 평가했다.

골프가 주는 자연의 서사시

설계가가 창조해낸 이 코스는 3막을 가진 한 편의 영웅 서사시의 흐름으로 전개된다. 내해(內海)처럼 잔잔한 물이 찰랑대는 내리막 1번 홀로 시작한다. 이 홀에서는 홀 아웃을 마치고 꼭 뒤돌아보아야 한다. 그린 뒤로 펼쳐진 수평선은 진정한 한 폭의 그림이다.

골프장 명칭	사우스케이프 South Cape
한 줄 설명	한국 제일의 입지에 앉은 예술작품 코스
개장 연도	2013년
규모, 제원	18홀, 파72 , 6,680m (7,305yds)
골프장 구분	대중제 퍼블릭 골프장
위치	경상남도 남해군 창선면 흥선로 1545
코스 설계자	카일 필립스 (Kyle Philips)
소유 기업	한섬피엔디
잔디 종류	페어웨이 : 켄터키블루그래스 러프 및 헤비러프 : 패스큐 그린 : 벤트그래스
티오프 간격	10분
특징	해안선과 절벽을 따른 시사이드 코스
캐디, 카트	4백 1캐디, 승용전동카트(5인승)

2번 홀로 들어서면 장면이 확 바뀐다. 마치 고요한 호수 속에 들어온 듯하고 언제 바다가 있었나 싶게, 주위에선 끊임없이 새가 지저귀는 평온함을 느낀다. 호수에서는 오리 가족이 둥지를 틀었다. 대체로 영웅 서사극의 도입부는 이런 장엄함과 이런 고요함의 혼재에서 시작된다.

무난한 3, 4홀을 지나 왼쪽으로 돌아가는 내리막 5번 파5 홀에서 다시 바다로 나아간다. 그린은 계곡 너머 바다를 배경으로 떠 있다. 그 옆으로는 큰 바위 암반이 떡하니 버티고 있다. 그린 옆으로 선셋(Sunset)이라 이름 붙여진 그늘집이다. 낙조를 감상하라고 전면이 유리로 되어 있다. 방위상 정서(正西)에 위치했다. 이어지는 6번 홀은 긴 파3 홀로 바다를 가로질러야 하는 시험장이니 서사시 1막의 마무리로는 최고다. 저 멀리 앞바다에는 김 양식장이 펼쳐진다. 고요한 속에서 가끔씩 나는 티샷 소리, 뒤이은 단말마의 비명들. 그렇게 1막이 끝난다.

서사시 2막에 해당하는 7~11번 홀은 영웅이 되기 위한 수련기에 비유할 수 있다. 쉬워 보이지만 착시가 있어 슬라이스를 유혹하는 7번 홀, 절벽을 건너 치는 배짱과 힘을 요구하는 8번 홀, 전장이 길고 핸디캡이 가장 높은 9번 홀로 전반이 끝난다. 인코스에 들면 하늘과 잇닿은 듯 스카이

바다를 건너 치는 16번 홀(위). 5번 홀과 7번 홀(아래)

라인이 과감한 그린 공략의 정확성을 시험하는 10번 홀, 짧지만 정교한 코스 매니지먼트를 발휘해야 하는 도그레그 11번 홀은 골퍼의 기량과 실력을 다양하게 테스트한다.

12번부터 16번 홀까지 5개 홀은 코스의 클라이막스이자 서사극의 절정에 해당한다. 바다를 넋을 잃고 바라보며 자연이 주는 경외감에 빠진다. 12번 홀에 올라서면 마치 너울이라도 치듯 먼 바다를 향해 홀들이 뻗어나간다. 12번 홀은 호쾌한 내리막 홀이고, 13번 홀은 짧지만 모상개 해수욕장 옆으로 페어웨이가 그린까지 올라가는 형태다.

14번 홀은 129미터(블랙 티 기준)의 내리막 파3 홀인데 마치 미국의 페블비치 7번 홀처럼 바다를 향해서 샷을 한다. 어쩌면 그린 주변만 볼록한 곳이 생겨났을까 싶을 정도다. 그린 옆으로 살짝만 벗어나도 30미터 아래 파도가 철썩대는 바다에 빠진다.

15번(파4) 홀은 직각으로 휘어지는 왼쪽 도그레그 홀로 티 샷의 부담이 만만찮다. 그린 뒤로는 세모 끝에 뾰족하게 솟아오른 그늘집 선라이즈(Sunrise)가 있다. 역시 위도상으로 정동(正東)을 향하는 지점에 세모 끝을 조성했다고 한다. 전반 그늘집이 선셋이라면 정동을 바라는 이곳의 그늘집은 선라이즈이다.

파3 16번 홀이 이 골프장의 백미다. 블랙 티에서 179미터인데 바다를 건너 반도형 그린을 공략하는 홀이다. 전 세계에서 심미성으로는 최고로 꼽히는 미국 캘리포니아의 사이프러스포인트가 연상된다. 사방으로 회색빛의 암반이 있고 그 위에 덩그러니 그린만 놓여 있다. 주변으로는 온통 시퍼런 바다일 뿐이다. 그리고 이홀을 마치면 17홀에서 지나온 홀들의 여운을 추스르고, 마지막 18번은 왼쪽 옆으로 바다를 조망하면서 라운드를 마무리하는 파5 홀이다. 서사시는 그렇게 막을 내린다.

신전 같은 클럽하우스와 건축물

탁월한 골프 코스라면 한 사람만의 역량만으론 불가능하다. 천혜의 부지라는 자연 환경에 코스가 놓이면 그걸 떠받치는 건 인공 건축물이다.

사우스케이프 개장식에는 정재봉 사장이 초청한 코스 설계가 카일 필립스 가족을 비롯해, 클럽하우스와 호텔 리니어스위스 설계가인 조민석, 조병수 씨가 참석했고 축사도 했다. 지역 명망

가나 정치인의 흔한 축사 없이 설계가와 건축가만이 부각된 건 여느 골프장 개장식에서는 볼 수 없는 진귀한 풍경이었다.

골프장 입구에 접어들면 골프 티처럼 보이는 조각물이 있는데 그건 클럽하우스의 원래 실물모형(mockup)이었다. 완벽한 최고의 골프 명소를 남기고 싶었던 정 회장은 2년을 고민하던 끝에 그걸 허물고 완전히 새로 설계하도록 주문했고, 결국 당시의 목업은 그곳에 기념물처럼 남았다. 진입로를 따라 들어서면 나오는 아이보리 톤의 클럽하우스는 그렇게 두 번째 작업 끝에 탄생되었다.

골프장의 가장 높은 부지에 자리해 남해 앞바다를 조망하는 풍광으로는 더 이상 좋을 수 없다. 건축가는 조민석 매스스터디스 대표다. 지난 2007년 신사동에 한섬이 운영하는 패션 플래그 숍 '앤드뮐미스터'를 건축했고, 파주 헤이리에 '딸기가좋아', 강화도에 '옥토끼우주센터', 강남역에 '부티크모나코' 등 독창적이고 튀는 작품으로 주목받는 건축가다. 지난 2014년 베니스 비엔날레에서 황금사자상을 받은 그는 "골프장 클럽하우스 설계는 이것 하나로 족하다"고 했다. 그렇게 말한 건 그가 골프를 즐기지 않기 때문일 것이다.

세계적인 건축가가 창조한 클럽하우스는 그리스 아테네 남쪽 수리온 곳 절벽 위에 서 있는 기원전 5세기 유적인 포세이돈 신전이 연상된다. 입구에 서면 하늘과 바다와 땅이 하나로 통일되는 느낌이다. 아이보리 톤의 트래버틴 대리석 기둥, 곡선으로 말려진 캐노피가 신전의 느낌을 더한다. 하늘에서 내려다보면 네모 틀을 가진 건물로 가운데는 중정처럼 뚫었다. 리셉션 공간은 건물 안쪽으로 숨겨 가운데가 광장이나 극장의 효과가 나는 점도 신전을 연상시키는 요소다.

클럽하우스 뒤 암각동산을 따라 길게 늘어선 7성급 리조트인 리니어스위트는 땅의 원리에 밝은 조병수 교수가 건축했다. 골퍼들의 숙소인 리니어스위트는 일반적인 골프텔의 개념이 아니라, 제주도 핀크스의 포도호텔과 같은 소수를 위한 럭셔리 부티크 빌라에 가깝다.

미국, 캐나다 등에서 활동하는 조병수 씨는 화천의 '이외수집필실', 헤이리의 '카메라타', 양평 '땅집' 등 건축적으로 주목받는 작품을 다수 남겼다. 그는 건물의 외형이 두드러지지 않고 조응하도록 했다. 소재도 외부에는 노출 콘크리트를 썼고, 내부는 원목을 중심으로 했으며 조명은 간접 조명이 은은하게 밑에서 비추도록 조성했다.

하버드대학원을 나오고 AIA건축상을 받은 조병수 씨의 설명이다. "이곳은 햇살이 다른 곳보다 강했다. 따라서 햇살을 최대한 막아주면서 바다를 많이 조망하는 방법을 썼다. 베란다가 깊어졌고, 그늘을 많이 확보하게 된다. 그러면 자연스럽게 온도가 내려가는 효과를 본다. 건물이 2층으로 높지 않으면서 두부를 덩이째 툭툭 썰어놓은 느낌이다. 아름다운 환경과 자연스럽게 어울린다. 특히 막힘과 트임의 기능을 신경 썼다. 어디서든 바람이 들어오고 또 흘러나간다. 몇발짝 걸으면 보이던 것이 사라지고 새로운 장면이 열린다."

건축가는 자연 암반과 바다를 살리고 건물은 최소한으로 가져가려 했다. 그의 건축 철학인 '건물은 최소한, 경험은 최대한'이 여기서도 실현된다.

클럽하우스 중정(中庭)

'궁극의 힐링' 추구하는 골프장

세계 최고의 설계가가 참여한 코스에 최고의 건축가가 만든 클럽하우스 등으로 하드웨어를 만들어낸 뒤로 정 사장의 임무는 골프장 운영이었다. 조성 비용 자체가 보통 골프장의 두세 배가 든 만큼 '이런 골프장 운영이 얼마나 오래갈 수 있을까?'는 이 골프장을 체험한 이들의 공통적인 의문이다.

정 회장은 애초 회원제로 시작한 이 골프장을 퍼블릭으로 돌렸다. 그리고 페블비치처럼 해외에서 골프의 명소를 찾는 골퍼들이 찾을 만한 요소를 만들려했다. 그래서 '궁극의 힐링(Ultimate Healing)'이란 골프장의 슬로건을 내걸었다.

정 회장은 골프장의 운영 컨셉트를 이렇게 설명한다.

"다섯 가지의 힐링이 가능하다. 첫째, 해안선을 끼고 도는 멋진 코스에서 라운드로 힐링이 된다. 둘째는 스파와 요가, 음악 감상실을 갖춘 정적인 힐링이 된다. 음악 감상실을 골프 리조트에 갖춘 곳은 세계 최초다. 셋째는 동적인 힐링이다. 13번 홀 밑으로 해수욕장이 있다. 18번 홀 그린 밑으로 산책로를 만들었다. 3시간 거리의 '숨어있는 또 하나의 18홀'이다. 넷째는 심미적인 힐링이다. 건축물이 주는 예술적인 힐링이다. 건축에 투자를 아끼지 않았다. 실내 인테리어 하나까지 세밀하게 공들였다. 소품까지 예술작품이다. 마지막으로는 음식 힐링이다. 남해는 조수 간만의 차가 크고 물이 좋아 신선한 식재료와 해산물이 풍성하다. 3년 전부터 준비한 헬스 푸드가 힐링을 마무리한다."

사우스케이프는 티오프 간격 10분에 원웨이로만 운영한다. 잔디는 전부 서양 잔디다. 그린은 벤트그래스, 페어웨이는 캔터키블루그래스에 러프는 페스큐를 심고 법면으로는 금계국 등 야생화가 우거지며 군데군데 제주도산 팽나무를 심었다. 원래 있던 수목 8천 그루를 자리를 옮겼고, 외부에서 들어온 수목도 3500여 그루다. 특히 파3 홀은 코스의 경관을 차별화하기 위해 바다와 가장 잘 어울리는 제주산 팽나무를 위주로 식재했다.

비싼 그린피의 딜레마

퍼블릭 코스이지만 골프장 그린피가 무지무지 비싼 건 사실이다. 주중에 1박2일 골프패키지를 이용하려면 다른 국내 골프장의 두세 배는 족히 더 든다. 그린피만 보면 주중 그린피는 겨울 할인가가 적용되면 20만원대 주말은 37만원까지 올라간다. 수도권 퍼블릭의 조조할인 4인 그린

리니어스위트 리조트의 수영장(위), 늦은 오후의 12번 홀(아래).

피가 여기서는 1인 그린피에 맞먹는 셈이다.

그린피가 비싸다고 골프장이 떼돈을 버느냐 하면 그것도 아니다. 내장객이 원체 적기 때문이다. 비싼 그린피에 맞는 좋은 코스 상태를 유지하기 위해서 들어가는 관리비가 만만찮다. 많은 이들은 '퍼블릭으로 조성해 세금 혜택은 받으면서 그린피를 높게 하는 게 문제'라고 비판한다.

하지만 그렇다고 여느 퍼블릭과 비슷한 그린피를 받았다가는 코스 관리를 보장하지 못할 것이다. 엄청나게 골퍼들이 몰리면 코스관리는 뒷전일 수밖에 없다. 결국 평범한 코스가 되는 것이다. 이 골프장은 '가보고 싶은 좋은 코스'이면서 수익도 내야 하는 딜레마를 안고 있다. 그렇기 때문에 그린피를 비싸게 받아 코스를 최고의 상태로 유지할 수 있도록 한다.

전 세계 골퍼들의 로망으로 여겨지는 미국 페블비치는 500달러를 받고 비싼 리조트에 숙박해야만 부킹이 가능한 퍼블릭 코스임에도 불구하고 전 세계 골퍼가 몰려들며, 몇 달 전부터 예약해야 한다. 하지만 100년 넘는 역사를 가진 명소인데다가 수없이 유명한 대회를 개최한 역사가 있어서 찾아올 골퍼들이 무한정 많다.

클럽하우스 내부

퍼블릭으로 조성해 누구나 돈을 내고 라운드 할 수 있게 한 건 좋은 선택이라고 본다. 국내에 클럽나인브릿지, 해슬리나인브릿지, 잭니클라우스송도, 트리니티, 웰링턴, 휘슬링락, 안양컨트리클럽 등은 좋은 코스들이고 코스 순위도 높아 외국 골퍼들도 궁금해하지만 프라이빗 원칙이 강해서 회원권을 사거나 초청받지 않는 한 가볼 수 없는 곳이다. 그들과 차별되어 외국 골퍼들이 찾아오는 골프장이 사우스케이프오너스클럽이다.

가격을 높게 책정한 것도 자본주의 사회에서 제품 퀄리티를 유지하기 위한 방식이다. 명품은 누구나 살 수 있지만 그 가치를 알아보는 이가 구매하는 것처럼 말이다. 당장의 마케팅과 매출 증대를 이유로 그린피를 낮추는 건 이 골프장이 미래에도 오래 명품으로 남을 수 있는 방법이 아닐 것이다.

호주의 골프작가 대니얼 팔론이 지난해 <세계 50대 골프리조트>를 쓰면서 이곳도 다뤘다. 정재봉 사장의 열정과 과감한 투자로 시작된 이곳이 서서히 세계에서 평가받는 것이다. 사우스케이프도 페블비치처럼 오랫동안 세계 골퍼들이 찾아오는 명품으로 남기를 기원한다. 골프 강국한국에도 해외에서 골프를 위해 일부러 찾아오는 고급 외국 관광객이 있어야 하지 않을까 싶다.

사우스케이프의 색다름

천 조각이 하늘에 날리는 로고

이 골프장의 천 조각이 하늘에 날리는 듯한 아이보릿빛 로고는 조각가 리차드 아드만(Richard Erdman)의 '볼란테(Volante)'라는 작품을 형상화한 것이다. 볼란테란 '하늘을 날듯이 빠르고 경쾌한' 이라는 뜻을 가지고 있다. 클럽하우스 주변에 전시되는 작품으로 골프장의 상징물이다. 골프장은 코스나 건축물을 작품으로 승화시키고자 하는 의도에 부합하는 각종 미술품을 건물 곳곳에 전시하고 있다.

배용준 신혼여행지와 대회 개최 골프장

이 골프장은 유명인사와 셀러브러티의 휴양지로 알려졌다. 한류스타 배용준의 신혼여행지로, 송승헌과 유역페이 커플의 비밀스러운 휴가지이자 프라이빗 힐링 플레이스로 떴고, 각종 CF와 영화의 배경 무대가 되기도 했다. 지난 2017년부터 3년간은 한국프로골프(KPGA)투어 먼싱웨어매치플레이 대회장으로 쓰이기도 했다.

숨어있는 매력 포인트 노천탕

라운드를 마치고 욕탕에 들어가지만 이 곳에는 드물게 노천탕이 있다. 가끔씩 노천탕에 유자를 둥둥 띄워두기도 한다. 감기 예방에도 좋고 피부 미용에 뛰어나다는 유자가 물 위에 둥둥 떠 있고 연기가 모락모락 올라가는 속에 몸을 담그면 그야말로 신선이 된 듯하다. 그리고 탕 밖에서는 손에 닿을 듯한 곳에 남해 바다가 펼쳐진다. 물론 리니어 스위트에도 수영장이 있지만, 이곳의 전망에는 못미친다

죽방멸치에 신선한 음식

남해는 원래 죽방멸치의 산지다. 남해 대교를 지나면서 창선에 들어서면서 해안가에 대나무로 통발 길을 만들어놓은 죽방을 볼 수 있다. 그만큼 상처 없고 신선한 멸치회를 즐길 수 있다. 레스토랑에서 내 놓는 남해 한우로 만든 이 골프장의 샌드위치는 특별히 추천할 만하다. 물론 바다 옆에서의 식사가 뭐든 별미가 아닐까 싶기는 하다.

글/ 남화영

사진은 사우스케이프에서 제공한 것을 사용했습니다.

THE STAR HUE
GOLF & RESORT

우아한 산책이 있는 휴양 골프 리조트 - **더 스타휴 골프앤리조트**

글 / 류석무

더스타휴 골프앤리조트
우아한 산책이 있는 휴양 골프장

이 골프 리조트는 한동안 회원들에게만 개방되었다.
몇 년 전, 이곳에서 함께 플레이한 여자가 황홀해 하던 표정을 잊지 못한다.

이 골프장에서 열린 자선골프 행사에서 꽃 사업을 하는 여자와 한 조가 되어 라운드 했다. 한 홀 한 홀 지날 때마다 "너무 예쁘다"를 연발하며 취한 눈빛을 보이던 그녀는, 라운드가 끝나고 클럽하우스의 달빛 가득한 팽나무 야외정원에서 저녁 식사를 할 때쯤엔 환희의 감탄성을 참지 못했다. 반쯤 열린 눈에 물기가 맺힌 모습이었다.

그날 그녀의 표현에 따르면 "여자들이 홀딱 넘어갈 골프장"이라 했다.

빠른 시간에 유명해진 '휴양형' 골프장

"별처럼 빛나는 휴양 골프장"

이 골프 리조트는 한동안 회원들에게만 개방되었다. 2014년 경기도 양평 동북쪽 삼각산 기슭에 문을 연 <더스타휴 골프앤리조트>는 이름이 말하는 대로 골프코스에 휴양 리조트를 더한 곳이다. '별'을 의미하는 '스타(Star)'와 '휴식'을 의미하는 한문 글자 '휴(休)'를 결합하였으니, '별처럼 빛나는 휴식'이 있는 곳이라는 뜻으로 읽힌다. 그런데 인터넷 홈페이지를 보니 더스타 (The Star)는 '한국을 이끌어가는 사회 리더인 회원'을 뜻한다고 적혀있었다. 즉 '한국 사회 리더 층 인사들의 휴양을 위한 골프장과 리조트' 라는 의미이겠다.

최혜진의 '원온 이글' 우승 코스

한국여자프로골프협회(KLPGA)가 주관하는 <보그너MBN여자오픈> 토너먼트 대회가 2015년부터 이곳에서 열리면서 이 골프 리조트는 더 많은 골퍼들에게 알려졌다. 2016년 대회에서는 인기 절정의 박성현 선수가 우승했고, 2017년 대회에서는 당시 아마추어 자격으로 참가한 최혜진 선수가 11번 파4홀에서 '원 온 이글'에 성공하는 등의 화제를 뿌리며 우승해서 관심을 모으기도 하면서, 이곳은 전통 깊은 명문클럽 버금가는 명성을 얻게 된다.

깊은 산 속에 있는 위치와 코스의 성격 면에서 토너먼트를 치르기 위한 골프장이 아니랄 수는 있으나, 지속적인 개최를 통해 '대회 코스'의 역사를 만들어 가고 있다. 대회의 '메인 스폰서'인 <보그너>는 이 골프리조트 대주주가 운영하는 브랜드이기도 하다.

짧은 시간에 오른 골프코스 상위 랭킹

2018년, 영국의 세계 유력 코스 정보 사이트인 '톱100골프코스 (top100golfcourses.com)'가 게시한 '한국 톱40 골프코스2018'에서, 이 골프장은 한국 내 랭킹 19위로 선정되었다. '독립적인 홀 레이아웃과 친환경적인 설계가 돋보인다'는 평가를 받았다. 이보다 앞서 서울경제골프매거진이 발표한 '2014 한국 10대 뉴 코스'에서 사우스케이프오너스클럽, 웰링턴CC와 함께 최고 등급의 새로운 코스로 선정되었으며, 골프다이제스트가 선정한 '2019~2020 대한민국 50대 코스'에서는 19위에 자리매김 했다.

빠른 시간에 유명해진 '휴양형' 골프장

소다, 보그너⋯ 패션회사 감성의 '스타일리시 클래식'

이 골프리조트는 ㈜한창산업개발이 운영한다. 이 회사는 신발과 의류 등 패션사업을 전개하는 <DFD패션그룹> 대주주 소유인 것으로 알려진다. <보그너>, <커터앤벅> 등 골프 의류와 <소다> 등 유명 신발 브랜드를 보유한 패션그룹인데, 베이커리 카페와 수입가구 등을 결합한 <나인블럭> 라이프스타일 브랜드도 전개하고 있다고 한다.

감성적 마케팅을 하는 패션, 라이프스타일 회사의 성격이 골프 리조트 조성과 운영에도 반영된 듯하다. '더스타휴 골프앤리조트'의 클럽하우스 내 시설들은 유명 백화점 판매, 식음, 휴식 시설들 중의 고급 존을 옮겨놓은 듯한 분위기다.

종업원들의 서비스도 백화점을 닮아 있다. 글머리에서 적은 동반 플레이어 여자가 말한 대로 "여성들이 홀딱 넘어갈 감성"에 맞추어 '스타일리시'하게 연출한 것 같다.

요즘은 골프 시장에서도 여성 고객들이 실질적인 구매 결정권자가 되어가는 모양이다. 감성이 예민한 여성 고객의 '취향을 저격'하면 남성들도 기꺼이 따르게 되는 것이 골프에서도 통하는 감성 소구의 흐름이겠다.

원형 클럽하우스, 여성적 실내 장식

클럽하우스는 현관 앞 정원을 원형으로 돌아가는 모양으로, 항공사진을 보면 SF영화에 나오는 외계 문명의 사원 같아 보인다. 하지만 내부는 짙은 색 무늬목과 크림 빛 대리석을 두른 클래식한 실내건축 위에 유럽풍 앤티크 가구와 장식적인 소품들, 그리고 단순미 띤 모던 가구들을 조합하여 스타일리시하게 연출되었다. 가구와 인테리어 장식이 유럽 고전풍 스타일이면서도, 소품은 모던한 것까지 두루 갖춘 치장이다.

백화점의 라이프스타일 매장처럼 다양하고 아기자기하다. 여자들은 물론 남자들도 '고급스럽다'고 좋아하는 분위기다.

골프장 명칭	더스타휴 골프앤리조트 The Star Hue Golf & Resort
한 줄 설명	수려한 자연 산중의 휴양 골프 리조트
개장 연도	2013년
규모, 제원	18홀 파 72 . 최대길이 7,211야드(6,594미터) 코스면적 32만평, 전체 부지면적 42만평
골프장 구분	회원제 골프장(정회원 약 150여명)
위치	경기도 양평군 양동면 양동로 756
코스 설계자	송호골프디자인
소유 회사	㈜한창산업개발
잔디 종류	켄터키블루그래스(페어웨이, 러프, 티잉 구역) 벤트그래스(그린)
관리 특징	전원형 산책로와 함께 하는 휴양형 조경 관리
부대시설	골프빌리지, 수영장, 아로마테라피, 카페테리아
티오프 간격	8분
휴무일	연중무휴
캐디, 카트	4백 1캐디, 승용전동카트(5인승)

비밀 보장 동선, '프라이빗' 한 클럽 시설 배치

한정된 회원을 위한 서비스를 지향하기 때문인지 이용객 동선이 개인의 비밀 보장을 위해 안배된 듯하다. 발렛 주차 서비스를 제공하지 않아도 지하주차장에 차를 세우고 올라가는 동선이 멀지 않도록 배치되어 있고, 로커 룸의 배치도 독립적인 편이다. 대형 행사를 치를 때 대연회장을 사용하는 경우를 제외하고는 플레이어들이 모두 개별 방에서 팀마다 따로 식사를 하게 되어 있다. 회원들의 개인 비밀 보장을 배려한 배치이겠다.

그 방들마다 테라스가 있어 창 밖 풍경을 잘 볼 수 있는데, 창 밖 뜰에는 옹기 장독대가 보여서 정겹다. 이곳 식당에서 먹는 간장을 직접 담가 저장한다고 한다.

클럽하우스의 원형으로 돌아가는 '호(arc)' 구조에 맞추어 시설들이 배치되어 있어서 그 호를 따라 돌며 이용하게 된다. 원형 구조에 기능을 맞추어 놓은 것에서 비밀스러운 느낌이 들어서, 소규모 회원들만을 위한 서비스에 어울려 보인다.

양평 산수 고운 풍광에 절묘한 배치

양평, 깊은 산중 고운 풍광

제2영동고속도로(광주-원주)가 개통되면서 훨씬 가까워진 양평 동북쪽 삼각산(538m) 기슭에 이 골프장은 자리 잡았다. 양평은 물이 좋고 산이 너무 높지도 낮지도 않아서 서울 근교의 휴양지로 첫 손꼽는 곳이다. 이 골프장은 양평 산중의 수려한 풍광과 맑은 공기를 가득 품고 있다. 이 산에는 가을 단풍이 눈이 멀듯 곱게 드는 활엽수림이 무성하다. 코스에서는 시야가 넓게 확보되어 북쪽으로 멀리 '구락산(326m)', 남쪽으로는 '수리봉' 등의 산줄기들이 아스라이 보인

패션회사 감성의 스타일리시한 클럽하우스 내부 공간

다. 먼 곳에 그윽한 겹겹 능선이 펼쳐지는 절경이 라운드 내내 펼쳐져서, 코스를 걷노라면 눈과 가슴이 맑아진다.

가을에 더 빛나는 이국적 풍치

이 골프장이 가장 아름다운 계절은 늦가을 단풍 들 때다. 양평 삼각산의 낙엽송과 굴참나무 등을 비롯한 활엽수들이 온통 노랗고 붉게 물들어 눈부신 풍경이 펼쳐지는데, 코스의 잔디가 '켄터키블루그래스' 양잔디라 늦가을에도 파랗게 빛나고 있어서 여행 엽서의 한 장면처럼 이국적인 풍치가 넘쳐나게 된다.

최고 높이가 해발 538미터인 삼각산의 기슭에서 산 중턱에 이르는 골짜기와 구릉(해발 210m~390m)에 이 골프장이 앉아 있다. 경사가 꽤 급하고 골이 깊어서 삼림욕을 즐길 휴양지로는 알맞지만 골프장이 들어서기는 쉽지 않은 자리인데, 막상 골프 코스를 앉히고 나니 골프 코스 랭킹에서 높은 자리에 든 골프장이 되었다.

골프장 앉히기엔 깊은 산중이었으나

오르내림이 심한 경사는 골프 카트를 타고 지나는 홀 사이 이동도로에 배분하고, 각 홀에 들어서면 경사를 덜 느끼도록 안배한 설계 기술과 노력이 돋보인다.

물론 몇 개의 홀들은 경사도가 매우 큰 편이다. 그런 내리막 홀에서는 시원한 전망을 주고 오르막 홀은 난이도의 요소로 활용하는 설계의 묘미를 발휘했다. 그리고 깊은 골짜기는 건너치고 넘겨 치는 자연 장애물로 활용하였으니, 결과적으로 깊은 산중의 다이내믹하고 오밀조밀한 코스가 되었다. 전체 41만평, 코스면적만 35만여 평에 18홀이 들어서서 각 홀 사이가 여유로우며, 구릉과 계곡 지형을 되도록 살려서 앉혔기에 각 홀의 독립성이 높고 홀마다 개성이 뚜렷하다.

두 개의 다른 골프장을 즐기는 듯

낮은 '스타코스', 높은 '휴코스'

산허리인 해발 280미터 높이에 들어선 클럽하우스를 중심으로 '스타코스'는 해발 210미터~280미터, '휴코스'는 해발 280미터~390미터 지점에 조성되었다. '스타코스'는 낮은 쪽으로 내려갔다가 올라오고 '휴코스'는 산중턱으로 올라갔다 내려오는 지형인데 클럽하우스가 플레이 흐름의 중심에 있어서 진행이 원활하고 시설 이용의 효율성이 높다.

KLPGA <보그너MBN여자오픈> 대회에서는 '휴코스' 1번 홀부터 시작해서 '스타코스' 9번 홀이 마지막 18번 홀로 세팅하였다. 아마 아래쪽의 '스타코스'가 토너먼트 막판 승부의 드라마틱한 변수 연출에 적합하다고 판단한 듯하다.

'하트 그린(Heart Green) 홀'

특히 '스타코스' 2번 홀은 인상적이다. 대회를 치르는 프로 선수들에게는 물론 아마추어 골퍼에게도 인상적일 것이다. 티잉 구역과 그린 위치의 고도 차이가 50미터 정도 되는 내리막의 탁 트인 전망이 호연지기를 불러일으키는 곳이다. 이 골프장을 상징하는 '시그니처 홀'이라 하겠다. 멀리 퐃대봉(354m) 능선을 마주보며 시선을 내리면 넓은 페어웨이가 오른편으로 휘어 있고, 그린은 파3처럼 가까워 보여서 티잉 구역에서 곧바로 핀을 향해 티샷을 하고 싶은 욕망이 일어난다.(게다가 그린의 모양은 사랑스러운 '하트'형이다)

이 홀에서 플레이어는 몇 가지 전략을 선택할 수 있다. 최대 길이가 404야드인데 <보그너MBN

여자오픈> 대회에서는 이 홀을 아주 짧게(299야드) 세팅해서 선수들이 '원 온'을 시도하게 유도했다. 실제로 2017년 대회에서 최혜진 선수가 이 홀에서 티샷을 바로 그린에 올려 이글에 성공한 뒤 우승하는 드라마가 연출되기도 했다.

설계자의 말에 따르면, PGA투어 대회 장소인 <TPC쏘그래스스타타움> 12번 홀(358야드)이나 <리비에라컨트리클럽> 10번홀(야드) 같이 짧은 파4 홀은 '하이리스크 하이리턴'의 극적인 반전을 기대하게 하는데, 이 코스 12번 홀도 그 비슷한 역할을 하는 '모험 홀'로 조성하였다 한다.

구성이 드라마틱한 '스타코스'

단, 3번 파3홀은 카트를 타고 들어갔다가 다시 거꾸로 나와야 하는 곳에 있어서 외로운 느낌도

스타코스 5번 반도형 파3 홀

든다. 원래 구매하기로 했던 땅의 구매계약이 끝내 어그러져서 그런 동선을 냈다는 후문이 있다. 스타 코스 4, 5, 6번 홀은 구성이 재미있다. 넓은 페어웨이에서 버디를 노릴 수 있는 오르막 파5 홀, 연못을 건너 치는 반도 형의 파3 홀, 오른 편 숲을 넘겨 치면 그린을 바로 공략할 수 있을 것 같은 파4 홀이 이어지는 구성은 언뜻 쉬운 듯 보여 영웅적인 유혹이 넘치는 반면 전략적인 선택과 도전 사이에서 갈등하게 하며, 때론 극적인 의외의 변수를 낳기도 한다.

또한 오르막 8번 홀은 그린 주변에 변수 요인이 많아서 핀 위치에 따라 승부가 극적으로 뒤집히기도 하는 곳이다. 다만, 앞의 홀들에 비하면 마지막 파5 홀은 프로 대회의 마지막 승부 홀로서는 극적인 요소가 덜한 느낌이다. 일반 골퍼들에게는 편안한 마무리 홀이겠다.

'휴코스' - 구름 위의 산책

'휴코스'는 '산중턱에 낸 놀이길'이라 설계자의 고민과 역량이 많이 느껴진다. 이 코스를 설계한 '송호' 씨는 <거제드비치GC>, <제주세인트포>, <킹스데일GC> 등 국내외 70여 개 골프코

휴코스 1번 파5 홀 구름 위를 산책하는 기분이 드는 편안한 홀이다

스를 설계한 '거장급 스타' 설계가이다. 그는 대학에서 토목을 전공하고 수많은 설계 작품에서 다채로운 성과를 이루어왔다. 우리나라 산중에 골프코스를 내면서도 "자연의 원래 지형과 생태를 되도록 살려내면서 골프코스를 조성한다"는 설계철학을 실천해 왔다고 하며, 우리나라 지형 특성에 맞추어 '루트 플랜'을 세우는 데 특히 탁월한 역량을 발휘해온 것으로 평가된다.

휴 코스는 토너먼트 대회를 치를 목적의 코스라기보다는 '휴양지형 코스'의 성격이 강하다. 첫 홀을 짧은 파5로 시작해서 세 번 째 홀도 비교적 짧은 파5인데, 첫 홀을 파5로 편안하게 시작하는 것은 휴양지 골프코스의 전형적인 구성이다.
산중턱에 낸 길이면서도 페어웨이에서는 오르내림 경사가 거의 없어서 편안하게 걸어가는 산책의 즐거움이 있다. 시야가 탁 트인 페어웨이 한쪽 먼 곳으로 높고 낮은 산들이 겹겹이 펼쳐진 풍경이다. 마치 구름 위를 산책하는 듯 눈과 마음이 저절로 치유되는 느낌이 든다.

휴코스 7, 8, 9번 - 엇갈린 선호

2번 홀과 4번 홀은 계곡을 건너 티샷 하는 느낌이 비슷한 오르막 홀들이고, 5번 홀과 7번 홀은 맞은편 산들의 겹겹 능선을 바라보며 내리막 티샷하는 파3 홀이어서 모양과 느낌이 비슷하다. 그리고 8번 홀은 설계자가 자연 지형을 살리면서 게임의 재미를 높이려고 고민을 많이 한 홀인 듯하다. 처음 티잉 구역에 서면 공을 보내야 할 곳이 짐작되지 않는다. 티잉 구역이 낮은 곳에 섬처럼 있고 페어웨이는 티잉 구역보다 30미터 정도 높은 고도에 가로 대각선 방향으로 펼쳐져 있어서 구름 위의 페어웨이에 공을 올려놓는 기분으로 티샷 해야 한다. 자신의 비거리 능력에 따라 티샷 방향을 선택해야 하지만 선택의 폭은 크지 않은 반면, 장타자는 직접 그린을 노려볼 수도 있다. 챔피언 티는 394야드로 길지만 레귤러 티는 260야드로 세팅될 정도로 짧아서 여러 변수가 이곳에서 발생되곤 한다.

재미있다고도 할 수 있고 약간 낯선 느낌도 있어서, 이 8번 홀은 사람마다 좋고 싫음이 갈린다. (7, 8, 9번 홀 배치에서, 처음 설계와 실제 시공에 이르는 과정에서 많은 논의와 변화가 있었다는 이야기도 있다. 골프 코스의 게임 구성에서 특히 중요한 마지막 3개 홀에 변화가 있었다면, 원래의 설계는 어떤 것이었을지 흥미롭다)

그 다음 9번 홀은 게임의 극적인 엔딩 홀의 느낌은 덜하나, 편안한 마무리를 의도한 설계인 듯하다. 휴코스는 전반적으로 '샷 밸류'를 높인 토너먼트형 코스라기보다는 산중 산책 기분을 살린 휴양 코스이지만 각 홀마다에 다른 재미가 있다. 자연 지형을 살려서 길을 내다보니 제약이 많았던 것을 기발하게 풀어낸 코스이다.

성격이 각각 다른 휴 코스와 스타 코스를 라운드 하면 마치 2개의 독립적인 골프장을 즐기는 듯한 재미를 맛보게 된다.

섬세하게 관리하는 양잔디

켄터키블루그래스 양잔디의 짜릿한 '손맛'

깔끔한 '켄터키블루그래스(양잔디)' 페어웨이는 이곳의 자랑거리다. 우리나라 골프장에서 페어웨이와 러프에 사용하는 '양잔디'는 이 '켄터키블루그래스'가 대부분이다. 켄터키블루그래스는 '한지형 잔디'라 해서 비교적 추운 지방에서 자라는 잔디 종류이다. 잘 자라는 최적 온도는 섭

씨 15.5도~24도인데 영상 7도 이상이면 호흡을 하고 12도 정도에서도 자라기 때문에 늦은 가을 까지 선명한 푸른색을 유지한다. 우리나라 골프장에서 가장 많이 사용하는 '중지' 잔디에 비해 잎이 좁은데, 자주 깎아주면 밀도가 높아지고 중지에 비해 짧게(약 12~15mm) 깎을 수 있다. 그 래서 바닥에 딱 달라붙은 느낌으로 공이 놓이게 되니 아이언 샷 하는 '손맛'이 좋게 된다. (잔디 의 건강을 위해서는 2.5~5.0mm 높이로 깎아주는 것이 좋지만 플레이하기 좋은 상태를 유지하 려다 보니 짧게 깎는 것이고 그만큼 세심한 관리가 필요하다. 관리에 소홀하면 이종잔디가 침 입하면서 잔디의 균일성이 떨어지는 현상도 많이 발생한다)

까다로운 양잔디의 꾸준한 관리

늦가을에도 푸른빛을 잃지 않으니 보기 좋지만, 이 잔디는 원래 추운 지방이 고향이어서 우리 나라의 무더운 여름을 견디기 힘들어 한다. 여름에는 밀도가 낮아지고 습도는 높아지면서 열 대야를 견디지 못해 죽는 경우가 많으며, 잔디에 병이 오기도 쉽다. 여름을 견디게 하려면 예 고(깎는 높이)를 높이고 호흡을 할 수 있도록 토양 배수가 잘 되게 하는 등의 여러 예민한 관리를 해줘야 한다.

또한 이 잔디는 물도 더 많이 필요한 편이고 연중 깎아줘야 하는 횟수도 더 많아서 우리나라 '중지' 잔디를 사용했을 때보다 관리비용이 많게는 20% 정도까지 더 든다 한다. 시공할 때 '떼' 나 '줄'로 입히는 중지와 달리 '씨앗 파종'하기 때문에 시공 편의성이 좋고 빨리 자라는 장점이 있는 반면 관리가 까다로운 것이다.

이 <더스타휴> 골프장의 켄터키블루그래스는 잔디 관리 전문가들 사이에서 '꾸준하게 관리되는 양잔디의 사례'로 평가된다고 한다. 양잔디 관리상태는 여름철 날씨 변화의 영향을 특히 많이 받으니 계속 각별하게 관리되기 기대한다.

"예뻐 좋고 잔디 느낌 좋고"

이 골프장은 전체적으로 '휴양 골프리조트'의 성격이고, 코스에서 홀 사이를 이동할 때 카트 이동로의 경사도가 커서 골프 토너먼트에 알맞게 만든 곳은 아니겠다. 선수들이 몇 라운드를 걸어서 플레이하기에도, 갤러리가 걸으며 관람하기에도 쉽지는 않은 곳이다. 그런 한편 경관이 수려하고 인상적으로 멋진 개별 홀들이 있다 보니, 이곳에 온 골퍼들의 만족도는 남녀노소를 불문하고 상당히 높은 편이다. 특히 여자들이 더 좋아하는 듯하고, 양잔디를 좋아하는 골퍼들도 이곳을 높이 평가한다. (티샷을 건너 쳐야 하는 곳이 많다 보니 여성용 티잉 구역의 위치가 상대적으로 많이 앞으로 전진 배치되어 특히 여성에게 더 평화로운 느낌을 주는 까닭도 있는 듯하다)

휴코스 6번 파4 홀

몇 가지 인상적인 이야기들

'원 온' 유혹하는 도전적인 홀들

스타코스 2번 홀, 레귤러 티에서 그린까지의 거리는 300야드 남짓이다. 50미터 정도 높이 차이가 나는 내리막이라 약 250미터 정도 티샷을 보내면 '원 온(on in one)'에 성공할 수 있다. 그래서 KLPGA <보그너MBN여자오픈> 대회에서는 일부러 티잉 구역을 앞으로 내어 선수들이 '원 온 시도'를 유도하도록 세팅하기도 했다. 게임의 드라마틱한 재미를 북돋운 것이다. 아마추어 남자 장타자들도 이 홀에서는 욕심을 내곤 한다. 마치 파3처럼 그린이 가까이 보이기 때문이다. 티샷을 왼쪽 페어웨이로 200미터 거리 정도만 보내면 100미터 남짓한 거리의 어프로치 샷을 할 수 있지만 그린 주변이 쉽지만은 않다. 변수가 많이 발생하는 홀이라 할 수 있다. 스타 코스 6번 홀에서도 장타자들은 거의 그린 근처까지 티샷을 보낸다. 오른 쪽 숲 능선을 넘

스타코스 6번 홀. 짧게 세팅되면 오른쪽 숲을 넘겨 치기도 한다(왼쪽). 클럽하우스 대연회장과 연결된 팽나무 야외 정원(오른쪽)

겨야 하는데 욕심내다가 숲에 공이 빠지기 쉽다. <보그너MBN여자오픈> 대회에서는 원 온이 가능한 곳에 티잉 구역을 설치하지 않았다. 어쨌든 이 홀도 게임 승부의 변수가 많이 발생하곤 한다.

클럽하우스의 팽나무 야외정원

클럽하우스 대연회장의 창문은 개폐식이어서, 열면 대연회장이 야외 정원으로 확장된다. 나는 이 클럽하우스에서 이곳을 각별히 기억한다. 팽나무 향기와 그림자가 넘실대는 정원에 달빛과 별빛이 드리우는 밤 연회의 정취는 무어라 말하기 어려운 감흥을 남긴다. 다만 이 기분을 떨쳐내고 집으로 빨리 가야 하니 아쉬울 뿐.

더스타휴의 리조트 <휴빌리지>

'골프앤리조트' 라는 이름대로, 이곳에는 <휴빌리지>라는 휴양형 리조트가 조성되어 있다. 1번 홀 왼편 옆의 숲에 조성된 이 리조트 시설은 클럽하우스의 클래식한 느낌과는 다르게 모던한 스타일로 건축되었다. '배대용'이라는 건축가의 작품이라 한다.

단독주택 스타일의 대형 <윈드하우스>, 호텔 형인 <밸리하우스>, 그리고 언덕과 언덕을 잇는 모습의 <브릿지하우스>가 있는데, 이 리조트에는 <휴가든> 식당과 수영장 등이 갖추어져 있어서, 며칠 묵으며 골프와 삼림 휴양을 즐길 수 있도록 준비되어 있다.
나는 리조트에서 묵지는 않고 저녁에 휴가든 식당을 이용하며 숙소들을 각 평형대 별로 하나씩 살펴 본적이 있다. 모던한 분위기가 인상적이었으며 여러 편의시설이 부족함 없었다. 저녁에는 '흑돼지 구이'를 먹어 보았는데, 울창한 숲 속에서의 맛과 정취가 그윽했다.

클럽하우스에 전시된 <휴빌리지> 전체 모형(왼쪽). 클럽하우스 앞 뜰의 장독대. 직접 담근 장으로 음식을 만든다 한다(오른쪽)

고송약수와 산책로

휴코스 6번 홀에 '고송약수'라는 샘터가 있다. 백여 년 전에 발견되어 인근 여주, 원주, 홍천 등에서 이 약수를 떠가려 찾아오는 사람들이 많았다 한다. 피부병과 위장병, 당뇨병 등을 앓는 사람들이 이 약수를 마시고 건강해졌다는 소문도 있었다는데, 공치는 데 여념 없는 것이 골퍼의 본성인지라 번번이 깜박 잊고 지나치게 된다. 기왕에 들렀으면 라운드 중에 한번 마셔볼 만 하겠다.

리조트에 머무는 이들을 위해서 코스 뒷편 삼각산 골짜기를 따라 산책로가 조성되어 있다고 한다. 기회가 닿으면 걸어보고 싶다.

'골프+알파'의 문화.

이 골프코스는 KLPGA 투어의 정규 토너먼트가 열리는 곳이지만 '휴양형' 골프리조트로 즐길 때 가치가 더 높은 곳이다. 가을에 특히 더 아름답지만 봄 꽃 필 때와 한여름의 수림이 향기를 뿜어낼 때의 풍취 역시 특별하다. 클럽하우스와 리조트 등 시설에 대한 이용객들의 만족도 또한 높은 것으로 안다. 일부 초명문 골프장들에 견주어 '럭셔리'하다기 보다는, 여성 취향의 '스타일리시'한 꾸밈이 고급감을 빚어내어 보편적인 공감을 불러일으키는 듯하다.

제2영동고속도로가 개통되어 이곳에 이르는 시간이 단축된 것은 이 골프리조트에 큰 이점이 되는 동시에 또 다른 숙제를 내준 것일지도 모른다. 너무 가까워지니 오히려 리조트에서 숙박하며 즐겨야 할 이유를 분명하게 만들어 낼 필요가 더욱 커진 것이겠다. 이곳 골프리조트에서 즐길 수 있는 '골프+알파'의 문화가 창안되기를 바란다. 골프장 측에서도 'SNC(sports & Culture)'라는 스포츠와 문화의 만남 프로그램을 운영하는 것으로 아는데 창의적 아이디어와 성공을 기대한다.
물론 그런 '플러스 알파'가 없더라도, 이따금씩 며칠 쉬며 즐기고 싶은 곳이다.

글/ 류석무

사진은 더스타휴골프앤리조트에서 제공한 것을 주로 사용했으며, 일부는 글쓴이가 찍은 것입니다

연습그린 옆 정원

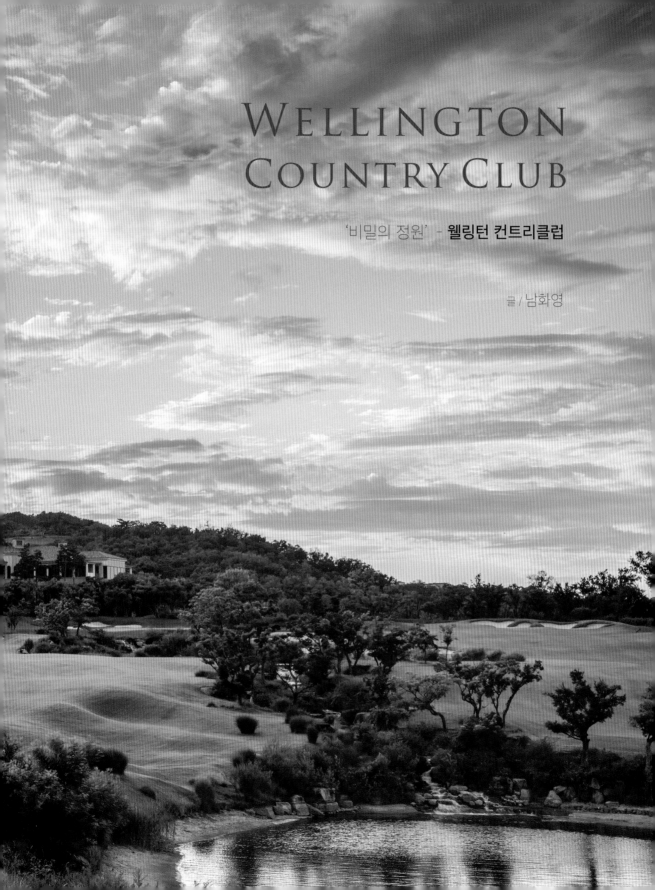

WELLINGTON COUNTRY CLUB

'비밀의 정원' - **웰링턴 컨트리클럽**

글 / 남화영

웰링턴 컨트리클럽
'비밀의 정원'

'웰링턴(Wellington)'하면 뉴질랜드의 수도가 우선 떠오른다. 그뿐만 아니라 미국, 남아공, 잉글랜드, 캐나다에도 같은 이름의 지명이 꽤나 검색된다. 프랑스의 나폴레옹 군대를 워털루 전투에서 궤멸시켰던 영국의 유명한 장군 이름에서 유래된 웰링턴은 대영제국 전성기에 전 세계 각지에 도시명으로 사용되었다.

그리고 웰링턴은 경기도 이천시 모가면에 위치한 프라이빗 골프장의 이름이기도 하다.

골프장은 스스로의 이름을 어떻게 설명할까? 웰링턴의 어원을 '신의 축복이 있는 신성한 장소'라고 한다. 쌍두독수리 문장(紋章)을 클럽하우스 2층에 큼지막하게 로고로 세웠고, 청보라색으로 클럽과 직원의 유니폼 색상을 통일했다. 골프장은 "쌍두독수리가 현세와 정신 세계 모두를 지배하는 상징이며 물질과 영혼의 화합을 의미한다"고 풀이한다.

오랜 코스가 아니지만 많은 골퍼들에게 많이 알려진 코스도 아니다. 2013년 10월에 피닉스-그리핀 코스를 개장했고, 2015년 9월에 와이번 코스를 추가 개장하면서 27홀 코스로 최종 완성되었다. 여기서 코스 이름들 역시 설명이 필요하다.

웰링턴과 3개 코스명의 유래

3개의 코스 이름은 유럽의 신화 속 동물에서 따왔다. 그리핀 (Griffin)은 파36, 3,668야드로는 사자의 몸과 독수리의 머리를 가진 상상의 동물, 와이번(Wyvern)은 파36, 3,702야드로 가장 긴 전장을 가졌는데 불을 내뿜는 수호자 공룡, 피닉스 (Phoenix)는 파36, 3,565야드로 죽음에서 다시 살아나 희망을 주는 영원불멸의 불새라고 한다. 그들의 설명을 종합해보면 이 골프장은 유럽 귀족 스타일을 지향하는 코스인 듯하다.

이 골프장은 2019년 <골프다이제스트>한국판의 '한국 베스트 코스' 1위에 올랐다. 2년 전 이 잡지 평가에서 3위로 깜짝 선정된 뒤에 정상에 오른 것은 놀랍다. 반면, 이 코스는 경쟁 월간지인 <골프매거진>에서 선정하는 '한국 10대 코스'에는 아직 순위에 든 적이 없다.

세계 골퍼들이 가장 많이 검색하는 골프 사이트인 톱100골프코스(top100golfcourses.com)에서의 한국 순위를 보면 웰링턴은 2016년에 19위, 2017년 17위에 이어 2018년 10위에서 2020년 초에는 6위로 올랐다. 이 사이트의 '아시아 100대 코스' 순위에서도 47위로 대폭의 상승을 이뤘다. 짧은 기간에 이처럼 순위가 높아진 건 드물다. 이를 통해 짐작컨대 최근에 조성된 코스지만, 일반에 많이 알려지지 않은 비밀의 정원 같은 코스다.

지리적 위치로 보면 웰링턴은 이천의 수많은 골프장들이 모여 있는 한 가운데 있다. 중부고속도로를 사이에 두고 맞은 편에 사우스스프링스, 왼쪽으로는 뉴스프링빌, 오른쪽으로는 비에이비스타를 이웃하고 있다. 산세를 타고 코스가 앉혀졌지만 높지 않은 산이어서 골프장이 들어서기 좋은 지형이다. 게다가 바로 앞에 고속도로가 있으니 접근성도 뛰어나다. 가까운 데다 주변에 골프장도 많지만 '이국적(exotic)'이라면 요령부득일까?

비밀의 정원, 인터넷 홈페이지도 없는 골프장
현실의 거리감과 밀접도와는 달리 이 골프장을 함축하는 이미지를 '비밀의 정원'이라 잡고 싶다. 일단 국내 골프장 중에 유일하게 홈페이지가 없다. 골프장 측은 만들고 있는 중이라는 입장이지만 홈페이지가 앞으로도 계속 없을 수 있다. 군이 찾자면 웰링턴CC 페이스북이 이 골프장 애호가인 듯한 이에게서 만들어져 운영되다가 최근에 사이트 흔적만 남고 사라진 듯하다.

'부킹'이나 '홍보'를 위한 홈페이지가 없다는 게 잘못이 아니다. 영국의 스윈리포레스트는 홈페이지는 물론 2000년대까지 스코어카드나 골프장 입구의 안내 표지판조차 없는 세계 100대 코스였다. 미국 동부의 명문 프라이빗 코스 중에는 아직 홈페이지가 없거나 최소한으로 운영하는 곳도 제법 많다. 그들만의 공간에 들어가면 게스트는 물건을 살 수도 없다. 회원이 모든 것을 책임지는 구조다. 아마 웰링턴도 그런 운영 원칙을 지키는 듯하다.

그리핀코스 8번 파3 홀

와이번코스 5번 홀 그린과 폭포

회원 이용에 문제없으면 그만이지 홈페이지까지 만들어 골프장을 알릴 필요가 있느냐하는 것이다. 하지만 개인적인 의견으로는 이 코스가 한국을 넘어 해외에도 좋은 코스로 알려지려면 세계 어디서든 골프장을 찾고 검색할 기본 정보 사이트는 필요한 듯 보인다. 기왕이면 영문 사이트도 함께 갖추면 좋겠다.

효성그룹이 오랜 시간 공들인 곳

웰링턴은 효성 그룹 계열사인 두미종합개발이 조성했다. 골프 애호가인 조석래 효성그룹 선임 회장이 골프장 조성 과정에 많은 공을 들였다. 자택에 골프연습장을 만들었을 정도로 골프 애호가였던 그는 골프장 만들기에 열정을 쏟았다. 물론 현재 이 골프장을 운영하는 이는 장남인 조현준 효성그룹 회장이다.

이 골프장은 국내에서 가장 오랜 기간 설계도를 검토하고 공사 기간도 가장 오래 걸린 골프장에 속한다. 코스 설계가는 데이비드 헌, 송호, 노준택으로 이어지는데 휘닉스-그리핀의 뼈대를

잡은 루트 플랜(route plan)은 국내 대표 설계가인 송호 씨가 잡았고, 나중에 코스의 세부 리노베이션과 와이번 9홀 코스를 전체 디자인한 사람은 노준택 씨다.

골프장에 공을 들인 흔적은 공사 기간에서 알 수 있다. 골프장 승인은 2007년 8월에 났고 이듬해 12월에 착공에 들어가 3년 뒤에 완공됐다. 하지만 개장은 2년 뒤로 미뤄졌다. 송호 씨의 안으로 공사가 진행되었으며 2011년 완공이 끝나갈 무렵 코스를 돌아본 조 회장이 코스 일부 개조를 주문했다. 하지만 송호 씨가 그걸 거부하면서 결국 신진 설계가인 노준택 씨가 부분 개조를 넘겨받은 것이다.

송호와 노준택 스타일의 혼재
그래서인지 어느 홀에서는 전략성을 강조하는 송호 스타일이 보이고, 어느 홀에서는 편안하고 아기자기한 공간 활용이 돋보이는 노준택 스타일이 느껴진다. 예컨대 피닉스 5번 홀은 '티 샷은

골프장 명칭	웰링턴컨트리클럽 Wellington Country Club
한 줄 소개	소수를 위한 명품 비밀의 정원
개장 연도	2013년 10월
규모, 제원	그리핀 9홀 , 파36 , 3,668yds , 3,353m 피닉스 9홀 , 파36 , 3,565yds , 3,260m 와이번 9홀 , 파36 , 3,702yds , 3,381m
골프장 구분	회원제 골프장
위치	경기도 이천시 모가면 사실로 725번길 119-73
코스 설계자	송호디자인 노준택
소유 기업	효성중공업㈜
잔디 종류 (북코스)	페어웨이 : 한국잔디 + 라이그래스 러프 : 한국잔디 헤비러프 : 페스큐 그린 : 벤트그래스(T-1) 티잉구역, 에이프런 : 켄터키블루그래스
티오프 간격	10분
휴장일	겨울철 일시 휴장
캐디, 카트	4백 1캐디, 승용전동카트(5인승)

호쾌하게, 어프로치는 정교하게'라는 송호의 특징이 잘 나타난다. 페어웨이가 넓어서 쉬운 티 샷을 칠 수 있지만 그린 앞 뒤로 벙커가 있어 정교한 세컨드 샷을 요구한다.

휘닉스 9번 홀은 노준택식 공간 조형이 두드러진다. 호수와 더불어 계류 활용을 잘하는 그의 장점이 여기서 빛을 발한다. 페어웨이가 평평하고 그린 주변 공간이 넓어지면서 잘못한 샷도 만회할 수 있는 여지가 넓어졌다.

그리핀 파3 5번 홀은 자연림 속에 그린만 오롯하게 놓여있는 홀이다. 애초 설계로는 벙커가 넓게 자리잡고 있었으나 개조 과정에서 페어웨이 대부분을 자연으로 돌려놓고 그린과 그 에이프런 공간만을 남겨두게 되었다. 홀 난이도는 껑충 올라갔으나 그로인해 심미성이란 소득은 얻었다고 보여진다.

스카이72 하늘코스를 디자인한 노준택 씨가 처음부터 설계한 와이번 코스를 보면 계곡과 지천을 가로로 종횡하면서 홀이 진행된다. 1번 홀부터 암반을 따라 흘러내리는 폭포를 지나도록 해서 모험의 세계로 떠나는 듯한 느낌을 준다. 초보자가 공략하기에는 다소 어려움을 느낄만큼 챌린징한 홀들이 연속된다.

파3 3번 홀은 미국 샌디에이고 토리파인스 3번 홀처럼 계곡을 건너쳐야 한다. 파3 7번 홀은 더 플레이어스가 열리는 TPC쏘그래스 17번 홀이 연상되는 그린을 가졌다. 8번 홀은 미국 애리조나의 새도우크리크 18번 홀을 연상시키듯 페어웨이 왼쪽의 계류가 그린까지 이어진다. 홀마다의 독립성은 뛰어나다. 중간에 다른 홀과 페어웨이를 접하는 곳은 한두 군데에 불과하다.

주말 27홀 최대 78팀

골프장의 운영은 극소수 회원을 대상으로 한 프라이빗 운영 원칙을 가지고 있다. 비교하자면

그리핀코스 6번 홀(위), 피닉스코스 9번 홀(아래)

와이번코스 7번 홀 그린

여주의 트리티니 클럽, 춘천의 휘슬링락 정도가 이 분류에 해당된다. 대체로 비슷한 시기에 개장했으며, 신세계, 태광, 효성 등 대기업의 오너 차원에서 관심을 가지고 만든 최고급 프라이빗 골프장이라는 공통점이 있다. 또한 골프대회를 개최하는 대외적인 골프장 홍보보다는 극소수 회원의 배타적 기호에 부응하는 것에 더 큰 가치를 두는 곳들이다.

KLPGA 프로출신의 이주은 상무의 회원권에 대한 설명은 이렇다. "분양은 210구좌 완료되었고, 5년 만기 반환시점이라 반환 들어오면 18억 원에 재분양 계획이다. 지금은 소멸성 연회비 회원 5천만 원(1인 정회원) 동반자 주중 주말 50% 그린피 동반 할인만 분양 중이다. 27홀에 210구좌로 완료한 것은 10분 티오프에 받는 팀 수가 27홀 최대 78팀이기 때문이다. 회원들의 주말 예약에 지장 없도록 분양 구좌수를 210선으로 했다. 저희는 화요일이 휴장인데 다구좌 회원들이 많기 때문에 월요일에 휴장하는 골프장이 다수여서 월요일에도 운동하시도록 휴장일을 변경했다. 회원제 특성상 주중 2인, 5인 플레이 가능하다."

6개 티잉구역 중 '퍼플 티'

웰링턴은 6개(블랙, 블루, 퍼플, 화이트, 핑크, 레드)의 티잉 그라운드를 모두 열어둔다. 블랙 티에서의 코스 레이팅이 75.8이고, 레드 티에서는 70.1이다. 보기플레이어의 난이도 측정 기준인 슬로프 레이팅은 122에서 142 사이다. 실력대에 따른 티잉 구역 선택이 비교적 뚜렷하게 구분된다. 젊은 보통 골퍼라면 여기서는 화이트보다는 퍼플 티가 챌린징하며, 젊은 여성에게는 핑크 티가 더 재미있을 것이다.

중지와 라이그라스의 '혼파'

이 골프장은 잔디 관리에서 새로운 방식을 시도했다. 국내 잔디 관리의 최고 전문가인 잔디과학 김경현 대표가 처음에 잔디 관리를 맡았다. 제주도 클럽나인브릿지에서 벤트그라스 페어웨이를 성공시킨 주인공이다. 김 대표가 내놓은 답은 서양 잔디 라이그라스에 국산 중지의 혼파(混播)였다. 여름이면 더위에 강한 국산 중지가 푸름을 유지하고, 늦가을에는 라이그라스가 푸

클럽하우스 2층 레스토랑(위), 1층 스타트하우스(아래)

름을 유지해서 항상 촘촘하고 조밀한 코스 상태를 유지하도록 했다.

김 대표는 "중지는 늦가을부터 색깔이 바래기 때문에, 10월에 서늘한 곳에서도 잘 자라는 라이그라스를 오버시딩(혼파)하면 12월까지도 초록의 페어웨이 라운드가 가능했다"고 설명했다.

그밖에 러프는 중지이고, 좀더 벗어난 헤비 러프 구역은 페스큐를 식재해 계절마다 바뀌는 색의 조화도 노렸다. 세 개의 코스마다 30여개 벙커가 있는데 그린 주변에서 업다운이 커서 위협적이며, 모래는 강릉 규사를 깔아 잔디와 대비되는 색 대조도 뚜렷하다.

비밀의 정원 이후의 모습

코스 외에 웰링턴에서의 비밀스러운 경험을 더 꼽으라면 호화로운 스타트하우스다. 푹 잠길 듯한 넓고 편안한 소파와 쌍두독수리가 벽면에 새겨진 이 공간 역시 이국적이다. 미국이나 유럽 귀족의 어느 프라이빗 서재나 바(Bar)에 있는 착각을 일으킨다. 그 안에서 맛본 화덕에서 직접 구워낸다는 마르게리따 피자는 '몰래' 자랑할 만한 시크릿 푸드다.

비밀의 정원과 같은 은밀함과 소수들에게만 허용된 골프는 세월이 지나면서 서서히 '비밀'이라는 형용사를 지우게 될 것이다. 그때쯤이면 이 골프장이 추구하고자 하는 골프 문화의 모습이 그려질 수 있을 것으로 짐작된다.

개인적인 희망사항을 덧붙이자면, 골프 라운드를 돕기 위한 드라이빙 레인지가 필요해 보인다. 골프는 골프장에 들어서는 순간부터 골프의 세계로 빠져드는데 그 중간의 접점이 바로 드라이빙 레인지이기 때문이다.

골프 복장으로 갈아입고 1번 홀에 들어가기 전에 골퍼로서의 몸을 갖추고 워밍업하며 마음을 추스릴 공간을 마련하는 것은 비밀의 정원(庭園)을 '골프라는 스포츠의 전당'으로 만드는 또 하나의 정원(靜院)을 마련하는 것일 수 있다.

글/ 남화영

사진은 웰링턴 컨트리클럽에서 제공한 것을 사용했습니다.

와이번코스 9번 홀

FERRUM CLUB

국제대회도 치를 만한 특급 퍼블릭 코스 - **페럼클럽**

글 / 류석무

페럼클럽
국제대회도 치를 만한 특급 퍼블릭 코스

2015년 <KLPGA 챔피언십대회> 마지막 날, 안신애 선수가 4번째 연장 끝에 우승하던 순간, 함께 중계방송을 보던 누군가가 말했다.

"예쁜 골프장에서 예쁜 선수가 우승하네!"

안신애 선수의 그 그 우승 퍼트 장면과 함께 <페럼클럽>을 기억하는 이들이 많다. 그리고 안신애 선수의 자태처럼 고운 모습의 페럼클럽을 좋아하는 이들 또한 많다.

그날 안신애 선수의 우승을 결정지은 것은 마지막 파5홀 3온 뒤의 버디 퍼트였다.

그런데 만일 그 마지막 홀이, PGA나 유러피언 투어 등의 남자프로대회 결승 라운드 챔피언 조에서의 한 타 차 마지막 홀 파5 승부였다면, 선수들은 어떤 공략을 선택할까? 중간의 개울을 넘기는 드라이버 티샷으로 이글을 노리는 승부수를 던지는 선수도 있을까, 아니면 안전하게 우드 티샷 할까…… 그리고 대회 주최 측은, 마지막 날 18번 홀 세팅을 605야드 최대 길이로 할까. 아니면 일부러 짧게 만들까……

이런 궁금함을 이 책 초판에 적었는데 한국남자프로골프 KPGA 코리안투어 '2020 현대해상 최경주인비테이셔널 대회'가 이곳에서 열려 많은 부분의 답을 얻을 수 있었다.

페럼클럽은 이런 짜릿한 반전 드라마도 만들 수 있는 코스이다. 코스로만 보면 PGA 투어급 국제규모 토너먼트 세팅이 가능하면서, 누구나 플레이 할 수 있는 퍼블릭 골프장이다.

'특급 퍼블릭'이라는 말을 듣기까지

철(鐵) 회사가 고급 회원제 클럽을 만들려다 '고품질 퍼블릭'으로

페럼클럽은 2014년 '프리미엄 골프 클럽'을 선언하며 퍼블릭 골프장으로 문을 열었다. 철강으로 유명한 '동국제강그룹'이 본사 사옥인 페럼타워와 브랜드를 함께한 '페럼(Ferrum)'이라는 이름은 라틴어로 '철(鐵)'을 뜻한다.

이 골프장이 앉은 땅은 여주 평야가 펼쳐지다가 완만한 구릉이 빚어진 곳이다. 여주 점동면 낮은 동산 기슭의 35만여 평 너른 땅. 동국제강그룹은 이곳에 회원제 골프장 27홀을 앉히려다가, 18홀 고급 퍼블릭 코스로 계획을 변경했다 한다.

이 골프장은 스스로 '명품 퍼블릭'이라고 말한다. 최근에 이르러 회원제 골프장보다 더 좋은 퍼블릭 골프장을 세우는 골프장 업계의 흐름을 맨 앞에서 이끄는, 명실상부한 '고품질 퍼블릭 코스'가 페럼클럽이다.

'신시아 다이'의 섬세한 설계

이 코스의 설계는 미국 <다이 디자인 그룹(DDG)>의 '신시아 다이 맥그레이(Cynthia Dye Mcgrey)'가 직접 맡았다 한다. DDG는 근대 골프코스 설계의 거장으로 칭송되는 고(故) 피트 다이(Pete Dye, 1925~2020)'가 세운 코스 설계 전문회사이다. 피트 다이는 미국 PGA 투어 '플레이어스 챔피언십' 개최장소로 유명한 <TPC쏘그래스스타디움 코스>와 'US오픈'이 열린 <휘슬링스트레이츠> 등 까다롭고 전설적인 코스를 많이 설계했고, 그가 세운 DDG에서 자녀들과 함께 세계의 수많은 코스들을 설계했다. '한국오픈'이 열리는 천안의 <우정힐스CC>도 그의 아들 '페리 오 다이'가 설계했으며, 이 페럼클럽을 맡은 신시아 다이는 그의 막내딸이라고 한다.

클럽 명칭	페럼클럽 Ferrum Club
클럽 한 줄 설명	토너먼트 형 고급 퍼블릭 골프장
개장 연도	2014년
규모, 제원	18홀 파 72, 최대길이 7,235야드(6,616미터) 352,000평
골프장 구분	퍼블릭 골프장
위치	경기도 여주시 점동면 점동로 181
코스 설계	신시아 다이 맥그레이(Cynthia Dye Mcgrey)
클럽하우스 설계	안도 다다오
소유 회사	페럼인프라㈜
잔디 종류	장성중지(페어웨이, 러프) 벤트그래스(그린) 켄터키블루그래스(티잉 구역)
관리 특징	친환경 자연 생태 골프장 그린 서브에어 시스템
티오프 간격	8분
캐디, 카트	4백 1캐디, 승용카트(5인승)

신시아 다이는 피트 다이의 까다로운 설계 철학을 이어받아 여성적인 섬세함과 우아함을 더했다는 평가를 듣는다. 충북 청원의 <이븐데일> 코스도 그녀가 설계했는데 이븐데일이 오밀조밀한 산중코스인데 견주어 이 <페럼클럽>은 완만한 구릉의 여유로운 특성을 우아한 감성으로 살려낸 느낌이다.

구력을 오래 쌓은 우리나라 골퍼들 가운데는 '요즘 만든 코스들은 너무 험악하게 어렵다'고 하는 이들도 많다. 이 <페럼클럽>은 티잉 구역에서부터 시각적으로 편안한 느낌이 들고 세컨 샷 지점에서도 특별히 어려운 느낌이 들지 않는다. 그런데 막상 그린 쪽으로 볼을 보내면서 반전의 드라마가 펼쳐지는 경우가 대부분이다. 아마도 '시각적으로는 우아하지만 변별력에서 까다로운' 특징을 불어넣은, 설계자의 의도 때문일 듯하다.

'안도 다다오'의 인상적 클럽하우스

클럽하우스는 '랜드마크 급'이다. 먼 우주 너머에서 날아와 앉은 외계 문명의 비행체 같은 형태는 포스트 모던 예술품처럼 전위적이고 세련된다. '철(Ferrum)'이라는 콘셉트를 바탕으로 하여 첨단성과 영원불변성을 드러내려는 모습이라는 설명인데, 강철 재료의 직선감을 부드러운 원형으로 담아내어 코스의 푸른 자연에 완만하게 녹여 박은 모습이다. 진입로에서 먼저 보이는 건물 뒷면은 외계 우주선처럼 기묘한 모습이고 코스를 향한 앞면은 전면 유리로 열려있어 골프

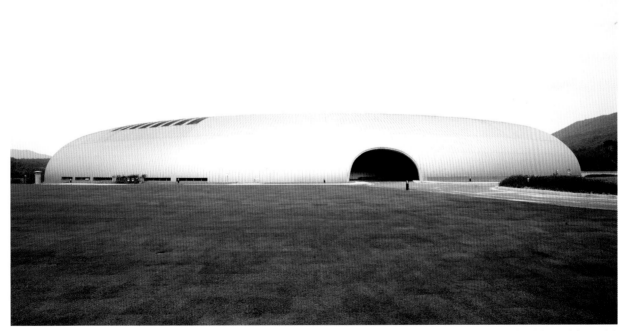

클럽하우스 항공 촬영 사진(위), 진입로 쪽에서 바라본 클럽하우스(아래)

노을 비친 클럽하우스 외관

장 전체의 자연을 끌어안고 조망한다. 퍼블릭 코스의 특성에 맞추어 클럽하우스의 규모가 상당히 큰데도 시각적인 원심력과 구심력이 팽팽히 조화되어, 빈틈없는 구도로 단아해 보인다. 클럽하우스 가운데 드물게 인상적인 건물이다.

이 건물은 일본 국적의 건축가 '안도 다다오'의 설계 작품이다. 그는 건축의 노벨상으로 불리는 '프리츠커' 상을 받은 '세계 4대 건축가'로 꼽힌다. '세계에서 콘크리트를 가장 섹시하게 다루는 건축가'라는 평도 듣는다. 90년대 이후 우리나라 건물에서도 많이 보이는 노출콘크리트 공법과 건축 방식이 그의 작품에서 비롯되어 유행한 것이다. 그가 빚은 작품의 묵상적인 분위기와 '빛'과 '물' 등 자연을 받아들이는 생각을 좋아하는 팬들이 전 세계에 많다. 이 건물은 안도 다다오가 유일하게 설계한 골프장 클럽하우스라고 한다. 겉모습은 물론 내부 공간의 해석과 처리에서 안도 다다오 특유의 생각과 개성이 강하게 드러난다.

'파노라마 스타트' 광장
클럽하우스의 드넓은 창을 통해 파노라마처럼 바라보이는 골프장 모습은 인상적으로 아름답

다. 1번 홀과 16번, 18번 홀의 풍광을 건축물 안으로 넓고 깊게 끌어들인 모습이다. 이와 비슷하게 파노라마 느낌이 나는 <아시아나CC> 클럽하우스가 장군처럼 오연하게 내려다보는 요새(要塞) 전망대의 풍경이라면, 페럼클럽의 클럽하우스 조망은 좀 더 겸손한 눈높이에서 자연과 드라마틱하게 동화되는 느낌이다. 클럽하우스에서 코스를 바라보며 빚어지는 골퍼의 느낌과 생각에서부터 페럼클럽 라운드의 드라마는 시작된다.

클럽하우스 앞 광장에 덤덤하게 서 있는 커다란 소나무와 그 주변 몇 그루 팽나무도 인상적이다. 나무들을 많이 심어 놓은 게 아니지만 이 몇 그루 자태 고운 나무들이 클럽하우스와 골프코스가 만나는 넓은 공간을 꽉 잡아주는 자리에 서있다.
제주도에서 팽나무를 많이 보았는데 그곳 사람들 말로는 새들이 팽나무 열매를 좋아해서 새가 많이 모여든다 했다. 이곳에서 팽나무에 날아드는 새를 직접 보지는 못했지만 뭔가 서늘하고 낭만적인 기분이 든다. 새들을 보기 위해서라도 새가 모여드는 새벽 시간에 라운드를 해야 할까. 라운드를 시작하기 전에 이 잘 생긴 소나무 팽나무들과 인사를 나눠보는 것도 페럼클럽에서 즐기는 골프의 정취 가운데 하나라 생각한다.

모습은 평화로워 보이나 전쟁터 같은 코스

짜릿한 반전의 '빅 토너먼트' 코스

페럼클럽은 개장하면서부터 '회원제 명문 골프장 못지 않은 퍼블릭 코스'로 주목 받았다. 한국 여자 프로골프 메이저 대회인 <이수그룹 KLPGA챔피언십>이 2015년 이곳에서 열려 '메이저 토너먼트 개최 코스'의 이름을 빠르게 거머쥐었고 골프다이제스트 잡지가 선정한 '2016~2017 베스트 뉴코스' 두 군데 중 하나로, 서울경제골프매거진이 선정한 '2016-2017 뉴코스'로 선정되기도 했다. 2019년에도 KLPGA <교촌허니레이디스오픈> 대회가 이곳에서 열렸으며, 골프다이제스트의 '2019~2020 대한민국 50대 코스'에서 30위에 선정되었다. KPGA 코리안투어 '2020 현대해상 최경주인비테이셔널 대회'도 여기서 열렸다.

전체 길이가 7,235야드이니 국제 규모급 토너먼트 세팅도 할 수 있는 코스다. 코스 안에 깃든 게임 구성의 드라마도 흥미롭다. 라운드를 시작해서 코스 모양에 따른 도전과 선택의 변화와 난이도의 강중약을 거듭하다가 후반에 들어가 승부를 결정짓는 몇 개 홀의 드라마가 토너먼트를 치르기에 적합한 구성이라고 평가 받는다. 특히 16번(서코스 7번)홀 아일랜드 그린은 미국 PGA '플레이어스 챔피언십'이 열리는 <TPC쏘그래스스타디움 코스>의 17번 홀처럼 재미있는 변수가 발생하도록 세팅할 수도 있고, 18번 홀은 티잉 구역과 그린 핀 위치 세팅에 따라 두세 타 차 승부가 뒤집히는 반전도 기대할 수 있겠다.

달걀봉 아래, 평화로워 보이나⋯⋯

이 코스는 눈으로 보기에는 완만하고 평화롭다. 여주의 넓은 평야와 높이 차이가 별로 없는 구릉에 펼쳐진 코스는 완만하고 편안해 보인다. 가장 낮은 곳이 해발 70미터이고 가장 높은 곳이 135미터이며 그 사이가 멀고 완만하여 급한 고저 차가 없다. 뒷산인 '달걀봉'은 높이가 해발 200미터이고 마주 바라보이는 산봉우리들도 낮고 그윽해서 골프장을 만들기는 최적이라 할 자리다. 전체 홀을 남북방향으로 배치해서 햇볕이 많이 들고 아침저녁 햇볕 방향으로 인한 플레이 지장이 없도록 한 것도 장점이다.

전체적으로 티샷의 시야가 넓다. 고요한 연못과 이국적인 자작나무 숲이 어우러져 눈이 편안하다. 후반 서 코스는 그린이 물위에 떠 있는 아일랜드 홀과 페어웨이가 좁은 홀 등을 배치해서 드라마틱한 분위기가 나는 한편, 눈에 보는 흐름은 완만하고 우아하다.

동코스 6번 홀

들어가서 쳐 보면 전쟁터

반면에 대개의 홀이 플레이어마다의 샷 비거리와 정확히 치는 능력, 그리고 전략에 따라 공이 떨어질 위치를 선택해야 하는 도전을 부른다. 언뜻 보면 편안하지만 자세히 보면 도전의 욕구가 샘솟아 일어나는 것이다. 그린으로 가는 어프로치 샷에서도 도전과 선택이 기다리고 있다. 안전한 쪽으로 갈 것인가 장애 요소를 감수하고 핀을 직접 노릴 것인가…… 안전한 쪽으로 가면 섬세한 그린이 발목을 잡을 수도 있다. 그린이 결코 쉽지 않다.

긴 홀과 짧은 홀, 핀이 보이는 홀과 도그렉 형 블라인드 홀이 고루 배치되어 있고, 옆으로 긴 그린과 세로로 긴 그린 등 홀마다 달라서 한 홀 한 홀의 개성이 선명하게 기억된다.

코스의 겉모습은 평화로워서 위험이 잘 보이지 않는다. 그러나 벙커가 그리 많지 않은 것 같은데도 공이 잘 들어가게 되고 그다지 위협적으로 보이지 않는 페널티 구역으로도 공이 빠지곤 한다. 유혹의 함정을 절묘하게 파 놓은 것이겠다. 함정을 넘는 도전적인 샷이 성공하면 확실한 보상을 받지만, 실수하면 타수가 올라가고 거기서 다시 만용을 부리면 더 참혹한 결과가 빚어지기 쉽다.

열여덟 개의 '유혹적 주관식'- "도전하지 않으면 파를 잡기 어렵다"

이 코스 설계자인 '신시아 다이'는 '피트 다이' 가문의 설계철학대로 코스 곳곳에 유혹과 함정을 배치해 놓았다. '도전하지 않으면 파를 지키기 어렵다'는 게 다이 가문 코스의 특징임은 골프 세계에 잘 알려져 있다. 이곳에서의 골프는 18개의 까다로운 주관식 문제를 풀어나가는 셈이라고 할까. 그러니 매 홀 출제자의 의도를 먼저 파악하고 플레이에 들어가야 더 재미있겠다. 다섯 단계의 티잉 구역을 자기 실력에 따라 선택할 수 있으므로, 플레이어의 실력이 어떻든 14개의 클럽을 다 사용하여 해결해야 하는 문제를 내고 있는 것인데, 자신의 분수를 지키면 무난하게 라운드 할 수 있는 'B플랜'의 답안지도 있다.

그린 위의 핀 위치가 어디냐에 따라, 티잉 구역을 어떻게 조정하느냐에 따라, 날마다 전혀 다른 표정으로 변할 수 있다. 코스가 편안하게 보이는데도 스코어가 나오지 않는다고 느낀다면 신시아 다이의 함정에 이미 빠진 것이다. 도전하여 성공했을 때의 성취감을 상상하게 하며 번번이 유혹하는 - 샷 밸류가 뚜렷하게 나타나는 도전적인 코스이다.

착시인가 미묘한 것인가

페어웨이가 평탄한 것 같지만 물결치듯 미묘한 굴곡이 있는 곳이 있고 티잉 구역에서 티샷 방향을 잡는 데 혼동이 생기는 곳도 있다. 그린에서 미묘한 변화가 있어서 생각과는 다른 곳으로 흘러가는 경우도 있다. '착시'를 불러일으키는 곳이 있다는 것인데 이것 때문에 페럼클럽에 대한 경험 평가가 일부 골퍼들 사이에서 극단적으로 갈리기도 한다.

티잉 구역에서의 착시는 설계자가 의도적으로 연출한 것이고 페어웨이와 러프에서의 언듈레이션(기복, 굴곡)이 빚는 착시는 티샷을 좋은 곳으로 잘 보냄으로써 극복할 수 있는 듯하다. 그런 한편 그린에서의 미묘한 변화는 플레이어를 끝까지 시험에 들게 한다. 크기도 모양도 적당하고 아름다운 그린의 우아한 굴곡에서 많은 사연이 빚어진다.

그것이 '착시'인지 섬세하게 읽어내야 할 고차원의 공정한 브레이크인지는 모르겠다. 다만 이곳에서는 그린에서 많은 승부가 결정되고, 그것이 게임으로 매우 재미있는 것은 분명하다.

'명문의 기준'에 맞춘 관리와 조경

'회원제 명문' 버금가는 그린 스피드와 잔디 관리

퍼블릭 코스인 이곳의 **그린 스피드**는 웬만한 회원제 골프장들보다 빠르다. **스팀프미터 (Stimpmeter)** 계측 기준으로 3.0미터 이상인 경우도 많으며 관리상의 목표 스피드는 PGA 투어 대회 수준인 3.7미터라고 한다. (스팀프미터는 그린의 공 구름 속도를 재는 기구다. 그린 수평면 위에 36인치 길이의 V자 형 홈이 파인 막대 모양 기구를 20도 경사로 설치하고 기구의 정점에서 공을 굴려 그린에서 순수하게 진행한 거리를 그린 스피드로 계수화 한다)

'**그린 스피드'의 관리**'는 예민하고 전문적인 분야인데, 간단하게 말하면 잔디가 건강한 상태에서 짧게 깎아야 볼이 빠르게 잘 구른다. 그런데 잔디는 짧게 깎을수록 예민해지고 쉽게 상하기 때문에 퍼블릭 골프장에서 빠른 그린을 유지하기는 매우 어렵다. 일반 골퍼들은 스팀프미터 계측 기준 2.8미터 정도에서부터 빠르게 느끼기 시작한다고 한다. 우리나라 정규 프로대회의 그린스피드는 (대회의 수준에 따라 다르지만) 3.0~3.4미터 정도를 오르내리는 듯하다.

이 골프장 그린 밑에는 안양CC, 해슬리나인브릿지, 트리니티클럽 등 초명문 골프장에나 설치된 '서브에어 시스템'이 설치되어 그린 하부 공기 통풍 제습을 제어한다. (이 시스템은 성능이

좋은 반면 가동할 때 소리가 커서 플레이에 영향을 줄 수 있기에, 필요할 때만 사용한다고 한다) 기상 관측 이래 가장 무더웠던 2018년 여름에도 그린의 스피드만 약간 떨어졌을 뿐 나무랄데 없는 상태를 유지했다. (그린 관리 상태는 날씨에 따라 유동적이라 어느 골프장이든 '항상 완벽한 그린'을 장담할 수는 없겠지만 페럼클럽은 수준 높은 관리 기준을 지키는 것으로 보인다) 페어웨이와 러프의 관리도 일부 '초명문' 회원제 코스에 비해서는 약간 덜할 수 있으나 크게 모자라지 않는 수준이다. 페어웨이 잔디는 흔히 '한국잔디'라고 부르는 '장성중지' 종인데 촘촘하고 짧게 관리되어 있어서 양잔디 같은 느낌이 든다. 늦가을에도 착색제를 살짝 뿌려 관리하니 양잔디로 기억하는 이들도 많다. 러프도 장성중지인데 평소에도 길게 유지하는 편이지만 토너먼트가 열릴 때는 70~80mm 이상으로 길러서 잘 친 샷과 못 친 샷의 변별성을 높인다.

이 책 초판에서 "만일 남자 대회가 이곳에서 열린다면, A, B, C 러프를 분명히 해서 페어웨이를

더 좁히고, 그린을 좀 더 딱딱하게 하고 파5 홀 하나 정도는 파4로 해서 파71로 세팅할 수도 있겠다"고 적었는데 2020년 최경주인비테이셔널이 열려 코스의 변별력이 선명히 확인되었다. 코스 자체로만 보면, 국제적인 메이저급 남자 프로대회도 흥미롭게 치를 만하겠다.

(물론 PGA 투어 급 국제경기를 치르려면 천연 잔디 연습장은 물론 중계, 보도, 관람, 지원 등을 위한 제반 시설의 보완이 필요하며 선수와 관람객을 위한 숙박 시설도 연계되어야 하겠지만, 코스 자체로만 보면 가능하다고 여긴다)

한국 자연을 살린 이국적 조경

산을 깎아서 코스를 만드는 우리나라의 골프장들은 태생적으로 '환경 훼손'에서 완전히 자유로울 수는 없다. 그러니 되도록 자연의 흐름을 덜 손상시키고, 원래의 자연 상태 못지않은 새로운 생태계를 만들어 흐르게 하는 것이 좋은 골프장을 만드는데 필요한 덕목이겠다. 설계자인 신시아 다이는 "자연의 원래 모습이 그대로 드러나야 한다는 신념"을 지켜 시냇물, 바위, 숲 등을 원래 그 자리에 살려 남겼다고 한다.

코스 안에는 아름다운 나무들이 은근한 자태를 드러낸다. 자작나무 숲이 있고, 이팝나무 군락도 있으며, 이따금 계수나무가 귀족적인 모습으로 서 있다. 곧고 높게 자란 리기다소나무 숲이 이국적인 풍취를 자아내기도 하고 느티나무 숲과 억새밭도 은근하게 숨어 있다. 원래의 자연 숲에 조경수 수천 그루를 보완해서 심었다고 하는데, 여주 땅의 너그러운 한국 자연에 펼쳐놓은 다소 이국적인 조경이 전혀 어색하지 않고 고아한 느낌이다.

친환경, 친고객의 높은 값어치

이 골프장은 '친환경 관리'를 자랑한다. 지역 주민의 물 사용에 영향을 주지 않기 위해서 허가를 받아 사용료를 지급하고 남한강 물을 끌어다 쓰며 물에 약품 처리를 하지 않는다고 한다. 우리나라 대부분의 퍼블릭 골프장들이 팀과 팀 사이 7분 간격으로 티오프 하는 것과 달리 <페럼클럽>은 8분 간격으로 운영된다. 낮이 긴 성수기에도 하루 최대 72팀까지만 예약을 받는다. 그러므로 팀과 팀 사이의 진행 정체로 플레이가 지연되는 일 없이 플레이 하게 된다. 당연히 이용 요금이 퍼블릭 코스 중에서는 비싼 편인데 그만한 값어치는 충분히 한다는 평가를 듣는다. 지하 주차장도 장점 가운데 하나다. 모든 플레이어의 차량을 지하에 세울 수 있을 만한 지하 주차장을 갖추고 있어서 특히 한여름에 플레이를 마치고 나올 때 만족스럽다. 주차 공간의 간격도 넓다.

몇 가지 소소한 이야기들

16번 홀의 '야심'과 가능성
16번 홀은 설계자의 야심이 한껏 드러난 곳으로 보인다. 위에서 아래로 내려다보는 파3 홀로 대각선 방향 타원의 아일랜드 형으로 배치되어 있다. 티잉 구역에서는 그린이 실제 크기보다 좁아 보여서 위협적으로 느껴진다. 또한 그린 왼편 뒤쪽으로, 클럽하우스가 웅장한 모습을 드러내고 있다. 이곳은 시각적으로 이 골프장의 '시그니처 홀'이고, 게임의 드라마로 치면 마지막 3개 홀의 승부가 시작되는 지점이다. 핀 위치와 그린 주변 등의 세팅을 까다롭게 해서 잘못 친 샷에 대한 변별력을 강화하면 미국 PGA '더플레이어스 챔피언십'이 열리는 'TPC쏘그래스 스타디움 코스'의 17번 홀처럼 승부의 변수가 나올 수도 있다 할까. 갤러리 시선 높이에서 그린이 잘 보이지 않는 아쉬움은 있겠지만 토너먼트의 백미가 될 만한 홀이다.

17번 '얼굴바위'
17번 홀을 플레이 할 때는 골퍼들의 심리상태가 저마다 극명하게 다르다. 득의양양한 사람, 실의에 빠진 사람, 반전의 복수를 노리는 사람…… 17번 홀 페어웨이 왼편에 있는 자연 바위를 '얼굴바위'라고 부른다 한다. '상대방 얼굴 모습으로 보이는 바위'라니 상대방에게는 나 자신의 얼굴로 보이는 것이겠다. 이곳에서 플레이 할 때는, 서로의 얼굴을 보며 비교해 볼 만하다. 웃고 있거나 말거나.

아름다운 클럽하우스와 개인 지향 시설
'브리지스톤골프(석교상사)'에서 매년 여는 자선기금 마련 골프대회가 2018년 가을 이곳에서 열려 참석했었다. 골프 라운드를 마치고 클럽하우스 대식당에서 자선 연회가 진행되었는데 행사 시작 공연이 아름다웠다. 이 행사에 매년 큰 자선 기부를 하고 있는 <골프존>이 창단한 장애인합창단이 노래를 했는데 화음이 고울뿐더러 합창단 한명 한명의 열정어린 모습이 감동적이어서 좀더 가까운 곳에서 보고 싶었다. 그런데 대식당 배치가 좁고 길게 되어 있어서 내가 앉았던 뒷자리에서 무대까지는 너무 멀어 잘 보이지 않았다.

클럽하우스를 설계한 안도 다다오가 '집단'보다는 '개인'에 초점을 두는 건축가이기 때문인지, 이 클럽하우스의 대식당은 소규모 모임을 전제로 설계된 구조인 듯하다. 코스는 프로골프 토너먼트에 적합한 모습인데 프로암 행사를 치를만한 장소인 대식당은 길고 좁은 구조임을 염려하는 것은 나만의 비약적인 '기우(杞憂)'일까.
(자선을 행하는 회사들의 선행 문화가 알려지고 퍼져나가기를 바라는 마음에서 실명을 밝혔다.)

클럽하우스가 바라보이는 16번 홀(위), 클럽하우스 레스토랑(가운데 왼쪽), 클럽하우스 차량 진입로(가운데 오른쪽), 17번 얼굴바위(아래)

'전설'을 쌓아 나갈 수 있는 골프장

이 코스는 특히 예민한 그린 플레이를 요구한다. 경사와 스피드를 정확하게 읽어야 하고 확신을 갖고 스트로크 해야 하는 그린이다. 그린 플레이의 실력을 판가름하는데 이보다 좋은 코스는 드물겠다. 이 코스의 그린에서는 되도록 캐디의 조언을 최소한으로 듣고, 스스로 경사를 읽고 판단하여 플레이 하면, 실력도 늘고 더 재미있는 골프를 즐길 수 있으리라 생각한다.

이처럼 완성도 높은 골프장이 대중제 퍼블릭 코스로 운영된다는 것이 기쁘다. 퍼블릭 코스이면서도 높은 가치 기준을 지켜나가는 것에도 고마운 마음이 든다. 그런 한편 이 골프장은 훨씬 더 큰 가능성을 가진 '미완의 명소'일 수 있으며, 더 많은 이야기가 만들어지도록 설계된 코스라고 생각한다.
몇몇 홀들은 극적인 승부를 불러일으키고 어떤 나무와 숲은 기억에 남을 듯 인상적이다. 온화하면서도 유혹적이고 완만하면서도 굽이치는 모습과 구성이 드라마틱한 – '평화로운 듯한 전쟁터' 코스이다.

"토너먼트 코스로서 전설을 쌓아 갈 수 있는 골프장"이라 할까. 한국여자프로골프협회(KLPGA) 정규 대회가 이곳에서 열리곤 하니 골프장의 토너먼트 역사가 점점 더 깊어지겠지만, 남자 프로골프의 메이저 급 대회도 이곳에서 열린다면 코스의 진정한 가치가 더욱 드러나게 되지 않을까 싶기도 하다.
그러한 역사와 이야기를 쌓으며 '명문 코스'가 되어가기를 기대한다.

글/ 류석무

사진은 주로 페럼클럽이 제공한 것을 사용했으며 일부는 글쓴이가 찍은 것입니다

LA VIE EST BELLE

OLD COURSE

꿈꾸는 '골프 무릉도원' - 라비에벨 올드코스

글 / 류석무

라비에벨 올드코스
꿈꾸는 '골프 무릉도원'

이 골프장에서 공만 좇다 오는 것은 지나친 낭비다.

라비에벨(La Vie est Belle)은 '인생은 아름다워'라 하는 프랑스 말이다.
이 코스에서 라운드 하다 보면 인생이 아름다운지 알 수는 없을 지라도 '골프는 아름다워'라는
생각은 저절로 든다. '골프장은 아름다워'라는 말이 더 맞을 수도 있겠다. 그냥 아름답다고 하
면 너무 납작하게 표현한 것 같아 아쉬운 곳이다.

영국이나 미국에 세계적으로 이름난 골프 코스가 많은 것은 그들의 골프 역사가 오래된 것 때문이기도 하지만, 천혜의 자연환경 위에 코스를 앉힐 수 있는 덕도 크겠다. 서양의 유명한 골프 코스 설계자들은 "자연의 아름다움 위에 나는 그저 코스를 얹었을 뿐이다"라는 투로 말하곤 한다. 그들에겐 험한 산을 깎아서 골프장을 만들어야 할 일이 거의 없었고, 파도와 바닷바람이 깎아놓은 바다 절벽, 바람이 수만 년 동안 언듈레이션을 빚어놓은 모래 언덕, 양떼와 토끼가 길을 내 놓은 목초지가 이미 있었다. 대개는 산을 깎고 메워 골프코스를 만들어야 하는 우리나라 형편에 견주면 부러운 환경이다.

그런 한편 산중에 골프장을 앉히면서도 서양 코스들과는 전혀 다른 상상력을 표현한 골프 코스들이 우리나라에도 빚어지고 있다. <라비에벨 올드코스>가 그 가운데 두드러지는 하나다. 이 골프장은 골프 경기장으로만 보기에는 너무 많은 것을 품고 있다. 인간이 자연과 '사랑싸움 하는 즐거운 전쟁터'로서의 골프 게임 장소일 뿐 아니라, 신화 같은 이야기가 떠다니고 회화적 시각 이미지가 펼쳐지며 운율의 음악이 흘러넘치는…… '입체적 행위 예술 공간'으로 이해하고 경험해 볼 만하다.

'요산요수(樂山樂水)의 터'

하늘이 내리고 사람이 공들인 땅

춘천시 남쪽, 산수 좋은 곳에 자리한 이 코스는 원래 '산요수(山樂水)'라는 이름의 회원제 클럽으로 개발되기 시작했다. 2012년 시범라운드 하면서 회원권을 분양하다가 실패하고 문 닫았던 것을, 코오롱 그룹에서 인수하여 퍼블릭 코스로 전환하고, 2015년 4월에 지금의 이름으로 정식 개장했다.

전 세계 골프장 정보를 제공하는 영국의 톱100골프코스(top100golfcourses.com)가 선정한 2017년 한국 골프장 랭킹에서 24위, 2018년 11위로 뛰어 올라 주목 받은 코스이다. 골프다이제스트 잡지의 '2019~2020 대한민국 50대 코스' 평가에서는 25위에 선정되기도 했다. 2020년 골프매거진 한국판의 '한국 10대 퍼블릭 코스' 평가에서는 5위에 올랐다.

이곳은 처음 지었던 이름의 뜻 그대로 '산 좋고 물 맑은' 곳이다. 춘천과 홍천을 잇는 길목, 강

원도의 높은 산들이 시작되는 지점이다. 뒤로는 수리봉(645m), 앞으로는 금학산(654m) 자락이 날개로 알을 품듯 부드럽게 감싸 안고 있는 자리다. 이 산들은 표면에 바위가 많이 없는 육산(肉山)이라 한다는데, 산골짜기에 이렇게 너른 분지를 어떻게 조성하였을까 싶을 만큼 '하늘이 내리고 사람이 공들인' 골프코스 자리다.

'무릉도원의 꿈' - 한옥 마을 클럽하우스

이 골프장에 이르면 한옥으로 지은 마을 형태의 클럽하우스가 가장 먼저 눈길을 붙잡는다. '고래등같은' 기와집이 늘어선 마을이다. 한옥의 모양을 살리면서 내부의 구조와 시설은 서양식으로 갖추었다. 사찰의 대웅전, 궁궐의 누대와 회랑, 서원의 누각…… 이러한 한옥 외형의 여러 모티프를 가져와 접객 서비스용 대형 건물에 맞도록 변용하여 지으면서도 영화 세트 속 한옥처럼 오밀조밀한 디테일을 살려냈다.

그리고 대형 통유리 창을 달아서 클럽하우스 본연의 탁 트인 조망을 확보하되 한옥의 운치는
살렸다. 조용히 안거하는 선비의 한옥이 아니라, 사람이 와서 즐기는 모임터로서의 한옥을 현
대 건축으로 재해석하여 지은 건물들인 듯하다. 그냥 '한옥'이라기보다는 '한옥 마을'이라는 게
맞겠다. 여러 채의 한옥들이 저마다의 기능으로 하나의 마을을 이루고 있다.
이 한옥 건물들이 땅 모양과 잘 어울린다. 골프장 지을 자리를 찾다가 홍천 깊은 산골에서 이 포
근한 마을 터를 발견한 사람의 가슴은 얼마나 두근거렸을까.

"한없이 아름답게, 미치도록 재미있게" - 한국 산중 골프장 개발 경험을 다 쏟아 부은 곳
처음엔 '안문환'이라는 이가 꿈꾸고 개발한 골프장이라 한다. 그는 '오렌지엔지니어링'이라는
골프코스 설계, 시공회사를 운영한 이었는데, 이 회사는 화산CC, 몽베르CC, 청평마이다스GC,
스카이72 등의 수많은 골프장의 설계·시공을 맡으면서 우리나라에서 가장 많은 골프코스 개

발 경험을 쌓았다. 오렌지엔지니어링은 이후 '오렌지ENG'와 '에이엠엔지니어링'으로 갈라졌으며, 안문환 씨는 에이엠엔지니어링을 운영하며 베어크리크GC 크리크코스 리노베이션 설계·시공, 웰링턴CC 그리핀코스 리노베이션 설계·시공 등을 총괄했다. 그러한 모든 노하우와 재산을 열망으로 녹여 부어 이 골프장 개발에 집중했다. 그는 이 골프장을 조성할 때 "한없이 아름답게, 미치도록 재미있게" 만들자며 구성원들을 독려했다 한다.

클럽 명칭	라비에벨 올드코스 La Vie est Belle Old Course
클럽 한 줄 설명	꿈꾸는 산중 골프 낙원
개장 연도	2015년 4월
클럽 구분	대중제 퍼블릭
규모, 제원	18홀 파 72 최대길이 7,125야드(6,515미터)
코스레이팅	블랙 74.6, 골드 72.4 실버 68.4, 레드 69.9
설계자	안문환 (설계 실무 : 김병국, 건축 설계 : 김영택)
소유 회사	코오롱그룹
잔디 종류	켄터키블루그래스(페어웨이, 티잉 구역) 파인페스큐(헤비 러프) 벤트그래스(그린)
관리 특징	자연형 친환경 골프장 조성 (자연산림 특성을 살린 생태 존중 코스)
티오프 간격	7분
캐디, 카트	4백 1캐디, 승용카트(5인승)

라운드를 하면서 그가 이 터에서 꾸었을 꿈이 저절로 상상된다. 우리나라 산중 골프 코스를 개발해 본 경험이 무르익었기에 가능했을 여러 시도들이 눈에 띈다. 세상 어디에도 없는 '한국식 골프 무릉도원'을 지으려 했던 듯하다. 아마도 세계에서 유일한 개성의 골프장을 꿈꾸었을 것이다. 한옥 마을 클럽하우스는 깊은 산중의 이상향을 다스리는 영주의 장원(莊園) 같은 느낌이 들기도 한다. (클럽하우스를 한옥 마을로 짓기 위해 경남의 타니CC의 한옥 클럽하우스 설계 경험이 있는 건축가 김영택 씨를 찾아 개발자가 꿈꾸는 마을과 건물들을 구석구석 설명하며 의뢰했다 한다)
안문환 씨가 골프 코스를 직접 설계하고 김병국 씨가 설계 실무를 맡았다.

짜릿한 꿈을 꾸는 코스

양잔디 코스에 펼쳐진 짜릿한 난도와 샷밸류
이 코스에는 켄터키블루그래스 양잔디가 깔려 있다. 후덕하고 완만한 능선의 산에 주로 자생하고 있던 참나무를 비롯한 활엽수에 더하여 제주에서 옮겨온 팽나무와 내장산에서 온 단풍나무

등 조경수들이 코스 곳곳에 넉넉히 식재되었다.

활엽수림에 조성된 양잔디 코스는 봄, 여름 꽃 필 때 아름답고 특히 가을 단풍 들면 더 고운 풍경이 된다. 이 코스는 활엽수림 양잔디 코스의 진수를 보여준달 만큼 종횡무진, 점입가경으로 아름다운 풍광을 보여준다. 웬만큼 무덤덤한 골퍼가 아니라면 라운드 하다가 경관에 취해 집중력을 잃고 스코어를 망칠 수도 있을 만큼 골프 코스 풍광이 드라마틱하고 화려하다.

산중 코스의 묘미를 맛보게 하는 경기 진행의 홀 전개도 흥미진진하다. 각 홀마다의 샷 밸류와 난도 안배 등 완성도가 높고 매 홀마다 다른 기량을 테스트하는 순서와 구성이 짜릿하다. 경관 또한 교향곡의 악장이 넘어가듯 기승전결의 장중한 흐름이 조화롭다.

아웃코스 1, 2, 3번 홀은 깊은 산중에 어떻게 이런 평지를 만들어낼 수 있을까 싶게 탁 트여 있다. (이렇게 넓은 분지는 작은 구릉 몇 개를 덜어낸 흙으로 골짜기를 메워 재조성한 것이라 한다) 드넓은 평지의 파5 홀로 시작해서 리듬을 타고 난도를 높여가다가 4번 홀은 왼쪽의 큰 호수와 맞은 편 산의 능선이 함께 물결치는 파3 홀로 그림 같다. 5번 오르막 파5 홀은 어렵지 않은 듯하지만 한 샷 한 샷 전략적으로 쳐야 하고 6, 7, 8, 9번의 난이도가 오르내리며 게임의 재미를 높인다. 전체적인 난도와 '샷 밸류'가 높은 코스라 하겠다. (샷 밸류에 대해서는 '베어크리크GC 편 등에서 설명했다)

잘 관리된 '명문 회원제 수준' 퍼블릭

이 코스에는 벙커가 126개나 있다. 그 모양은 얄궂은 것에서부터 널찍한 것에 이르기까지 다양하다. 티샷이 벙커에 빠지면 곤란한 곳이 적지 않으며 그린 주변 벙커도 골퍼를 유혹하고 실수를 유인할 만한 자리에 있다. 그린 주변의 경사와 모양은 한 쪽은 편안하고 한 쪽은 징벌적인 편이다. 그린 근처 에이프런의 잔디는 밀도가 높고 단단하며 그린은 변화가 많으므로 홀 가까이 갈수록 집중력을 지켜야 한다.

켄터키블루그래스 페어웨이는 잘 관리되어 있다. 러프는 '귀신풀' 패스큐를 길러 놓은 곳이 많으므로 들어가면 실점을 감수해야 한다. 퍼블릭 코스로 많은 손님을 받으면서도 페어웨이 잔디 상태가 좋으며 그린도 밀도가 높고 잘 관리된다. 그린스피드를 스팀프미터 측정 기준 3.0미터로 관리한다는데 2.8미터 스피드 정도만 유지돼도 퍼블릭 코스로서는 적당하다 하겠다.

그린과 페어웨이 잔디 상태는 날씨 영향을 크게 받으므로 (어느 골프장이든)항상 좋을 것이라 장담할 수 없는 것이지만 이 골프장의 관리 수준은 늘 양호하다.

갤러리 동선만 배려할 수 있다면 국제적인 대회

15, 16, 17번 홀의 가운데 조성된 다랭이 논. 계절마다 다른 꽃이 핀다

15번 홀 티잉 구역에서 바라본 다랭이 논과 그 너머 그린

를 치러도 될 만한 격과 질을 갖춘 코스랄 만하다. (토너먼트를 염두에 두고 만든 코스는 아닌 듯하지만, 그만큼 격과 질이 높은 코스라는 의미다)

"꿈꾸는 15번 홀!"
후반 홀로 갈수록, 이 코스는 점점 더 플레이어의 마음을 흔들고 사로잡는다.
서양에서 비롯된 골프장의 요체와 덕목들을 한국의 구불구불한 산중에 풀어놓으면서 빚어지곤 하던 어정쩡함 같은 것들이 이곳에서는 거의 느껴지지 않는다. 더 나아가 어딘가 동양적인 관조(觀照)와 사유(思惟), 소요(逍遙)의 미감이 떠다닌다. 특히 15번 홀에서 아무런 느낌 없이 무덤덤한 이는 정말 목석같이 멋없는 사람이거나 인생사를 초월한 도인일 것이다. 15번 파5 홀 페어웨이 왼편에는 남해 가천 비탈 언덕에 남아 있는 것 같은 계단식 다랭이 논의 모습을 코스 한가운데 층층이 빚어 놓았다. 그 논둑 옆 페어웨이를 걷다 보면 머나먼 객지를 떠돌다 고향으로 돌아오는 길에 비로소 다다른 느낌이랄까. 가슴이 설렌다. 어릴 적 시골에 이런 다랭이 논이 있었던 것을 기억하는지.
15번 파5 홀부터 다랭이 논을 가운데 두고 돌면서 파5, 파4, 파3…… 세 개 홀이 조성되어 있는

1번 파5 홀

데, 이렇듯 가슴 저릿한 코스 조성을 다른 곳에서 보기는 어려울 듯하다. 가까이 가서 자세히 보니 다랭이 논 안에는 벼가 아니라 꽃이 천지로 피어 있다. 내가 사진을 찍었을 때는 코스모스가 온통 아우성치며 핀 꽃밭이었다. 계절에 따라 다른 꽃을 피운다고 한다.

"인생은 아름다워"

참 서정적인 풍경이다. 이런 곳에 사랑하는 이와 함께 오면 뭔가 돌이킬 수 없는 고백을 덜컥 해버릴 수도 있을 것 같다. 시간을 돌이켜 첫사랑 소녀에게 꽃반지라도 만들어 끼워주고 싶은, 부질없는 그리움도 피어오른다.

멀리서, 가까이서 꽃을 보며 걷자니 아름다운 건지 처연한 건지 모르겠다. 인생은 멀리서 보면 희극이고 가까이서 보면 비극이라는 말이 문득 떠오르기도 했다. 세상사에 때 묻은 남자의 가슴이 젖을 만큼 감흥이 짙었던 것인가.

이 홀을 걷다가 비로소, 이 골프장 이름을 '인생은 아름다워(La Vie est Belle)'라 지은 것에 공감했다. 어딘가에선 삶의 힘겨운 터전이었을 다랭이 논이 아름다움만을 위해 펼쳐진 들판의 퇴폐미 속에서, 역설적이게도 '인생은 참 아름답다'는 생각이 저절로 든다.

세계에서 유일한 한국적 풍광

그런데 이 꽃밭에 공을 빠뜨리고 보니 오비(Out of Bounds)구역이었다. 파5 홀 80미터 남겨둔 세 번째 샷이 그린 옆 경사를 맞고 왼편으로 굴러 떨어졌는데 공을 찾아서 치려고 보니 오비 말뚝 안쪽이었다. 아름다운 것엔 독이 있기 마련이다.

마지막 18번 홀도 엔딩 홀로서 손색없는 비장미가 있다. 티잉 구역 쪽에서 볼 때 페어웨이 오른쪽 커다란 호수를 따라 조성된 '비치벙커'도 아름답지만, 그윽한 풍치의 한옥 클럽하우스를 바라보며 걸어갈 때는 영화의 잘 짜인 미장센 속에 들어와 있는 느낌도 든다. 전통 국악의 현악기 소리가 어디선가 울려오는 듯한 풍경이다.

세계 골프장 사진 컨테스트 같은 게 있다면 이곳 티잉 구역 쪽에서 한옥 클럽하우스를 보며 찍은 사진을 내보낼 만하겠다 싶다. 세계 골프장 가운데서 유일한 풍광일 테니.

'좋구나~!' 판소리 같은 흐름

이 골프장을 만든 설계 철학이 어떠니 하는 이야기는 부질없게 들린다. 코스 설계는 전체 작품의 일부인 것이다. 자연과 사람이 '나비의 꿈' 이야기처럼 설화적으로 얽히고 풀려가는 만남 터를 빚어놓은 것으로도 이해해 본다.

골프가 인생과 같다느니 하는 이야기가 틀리지는 않겠지만 골프는 자연 속에서 길을 찾아가는 인간들의 이기적 '놀이'일 것이다. 이 놀이가 사람의 진화에 기여하는지는 알 수 없지만 어떤 이들은 이 놀이를 통해 잃었던 꿈과 자아를 되찾곤 한다니 좋은 골프장은 사람됨의 '회복'에 보탬 되기도 할 것이다.

한국 사람들의 옛 기억, 잃었던 꿈, 슬프고 아름다웠던 추억, 그리고 아픔을 넘어온 이야기들이 여기서 라운드 하면서 영화처럼 떠오를 것 같다. 이 코스를 라운드 하는 것은 어쩌면 한마당 판소리의 흐름 속을 걷는 느낌 같기도 하다. 골프장 이름은 프랑스어인데 '좋구나~'하는 판소리 육음(肉音)이 저절로 나오는 것은 나만의 감흥일까.

잘 관리되는 '걸작'

이 산중에 얼마간 분지가 원래 있었다 해도 골프장을 조성하면서 자연을 꽤 상처냈을 것이다.

미관과 생태를 안배한 조경

골짜기의 안의 작은 봉우리를 깎고 낮은 부분은 돋워 평평한 터를 만들었으며, 바위를 옮기고 물길을 내는 공사를 많이 한 듯하다. 그러면서 마치 자연 상태인 것처럼 되살려 놓으려는 노력을 많이 한 것 같다. 중간에 보이는 바위들도 원래 모양을 살리려 애쓴 듯하고, 비탈면에 심은 억새와 들풀들도 조화로운 생태로 어울린 모습이다. 버려진 듯 보이는 들풀들도 자연 생태를 되살리려는 조경의 안배임을 알 수 있다.

코스 한가운데 있는 한옥 정자 등도 경관에 어울리도록 공이 많이 들어간 건축물들이다. 비용이 많이 들어가는 한옥 건축을 이렇듯 완성도 있게 밀어붙인 코스 개발자의 꿈과 뚝심이 느껴진다.

코오롱 <우정힐스>가 관리

이렇게 완성도를 높이며 시간을 끌다가 회원권 분양 기회를 놓치게 되지 않았나 싶다.

이천 년대 초반까지도 골프회원권 시장이 호황이었기에 골프장은 허가만 받으면 회원권 분양 금액으로 공사비를 충당할 수 있었다. '산요수CC'라는 이름으로 개발 시작할 때만 해도 그런 분위기였는데 개발 과정에서 회원권 시장이 내리막길을 걸으면서 자금을 충당할 수 없었던 것 같다. 이른바 '막차를 놓친' 것이겠다.

결과적으로 코오롱이라는 대기업에 넘어가면서 퍼블릭 코스로 바꾸어 개장하였기에 골퍼들은 누구나 이곳을 즐길 수 있게 되었다. 지금은 코오롱 그룹 소유의 <우정힐스CC>에서 이곳의 관리 운영을 함께 맡고 있다. 우정힐스는 우리나라에서 으뜸가는 명문 코스 중 하나이니 그 경험과 눈높이로 관리되는 이곳의 코스 상태가 양호한 것이겠다.

'불행이 만든 걸작'

서울에서 거리가 가깝지 않은 곳인데도, 이 골프장 라운드를 예약하기는 쉽지 않다고 한다. 인기가 워낙 좋다는 것이다. 풍광 좋은 곳의 훌륭한 코스인 까닭도 있고, 대기업의 운영진이 관리하다 보니 마케팅과 서비스가 안정된 이유도 있겠다. 시설을 이용하다 보면 뭔가 '부잣집의 여유' 같은 것이 흐르는 느낌이다.

어찌 보면 이 코스는, 당사자에겐 미안한 표현이지만, '불행이 만든 걸작'이라는 생각도 든다.

지금의 현실에서 보면 서울에서 이 정도로 먼 거리에 있는 골프장은 어지간한 대기업이 소유한 것 말고는 회원제 골프장의 성립이 불가하다. 이 코스가 처음 조성될 때는 가능하게 보였을 것이다. 그런 한편 이 정도의 공들인 코스와 한옥클럽하우스를 짓는 시도는 고급 회원제 골프장 아니면 하지 않았을 터이다. '선택된 회원들을 위한 골프의 무릉도원'을 만들겠다는 꿈이 불행히 스러지면서 이렇듯 환상적인 퍼블릭 코스로 남게 된 역설적 결과라 짐작한다.

한옥 클럽하우스

몇 가지 인상적인 장소와 이야기들

아름다운 다랭이 논은 오비 구역
15번 파5 홀 왼편에 펼쳐진 층층계단 다랭이 논은, 멀리서 보면 논이고 가까이 가서 보면 꽃밭인데 가을엔 코스모스가 만발해 있었다.
한옥 마을 클럽하우스에 다랭이 논의 조합이 한국인 정서가 흐르는 마음을 울리고 흔든다. 15번 홀을 시작으로 16번 파4, 17번 파3 홀이 이 다랭이 논을 에워싸고 돈다. 이 경계에는 오비 말뚝이 박혀 있으니 아름다움에 현혹되지 않게 조심해야 한다.

4번 홀, 사진 찍는 자리
아웃코스의 시그니처 홀이랄 만한 4번 파 3홀에 있는 포토존. 모기업 코오롱의 스포츠웨어 브랜드인 'WAAC'의 로고와 심볼 캐릭터 형상을 세워놓았다. 전망이 좋으니 사진 찍으라는 자리이겠다. 이곳에서 찍은 사진 컨테스트 같은 행사도 여는 모양이다.

공들인 정자와 자연 조경
이 골프장 곳곳에서 코스에 대한 애정과 공이 많이 들어간 흔적을 볼 수 있다. 인코스 3번 홀과 4번 홀 사이에 있는 정자도 그런 애정을 잘 보여준다. 플레이와 상관없는 해저드 구역 안의 바위들을 자연미가 느껴지도록 재배치 조경하고, 그 한가운데에 한옥 정자를 세워놓았다. 가까이 가서 보면 조형과 디테일이 섬세하게 완성되어 있다.

한옥 클럽하우스에서 보는 풍경
시간을 내어 스타트 하우스에서 골프장 풍경을 바라보기 권한다. 한옥의 칸 구조를 살리면서 통유리로 창을 내어, 명승지 한옥 누각에서 바라보는 산수 풍광 같은 모습이다.
이 클럽하우스 한옥의 건축 방식과 디테일이 한옥의 고유한 방식과 다소 다르다고 하는 전문가들도 있다 하는데 한옥 건축의 정수가 그대로 적용되었다. 다만 창호와 바닥 시공은 클럽하우스의 실용성을 위해 현대식 공법으로 했다. 문화 유적을 복원하는 것도 아니고 골프장 클럽하우스를 지은 것이고 보면 '최대한 한옥 그대로' 지었으며 창조적인 시도라 생각한다. (다만 돈이 너무 많이 들어갔을 것이다)

12번 홀(인코스 3번) 주변 연못 바위 위의 정자(위), 한옥 스타트 하우스의 조망(중간 왼쪽), 4번 홀 포토존(중간 오른쪽), 다랭이논 오비구역(아래)

창조적인 잠재성

지금도 골퍼들에게 인기 높은 곳이지만, 이 골프장은 더 이름높은 명소가 될 만하다.
골프장 안에 담고 있는 이야기들이 풍부하고 정겹다. 클럽하우스를 비롯한 건축물의 정서적 매력은 물론이고 코스 전체의 한 홀 한 홀 흐름이 갖는 서사적 연결성 등이 선명하고 독특하다.
우리나라에서 이보다 서사와 서정의 창조적 어울림을 이룬 골프장을 나는 따로 보지 못했다.

영국과 미국 등지의 세계적 골프장들이 코스 자체만으로 유명해진 것만은 아니겠다. 세월 속에서 코스에 새겨진 사연과 사건들이 이야기로 쌓이며 명문의 '아우라'가 짙어져 왔을 터이다.
그런 코스들을 흉내 내는 것으로는 세계에서 가치를 알아주는 골프장이 되기 어려울 것이다.
이 골프장이 가진 창조적 잠재력을 일깨워, 차원이 다른 명문 코스가 되기를 기대해 본다.

클럽하우스에서 한옥의 솔 내음을 맡으며 코스를 바라보는 기분은 명승 사찰이나 서원의 누각
에서 산천 풍광을 그리듯 그윽하다. 한옥 처마에 물드는 노을빛이 고요하다. 이 골프장에 좋은
숙박시설도 있다 하니 꽃피고 새 울 때 머물고 노닐면 무릉도원이 따로 있겠는가.

우리나라에서 처음으로 세계적 수준을 꿈꾸며 만든 안양CC를 첫 편으로 시작해서,
한국인의 서사와 서정을 창조의 원천으로 고유한 지평을 연 이 골프장을 끝 편으로
'한국의골프장이야기' 첫째 권을 맺는다.

글/ 류석무
사진은 주로 라비에벨 컨트리클럽이 제공한 것을 사용했으며 일부는 글쓴이가 찍은 것입니다.

한국의 골프장 이야기 1

코스의 속삭임까지 받아 적은 우리나라 골프장들 순례기 - 첫째 권

초판 1쇄 발행 2019년 9월 25일
초판 2쇄 발행 2019년 10월 15일
초판 3쇄 발행 2020년 1월 1일
초판 4쇄 발행 2020년 5월 25일
개정판 4쇄 발행 2023년 10월 30일

지은이 / 류석무
펴낸이 / 박찬규
아트디렉션, 디자인 / 류황, 김대인

펴낸곳 / 구름서재
등록 / 제396-2009-000058호
주소 / 서울시 마포구 서교동 375-24 그린홈 403호
전화 / 02-3141-9120 · 팩스 / 02-6918-6684
이메일 / fabrice1@chol.com
블로그 / http://blog.naver.com/fabrice

ISBN 979-11-89213-06-0 (03690)

한국의 골프장 이야기 2

류석무 지음 / 둘째 권 차례

(문 연 순서에 따라 배열하였습니다)